ハーモニクス占星術
HARMONICS ASTROLOGY

神谷充彦

説話社

はじめに

　ハーモニクス占星術は「調波占星術」とも呼ばれます。
　ギターの弦の半分のところを押さえると２倍の周波数の音が、３分の１のところを押さえると３倍の周波数の音が奏でられるように、占星術で用いる星図（「ホロスコープ」といいます）における各天体の位置を、数学的に２倍にしたり３倍にしたりして、そこに隠された「ハーモニー」を見いだそうというのが、このハーモニクス占星術の基本的な考え方です。
　誕生の瞬間のホロスコープには、その人の人生の青写真が刻まれています。
　ホロスコープは、10個の天体、12のサイン（星座）、12のハウス（方位）などの要素で構成され、その組み合わせのバリエーションから、各自の青写真を解読していきますが、通常の占星術では、その人の魂の奥底に隠された「ハーモニー」は見えてきません。ハーモニクス占星術でなければそこはわからないのです。
　ここでいう「ハーモニー」とは、一言でいえば「その人がそうありうる可能性」のこと。
　人は生まれてからというもの、後は穏やかな（人によっては急な）坂道を転がるように死へ向かっていきます。そして、その道程に伴う加齢。加齢とはドギツイ言い方をすれば「腐敗」していくということですが、腐敗はうまくすれば「発酵」とか「熟成」といった方向へ向かいます。
　牛肉は熟成させたほうが旨味を引き出せるといわれますが、ちょうどそのように熟成できたなら、「その人がそうありうる可能性」も花開くはずです。熟成とはハーモニーを奏でる腐敗である、といってみてもよいでしょう。

本書は、占星術に初めて触れる読者のために、その基本のところを押さえつつ、ハーモニクス占星術の考え方と手法を網羅し、さらに、ケーススタディとして実際の鑑定手順を掲載しています。

　できるかぎり、平易な表現を心掛けたつもりですが、紙幅の関係上、占星術の基本的なところを十分に説明しきれていないかもしれません。

　そこについては、いい教科書がすでに数多く出版されているので、巻末の参考文献をいくつかあたってみてください。本書の内容を理解する助けとなります。

　ハーモニクス占星術は「可能性の占星術」です。

　従来の占星術が、人生で起きる物事を教えてくれていたのに対し、ハーモニクス占星術は「その人がそうありうる可能性」を教えてくれます。

　また、人生で起きてくる出来事の「意味」を教えてくれます。

　本書を手にとった方が、ハーモニクス占星術を通して潜在する「可能性」を開き、人生の「意味」を学び、魂の奥底に隠されたハーモニーを奏でることができたなら、これ以上の喜びはありません。

　　　　　　　　　　　　　　　　　　　　　　　　　神谷充彦

CONTENTS
目次

はじめに 2

第1章 西洋占星術概論 9

1 西洋占星術の基本構成　10
2 ハーモニクス占星術の概要　17
3 ハーモニクス占星術の構造　25
4 ハーモニクス占星術の技法　30

第2章 西洋占星術の基礎知識 33

1 感受点とは何か　34
2 各感受点の象意　37

月の象意	37	水星の象意	38
金星の象意	39	太陽の象意	40
火星の象意	41	木星の象意	42
土星の象意	43	天王星の象意	44
海王星の象意	45	冥王星の象意	46
ASCの象意	47	MCの象意	48

3 サインとは何か　49

4　各サインの象意　54

- 牡羊座の象意　54
- 双子座の象意　56
- 獅子座の象意　58
- 天秤座の象意　60
- 射手座の象意　62
- 水瓶座の象意　64
- 牡牛座の象意　55
- 蟹　座の象意　57
- 乙女座の象意　59
- 蠍　座の象意　61
- 山羊座の象意　63
- 魚　座の象意　65

5　ハウスとは何か　66

6　各ハウスの象意　70

- 1ハウスの象意　70
- 3ハウスの象意　72
- 5ハウスの象意　74
- 7ハウスの象意　76
- 9ハウスの象意　78
- 11ハウスの象意　80
- 2ハウスの象意　71
- 4ハウスの象意　73
- 6ハウスの象意　75
- 8ハウスの象意　77
- 10ハウスの象意　79
- 12ハウスの象意　81

7　アスペクトとは何か　82

8　各アスペクトの象意　85

- 0度（コンジャンクション）の象意　　　85
- 60度（セクスタイル）の象意　　　85
- 90度（スクエア）の象意　　　86
- 120度（トライン）の象意　　　87
- 150度（インコンジャンクト）の象意　　　87
- 180度（オポジション）の象意　　　88

Tスクエア／グランドクロスの象意		88
グランドトライン／カイトの象意		89
小三角／グランドセクスタイルの象意		90
調停／ミスティック・レクタングルの象意		90
ヨッドの象意		91
ノーアスペクトの象意		91
ミューチュアル・レセプションの象意		92

8　ホロスコープ解読実践　93

米大統領バラク・オバマのケース　　　　　　93

第3章　ハーモニクスチャート読解の基礎　103

1　調波チャートの作成　104
2　調波チャートでわかること　110
3　各調波数の象意　122

第2調波	122		第3調波	125
第4調波	127		第5調波	129
第6調波	133		第7調波	136
第8調波	139		第9調波	142
第10調波	146		第11調波	147
第12調波	149		第13調波	151
第14調波	153		第15調波	155
第16調波	157		第17調波	161
第18調波	163		第19調波	167

第 20 調波	169	第 21 調波	171
第 22 調波以降の調波数について			174

第4章　ハーモニクス占星術解読法　177

1　調波チャート解読の基礎　　　178
2　発芽天体の象意45パターン　　186

月×水星	186	月×金星	186
月×太陽	187	月×火星	187
月×木星	187	月×土星	188
月×天王星	188	月×海王星	188
月×冥王星	189	水星×金星	189
水星×太陽	189	水星×火星	190
水星×木星	190	水星×土星	190
水星×天王星	191	水星×海王星	191
水星×冥王星	191	金星×太陽	191
金星×火星	192	金星×木星	192
金星×土星	192	金星×天王星	193
金星×海王星	193	金星×冥王星	193
太陽×火星	194	太陽×木星	194
太陽×土星	194	太陽×天王星	195
太陽×海王星	195	太陽×冥王星	196
火星×木星	196	火星×土星	196
火星×天王星	196	火星×海王星	197
火星×冥王星	197	木星×土星	198

木星×天王星	198		木星×海王星	198
木星×冥王星	199		土星×天王星	199
土星×海王星	199		土星×冥王星	200
天王星×海王星	200		天王星×冥王星	201
海王星×冥王星	201			

3　調波チャート解読の実際　202

　　ケーススタディ①　筆者の場合　　　　　　202
　　ケーススタディ②　ヴィヴィアン・リー　　207
　　ケーススタディ③　出口なお、出口王仁三郎　211

第5章　ハーモニクス占星術の高度な応用　213

1　応用技法とケーススタディ　214

　　ケーススタディ④　アドルフ・ヒトラー　　　218
　　ケーススタディ⑤　Aさん（女性）の場合　　223
　　ケーススタディ⑥　Bさん（女性）の場合　　240
　　ケーススタディ⑦　Cさん（女性）の場合　　262
　　ケーススタディ⑧　Dさん（男性）の場合　　278

TIPS　301

参考文献　305
おわりに　306
著者紹介　307

第1章 西洋占星術概論

1 西洋占星術の基本構成

**ホロスコープは人生の羅針盤として
私たちの未来を照らしてくれる**

　西洋占星術では、ホロスコープと呼ばれる一種の星図で人生を読み解きます。
　この羅針盤のようにも見えるホロスコープは、見た目そのままに「人生の羅針盤」として活用できます。一見、複雑でとっつきの悪い相貌をしていますが、いったん読み方のコツがつかめると、そこからさまざまな情報を得られるようになり、解読が楽しくてしょうがなくなるでしょう。
　そこまでいくのは決して楽な道のりではありませんが、ホロスコープの構成要素を一つずつ丁寧に理解していけば、解読の腕前は確実に向上していくはずです。
　では最初に、ホロスコープの基本構成から説明しましょう。
　【図1―1】はある人の出生時の天体配置を記したホロスコープで、これを「ネイタルチャート（出生図）」といいます。生まれた瞬間の天体配置は、その一生にわたって強い影響を及ぼし続けるので、このネイタルチャートはいかなる場合にも最重視されると考えてください。
　西洋占星術では、ネイタルチャート以外にもさまざまなチャートを作成しますが、ホロスコープの構成は基本的に同じです。そこで、まず重要なポイントとして注目してほしいのが、ホロスコープは二次元（平面）だ、ということです。
　実際の星空は三次元（立体）の広がりをもった球空間ですが、その球を黄道面（太陽の通り道）で切り取った平面がそのままホロスコープの平面になっている、と考えてください。

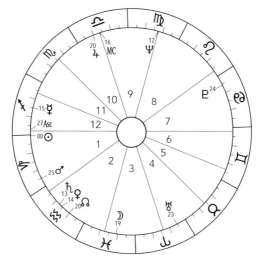

【図1−1】ネイタルチャート

　この黄道を、春分点（春分の日の太陽の位置）を起点にして均等に12分割したものが雑誌の星占いでもおなじみの12サイン（黄道12宮）です。そして、各サインをさらに30分割した1周360度の黄道度数が、ホロスコープにおける基本の座標として機能することになります。
　ここで【図1−1】を見て、サインを示す記号(♈♉♊♋♌♍♎♏♐♑♒♓)を確認しておいてください。
　なお、12サインは、牡羊座、牡牛座、双子座……というように星座の名前で呼ぶことが一般的ですが、それぞれの実際の星座とは位置がずれています。地球の自転軸がずれていく歳差運動という現象のために、星座とサインは、長い年月の間にどんどんずれていくのです。
　いずれにせよ、ここでは、春分点を起点にして黄道を30度ごとに区切ったものがサインであると覚えておくだけで十分です。
　一方、12サインとは別にホロスコープを12区分するのがハウスです。これは地上から黄道を観察したときの方角と関係しており、たとえば、東の地平線方向は1ハウスや12ハウス、南の天頂方向は9ハウスや10ハウス……となります。

ハウス位置の算出方法にはいくつかの方式があり、サインとは異なり、各ハウスの幅は均等にならないことも多いといえます。
　次に、12サインのいろいろな場所に配置された天体記号を見てみましょう。
　一般的に占星術で用いる天体は、☉太陽、☽月、☿水星、♀金星、♂火星、♃木星、♄土星、♅天王星、♆海王星、♇冥王星の10天体です。天体以外のポイントとして ASC（アセンダント）、MC（ミディアム・コエリ）、☊ドラゴンヘッド、☋ドラゴンテールなどがあり、これらは天体と合わせて「感受点」と呼ばれます。
　感受点同士を結んでいるラインは、それらの感受点が占星術において意味のある角度を成していることを表します。この角度は「アスペクト」と呼ばれ、やはりホロスコープを構成する重要な要素です。
　これら、サイン、ハウス、感受点、アスペクトという四つの要素が絡み合うと、その情報量はかなりのものとなります。見るからに複雑そうですが、あまり難しく考えず、まずはポイントを押さえてください。
　わかりやすい新聞記事を書くには、「５Ｗ１Ｈ」＝「who（誰が）、when（いつ）、what（何を）、where（どこで）、how（どのように）」を押さえるといいそうですが、ホロスコープにおいてそれは、感受点＝誰が、ハウス＝どこで、サイン＝どのように、アスペクト＝何を……という対応になっています。
　つまり、ちょうど新聞記事のように、物事の状況を伝えるために最低限必要な情報が、そこには記されているわけです。
　ただし、「when（いつ）」を知るにはネイタルチャートの解読だけでは不十分なため、別のチャートを作成する必要があります。

感受点は人や物事を引き寄せる
意識の焦点となる

　感受点にかんして少々難しいのは、「誰が」というのが実際の誰かかもしれないし、そのホロスコープの持ち主の内面に存在する誰か、つまり複数存在する「私」のうちの一つかもしれないということです。

多重人格でなくとも、個人の中に複数の「私」が存在していることは誰しも気づいているでしょう。そして、人は人生において、その「私」に似た人物、あるいは物事を周囲に引き寄せるものです。

たとえば、♂火星が存在感を発揮しているホロスコープの持ち主であれば、若い男性とのかかわりやスポーツ、何らかの争いなどがその人の人生においてクローズアップされます。これらはすべて♂火星が象徴する人物や物事であるからです。実際には、ハウス、サイン、アスペクトも絡んできますが、とりあえずここでは、シンプルに理解しておきましょう。

さて、少し難しい言い方をすると、感受点は「意識の焦点」を表すものである、とも表現できます。漠然とした心の動きが一つの形として焦点化・結晶化したものが「私」であり、それが外界に投影されると実際の人物や物事を引き寄せます。

これは、自己啓発系の書籍などで言われる「引き寄せの法則」にも似ていますが、少し違う点もあります。

それらの書籍では「明確に願ったことは何でもかなう」と説かれますが、占星術における引き寄せの法則では、その人を構成する主な10種類の意識の焦点（＝感受点）の働き方は、ハウスやサイン、アスペクトによってあらかじめプログラムされていると考えるのです。

つまり、その人がどのような人生を引き寄せるかということについて、その基本的な方針は、出生時に定まっていることになります。

感受点にかんして一点付け加えておきましょう。それは、複数存在する「私」としての感受点の働きを、その人自身がすべて認識しているとは限らないということです。

たとえば、♅天王星、♆海王星、♇冥王星などが象徴する「私」＝意識の焦点にかんしては、潜在意識、あるいは無意識と呼ばれる心の領域に潜んでいることがあり、それを認識していない人のほうが多いものです。しかし、それを認識していなくても、それらの感受点が表している意識の焦点が外界へ投影され、感受点の象徴に見合った他者や出来事を引き寄せるという点は変わりません。

これについて詳しくは、第2章における各感受点の解説を参照してください。

アスペクトは感受点をつないで
動的なシナリオを生み出す

　次に、ハウスです。ハウスは「どこで」を表すと述べましたが、これは実際の場所を表すというよりは、人生を構成する具体的な分野やカテゴリーを示しています。たとえば、2ハウスなら収入や財産に関係し、4ハウスなら家庭に、7ハウスなら結婚に関係する……という具合です。
　ハウスは地上から空（黄道）を観察したときの方角に関係している、と説明したことを思い返してください。地上というのは私たちの肉体が立つ大地のことであり、身近な現実を象徴しています。そのため、星の象意に込められたエネルギーが、この現実の世界において、どう具体的に現れるのかを示すことになります。
　一方、サインは「どのように」を表します。感受点やハウスに対して、各サインに応じた雰囲気や性格を与えるものと考えてもよいでしょう。
　たとえば、2ハウスが後先考えず飛び出す性質の ♈牡羊座なら、その人は収入のほとんどを貯蓄することなく、すぐに使い切ってしまう傾向があるはずです。
　ちなみに、古典的な占星術では、サインはもっぱら各感受点の相対的な力関係を測ることに用いられており、感受点やハウスへ特定の雰囲気や性格を与えるものとしては重要視されていなかったようです。
　しかし、人の内面で進行する心理プロセスが人生へ大きな影響を与えることが多いという現状を踏まえ、現代の占星術においては、雰囲気や性格を与えるものとしてのサインの働きを重視すべきであると考えられています。
　最後にアスペクトですが、これは複数の感受点の組み合わせによって「何が（何を）」起きるかを示すものです。
　静的な要素としての感受点を「役者」にたとえるなら、それがアスペクトによって結ばれることで、動的な「シナリオ」が生み出されます。
　たとえば、Aという感受点とBという感受点がハード（困難な）アスペクトを成しているとき、それは、役者Aと役者Bが互いに対立する役柄を演じているようなものだといえます。

プログレスチャートと
トランジットチャートについて

　ここで、ホロスコープを、黄道を文字盤とした時計のようなものと考えてみてください。その場合、感受点は時計の針であり、サインは文字盤上の時刻を示す数字、ハウスは時計を見るものからの相対的な方角となります。それらは空間的な天体配置を示すものであると同時に、時間を示すものでもあるわけです。

　ネイタルチャートは出生時の時間を記録したものですが、そのほかに、ネイタルチャートを一定の計算式に応じて日時を進めたプログレスチャート[*1]や、現時点（あるいは過去や未来の特定時点）の天体配置を記したトランジットチャートなどをそこに組み合わせて読み解くのが一般的です。

　というのも、それらの技法を併用しないことには、「when（いつ）」を正確に知ることができないからです。

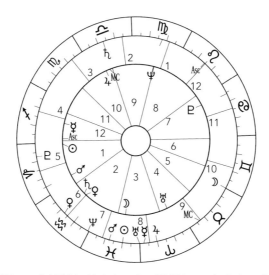

【図1-2】内側はネイタルチャート、外側はトランジットチャート。

ネイタルチャートはその人を動かす根源的な「基本プログラム」であり、そのプログラムのさまざまな機能にスイッチを入れていくのが、プログレスチャートやトランジットチャートの感受点だと考えればよいでしょう。その働きは、黄道の度数を揃えて重ね合わせた各チャートの感受点間にできるアスペクトで判断します（【図1−2】）。

　ただし、本書のテーマはハーモニクス占星術ですから、プログレスチャートやトランジットチャートについて詳しくは説明しません。興味のある方は、拙著『詳解　月の正統西洋占星術』（学研パブリッシング）を読んでいただくと、その概要をつかんでもらえると思います。

---

*1）厳密には、一定の法則でネイタルチャートを時間経過させる方法を「プログレス法」、天体の黄道度数に一定の値を加算する方法を「ディレクション法」と呼びますが、本書ではそれらの方法で作られるホロスコープを便宜的に「プログレスチャート」と総称しています。プログレス法の代表としては、実時間の1年を1日に置き換えて時間進行させる「1日1年法（セカンダリー・プログレッション）」が、ディレクション法の代表としては、太陽の1日あたりの移動度数を加算する「ソーラーアーク・ディレクション」や、シンプルに1度ずつ加算していく「1度1年法」などが挙げられます。

2 | ハーモニクス占星術の概要

ネイタルチャートを整数倍して
調波チャートを作成する

　ハーモニクス占星術は、スイスの占星術研究者クラフトが最初に研究し、後にイギリスのアディーがインド占星術を参考にしながらその研究を発展させたものです。彼は約30年に及ぶ研究成果を著書『Harmonics in Astrology』で公表し、その後、多くの占星術家たちの追試を経て、確かな占星術技法として定着することになりました。

　日本では石川源晃氏がアディーの許可を得て「分割調波」という技法の研究を進めたほか、松村潔氏が数の普遍的な意味との関連から、新しい解釈を提唱しています。

　本書で紹介するハーモニクス占星術は、松村氏の考え方をベースにしており、そこに筆者のもう一つの研究分野である数秘術やこれまでの鑑定経験などを加味して、既存のハーモニクス占星術を新たに再構築したものと考えてください。

　ただし本書は、アディー、石川氏、松村氏らの研究内容を網羅したものではありませんから、ハーモニクス占星術について学びを深めたい方は各氏の著書も併せて目を通されることをお勧めします。

　さて、ハーモニクス占星術（ハーモニクス技法）を一言でいうなら、「ネイタルチャートの感受点の位置（黄道度数）に一定の数を掛けた（乗じた）値で新たに作成したホロスコープを用いた占星術」と定義できます。

　ちょっとこの説明だけでは難しいと思いますが、今は先に読み進めてください。

　感受点の位置に数を掛けるときの方法には、いくつかのやり方（調波方式）があり、たとえば、アディーの提唱したアディー調波では正の整数を掛

けます。

　このほかにも、エバーティン調波、グレイグ調波、分割調波などの方式が知られていますが、本書で取り上げるのはアディー調波のみです。そこで特に注記のない場合、すべてアディー調波の計算に基づいていると考えてください。

　では、具体的な計算例を挙げてみましょう。

　感受点の位置に整数を掛ける——と述べましたが、ここでいう「位置」とは黄道度数のことです。

　前のほうで説明したように、春分点（春分の日の太陽の位置）を０度として360度に目盛りをふったものが黄道度数であり、春分点からの30度が♈牡羊座、その後に続く30度が♉牡牛座、さらにその後の30度が♊双子座……というようにサインが配置されることになります。つまり、♉牡牛座の10度は黄道の０度－360度のスケール（絶対度数といいます）に変換すると40度となり、♊双子座の５度は65度となるわけです。

　アディー調波の計算では、感受点の絶対度数に任意の正の整数を掛けることになります。たとえば、♉牡牛座の１度に５を掛けたなら、絶対度数31度×５で155度になります。155度はサインでいうと♍乙女座の５度です。なお、計算結果が360度を超える場合には、360以下になるまで、そこから360を繰り返し引いていくことになります。

　このような手順でネイタルチャートの各感受点の位置に５を掛けて作成したチャートを「第５調波のチャート」といいます。

　では、このようにして作成したチャートには、どのような意味があるのでしょうか？

　アディーは各調波のチャートには【表１－１】のような象意があると考え、これに基づいて各調波のチャートを読み解くことを提唱しました。ここに示された象意は、数秘術などにも見られる「数の普遍的な象意」との関連も色濃く見いだされ、ハーモニクス占星術では、これら各調波のチャートを詳細に検討して、その人に隠された資質や才能などを探り出すことになります。

　ただ、ここで注意してほしいのは、基本はあくまでもネイタルチャートの解読にあるということです。まず、ネイタルチャートをきちんと読み解き、その上で、判断材料に乏しい物事や微妙なニュアンスを読み解くため

【表1−1】主な調波の意味

調波数	アディーの象意	そのほかの研究者による象意
第1調波	（ネイタルチャート）	（ネイタルチャート）
第2調波	―――	目的意識
第3調波	生の喜び	運動、楽しみ
第4調波	困難・障害	秩序、科学
第5調波	努力目標	本能的欲求、自分らしい生き方
第6調波	リズム	健康、バランス、律動的行動
第7調波	エクスタシー	芸術、夢、即時の成功
第8調波	環境	知恵、現実、適応性
第9調波	晩年	宿命、成果、最終的な地位

に、ハーモニクスの技法を併用します。

　その意味で、本書はネイタルチャートをある程度、読み解ける方を対象としている本だといえます。しかし、縁あって本書を手にした初学者の方を置き去りにするのは申し訳ないので、初めて占星術に触れる方にも一通りのことを占えるよう工夫してみました。

ハーモニクス占星術は
あなたの人生の意義を明らかにする

　ハーモニクス占星術の持つ意義について端的に述べます。
　一般的な占星術では、ネイタルチャートがその人の「基本プログラム」であり、それを青写真として人生が展開されていくと考えます。そして、プログレスチャートは、どのような順番で何が起きてくるのかを示し、トランジットチャートはそのときどきの周囲環境の変化を示します。
　植物にたとえると、それがどんな種類の花を咲かせるのか、どんな実をつけるのかということが「種」としてのネイタルチャートに示され、蒔いてからどれくらいで芽を出すのか、どれくらいで花を咲かせるのか、といったことがプログレスチャートに示されることになります。
　そのたとえでは、トランジットチャートは季節や天候の変化にあたるで

しょう。同時期のすべての植物は同じ気候環境を経験しますが、植物の種類によって、それがどのような影響を及ぼすのかは異なってきます。それは、トランジットチャートとネイタルチャートとの間のアスペクトで判断すればよいのです。

では、ハーモニクス占星術ではいったい何がわかるのでしょうか？

今のたとえでいうなら、その「種」が育って咲いた花はどんな香りがするのか、果実はどんな味がするのか……といったことが調波チャートからわかります。

人生に置き換えるなら、ネイタルチャートを基本とした一般的な占星術では、「あなたはどんな人でどんな人生を送るのか」がわかり、ハーモニクス占星術では「では、その人生にはどんな意義があるのか」ということがわかる、と表現できるでしょう。

現代に生きる私たちにとって、この「人生の意義」ということはとても重要な要素です。というのも、日本など先進諸国の人々は飢え死にせずに生存することが容易になった一方で、人生の意義を喪失してしまっているからです。

心理学理論の一つに「マズローの欲求段階説」というものがあります。それによると、人間の基本的欲求は低次なものから「生理的欲求」→「安全の欲求」→「所属と愛の欲求」→「承認の欲求」→「自己実現の欲求」と分類できるのだそうです。

その分類法の是非は別として、私たちの多くは後半の三つにかんして悩みと欲求を持っているように見えます。つまり、人から愛されること、認められること、自分らしく生きることを心から求め、それが思ったように得られなくて悩んでいるのです。

ハーモニクス占星術はこのうち、自分らしく生きることに深く関係します。

人が自分らしく生きるとき、その人は人生の意義を実感することでしょう。そして、その人はある種の芳香を放ちはじめます。実際の匂いではなく、自分らしく生きている人に共通する、ある種の雰囲気をまとうようになるのです。

「マズローの欲求段階説」の考案者であるアブラハム・マズローは、そのような人を「自己実現者」と呼び、その特徴として自己や他者を受容し、自発

的で自然体であり、創造的かつユーモアのセンスに富んでいる……といった項目を挙げました。

　どこまで本当にそうなのかはわかりませんが、真に自分らしく生きている人は明らかにほかの人とは異なる何かを持っているはずです。

　ハーモニクス占星術は「私とは何か」という問いに対して、多様な、しかし正確な答えを与えてくれます。それを理解することは、真に自分らしく生きようとするときに、あなたの背中を支えてくれることでしょう。

人生とは10天体が織り成す複雑な色彩と文様のようなもの

　ハーモニクス占星術の意義について別の角度から説明するために、ちょっとこんな話をしてみましょう。

　グリセリンの渦の中にインクのしずくを1滴垂らすと、それはまず点となり、やがて線となって渦を描き、その線はどんどん細くなってやがて消えてしまいます。しかし、消えたからといってインクを構成する粒子が消滅したわけではありません。

　この実験モデルの場合、グリセリンの渦を逆回転させると、消えたかに見えるインクを再び目に見える形に戻すことができます。つまり、何もないように見えるグリセリンの渦の中にやがてインクの線が現れ、その線が次第に太くなり、やがて一つの点に収束するのです。

　では、たとえばこのインクが10色あって、それぞれ1滴ずつしずくを垂らしたらどうなるか？

　グリセリンの渦の中で、それらのしずくは引き伸ばされて線状になり、時に交じり合ってさまざまな色彩や文様を織り成し、最終的に分散されて見えなくなってしまうでしょう。

　何の話をしているのか、と思うかもしれませんが、ここからが本題です。

　まず、ここでいう10色のインクを占星術で主に用いる10個の感受点（天体）と考えてみてください。その場合、最初に垂らしたしずくは誕生時の天体配置を意味することになります。

　そして、グリセリンの渦は時の経過を表します。時が経過していくと誕

生時の天体たちは「点」から「線」となり、互いに交じり合いつつ、さまざまな色彩や文様のパターンを形づくっていきます。それはその人の「人生の色合い」そのものです。

　そして、インクが拡散しきって見えなくなった状態は、人生でいうなら「死」にあたります。しかし、インクはなくなったわけではありません。その人を構成する要素は見えない形で存在しています。それを魂(ソウル)といってもよいし、霊(スピリット)といってもよいでしょう。

　そのように、人はシンプルな心身で生まれ、やがて複雑な色彩と文様を織り成していき、最終的には目に見えない存在となります。隠秘学(オカルティズム)であれば、これを「肉から霊へ」と表現するでしょうか。

　物理学者のデヴィッド・ボームは、そのような見えない何かを「インプリケート・オーダー」すなわち、「内在された秩序」と呼びました。対して、それが目に見える形となったものを「エクスプリケート・オーダー」といいます。「外在する秩序」です。

　これをインクのたとえでいうと、インプリケート・オーダーとして渦の中に見えない形で存在するインクは、渦を逆回転させることで再び姿を現してエクスプリケート・オーダーに変わるということになります。つまり、「霊から肉へ」というように形なきものから形あるものへと戻るのです。

　もちろん、実際には時間を逆転させることはできません。しかし、そのように、形態を変遷させながら時間と空間に広がって存在する時空連続体としての「私」に目覚めることは、古来、ある種の宗教的覚醒と見なされてきました。

　たとえば、原初のシンプルな「私」から多様性が生まれていく様子は、仏教では「胎蔵界曼荼羅(たいぞうかいまんだら)」(【図１－３】)などに表現されています。

　また、聖書には、キリストの再降臨に際して墓場から人がよみがえるという、少々怖い感じの記述があります。これは「霊から肉へ」ということですが、実際によみがえるのではなく、時間の流れに囚われない見方によって時空連続体としての「私」に目覚めることは、永遠の命を得るに等しいという意味なのでしょう。

【図1−3】時空連続体としての「胎蔵界曼荼羅」

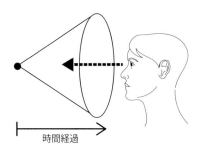

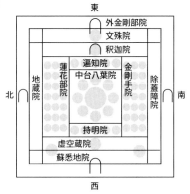

「胎蔵界曼荼羅」は原初の1点から多様性が発展していく時空連続体を2次元的に表現したもの

【図1−3（2）】デヴィッド・ボーム提唱の「世界管」

ハーモニクス占星術で多次元の「私」を知る

　ここで筆者は、霊(スピリット)の実在を主張したいわけではありません。
　そういうことではなく、エイジング、すなわち年をとることや死というものについて、新たな（しかし伝統的でもある）とらえ方を提唱しているつもりです。そして、ハーモニクス占星術はその一助となってくれるはずです。
　その視点は、先ほどの「私とは何か」という問いにも、一つの見通しを与えてくれるでしょう。
　10色のインクのたとえでいうなら、「私」とは10色の点であり、10色の線であり、さらにそれらが織り成す多様な色彩や文様であり、そして、すべてが分散して形なき存在と化したもの——そのすべてです。それは、人一

人分の空間と、寿命としての80年前後の時間を占有する時空連続体であり、死後もなお、何らかの形で存在し続けるものだといえます。

　そのすべてが「私」であるなら、「私とはかくかくしかじかの者である」などと簡単に定義づけることは無理な話であり、10個の感受点によるネイタルチャートでもすべてを語りきることはできません。というのも、置かれた場所、状況、時間に応じて、ネイタルチャートにも示されていない、さまざまな「私」が引き出されてくるからです。

　そういう意味で、「私」とは多次元的な時空連続体であるといえます。

　ハーモニクス占星術は、その多次元にまたがる「私」を知るためのものである、というのが筆者の理解です。このコンセプトをうまく伝えたくて、「多次元タイムフロー・アストロロジィ（Multi-dimensional Timeflow Astrology）」という呼称を考えたこともありますが、小難しくてあまりいい造語とはいえませんでした。やはり、もとの「ハーモニクス占星術」というのが耳触りもよいようです。

　さて、そのようにハーモニクス占星術をとらえるなら、各調波のチャートは、それぞれが多次元に存在する「私」の様相を示していることになるでしょう。

　多くは、ネイタルチャートとは似ても似つかぬものとなりますが、それ単体で働くのではなく、基本的にはネイタルチャートに影響を与える形で機能します。

　少なくとも肉体を持って生きているうちは、その肉体の起点である誕生時のホロスコープは、その人の基準軸として機能し続けるため、やはり、ネイタルチャートは無視できないということです。

3 ハーモニクス占星術の構造

プログレスチャートとの違いを
どのように考えるか

　ハーモニクス占星術では、ネイタルチャートの各感受点の黄道度数（絶対度数）に正の整数を掛けて算出した、新たな黄道度数による調波チャートを作ります。そして、このときの「正の整数」を「調波数」と呼び、各調波数のチャートは多次元的なその人のあり方を示していると考えて、ネイタルチャートとの関係を中心に読み解いていきます。
　ここで、いくつかの視点から、もう少し具体的に説明してみましょう。
　まずは、満年齢調波から。
　これは、各調波数と満年齢を関連づける考え方であり、たとえば、20歳のときのことを知りたければ第20調波を、30歳のときのことを知りたければ第30調波のチャートを作成して、ネイタルチャートとの関係を見ていきます。
　これにかんして、占星術をある程度知る人であれば、プログレスチャートとどう違うのか、気になるかもしれません。
　プログレスチャートとは、ネイタルチャートを時間的、あるいは空間的に進行させたチャートであり、1日1年法という計算方式でいうと、20歳のときのことを知るには誕生時から20日後の、30歳のときのことを知るには30日後のチャートを作成して、ネイタルチャートとの関係を見ていきます。
　これもまたハーモニクス占星術と同様に、時空連続体としての「私」を知る一つの方法だといえますが、似て非なるものであることは明白です。
　プログレスチャートは、年を追うごとの変化が足し算のように一定の速度であり、感受点の移動は足し算的です。つまり、起点が0だとすると、1歳では1、2歳では1＋1で2、3歳では2＋1で3……というように移動し

ていくのです。また、計算方法にもよりますが、感受点相互の位置関係もそう大きく変わることがありません。

　一方、調波チャートは感受点の移動は掛け算的です。0歳と1歳では×1となるので変化はありませんが、2歳では×2、3歳では×3、4歳では×4……というように加速的に移動していきます。当然、感受点相互の位置関係もダイナミックに変化していくのです。

　そういったことから、プログレスチャートには誕生時の「私」から少しずつ発展・発達していく性質や要素が示され、調波チャートには誕生時の「私」とは直接的な連続性を持たない、新たな性質や要素が示されると考えればよいでしょう。

　これについてたとえ話をしてみます。

　ネイタルチャートに示される「私」を「新鮮な野菜」にたとえるなら、プログレスチャートに示される「私」は「乾燥した野菜」で、調波チャートに示される「私」は「発酵した野菜」のようなものです。

　「乾燥した野菜」や「発酵した野菜」は、どちらも新鮮さを失った代わりに新たな旨みを獲得しています。しかし、前者は水分が抜けて成分が凝縮されたことによる旨みであるのに対し、後者は酵母・酵素の分解作用によって、新鮮なものとはまったく異なる旨みとなっています。

　このたとえは、プログレスチャートと調波チャートの違いをよく説明できていると思うのですが、どうでしょうか？

　さらに、これは年を重ねるということをどう理解するか、というテーマにも関係してきます。多くの人々は年をとることを恐れますが、実は、年をとることは人としての「旨み」を増すことでもあるのです。

　グリセリンの渦に落としたインクが拡散して薄れていくように、肉体そのものは時の流れとともに崩壊して消滅へ向かいます。それは確かなことであり、誰も抗えません。しかし、それは発酵プロセスにも似て、分解されることで新たな旨みを生じてもいるのです。

　その旨みとは、複雑かつ豊穣な人間性の味わいでしょう。

　年を重ねるごとに、調波チャートは新たな味わいをその人に付け加えていき、人間性を複雑なものにしていきます。それは、その人の中に矛盾を生みますが、その矛盾をも包み込む大きな視野を持てたなら、複雑さを統

合して豊穣な味わいと成すことができるはずです。

　ハーモニクス占星術は、そのような視野を持つ助けとなってくれます。

多機能な「私」と経験の多次元性を
高い視野から明らかにする

　満年齢調波チャートは、多次元に存在する「私」にも関係します。30歳の人なら、その中には29歳の「私」もいれば、28歳の「私」もいるということです。もちろん、10歳の「私」や5歳の「私」も。

　そのような多次元の「私」たちは状況に応じて、代わる代わる顔を出すことになります。特に、その人の基本的な「私」となるのが一桁数字の調波数のチャートです。

　たとえば、その人が何か新しいアイデアを生み出そうとするときには、第3調波のチャートに示された「私」が現れることになります。逆にいえば、第3調波に示された特徴を自らが意識的に用いることで、新しいアイデアを生み出せることになります。

　これは、ねじ回しや栓抜き、ワインオープナーなどを備えた多機能ナイフを使いこなすことにも似ています。使いたい機能がどこにあるのか知っておくと、それぞれの状況に即した機能をいつでも使えるようになるわけです。

　第3調波の例でいうと、アイデアを生み出す能力は3歳のときに開発されたことになるので、その人が当時どんな遊びをしていたか、あるいは創造性に関係する出来事が何かあったかどうかを思い出すことで、そこにアイデアを生み出すためのヒントが隠されていたりします。

　満年齢調波の中でも特に重要なのが、9歳までの調波チャートです。そこで、筆者は特にこれを「一桁調波」と呼んで重視しています。これは、「三つ子の魂百まで」という言葉に表されるように、子ども時代の経験が人格形成において重要な働きをすることにも関係しているでしょう。

　そういったこともあり、多次元の「私」というものを考えるときには、第9調波までのチャートを特に重視することになります。

　さて、占星術をある程度知っている人はここで、年齢に応じて発達する

複数の「私」はネイタルチャートにも示されているはずだ、と指摘するかもしれません。

確かに、ネイタルチャートの感受点はそれ自体が複数の「私」を示しており、それぞれに対応する年齢域があります。☽月は０歳〜７歳、☿水星は８歳〜15歳、♀金星は16歳〜25歳……というように人生の各期間と対応しているのです。

しかし、ネイタルチャートに示される複数の「私」は、無意識的かつ強制的に働くことが多く、制御が難しいものです。また、生涯変わることなく強い影響力を維持しています。

一方、調波チャートに示される多次元の「私」は、より意識的に使うことのできるものであり、選択の自由ともいえる余地が残されています。その点が、ネイタルチャートに示された「私」との違いです。

また、調波チャートは人生におけるさまざまな経験について、その多次元性を明らかにしてもくれます。

たとえば、ネイタルチャートがその人にハードな出来事が起きることを示していたなら、プログレスチャートがそこにスイッチを入れるタイミングで、その人の身には一般的にいうところの「不幸」が降りかかるでしょう。

しかし、そのときの満年齢調波チャートが、問題となっているネイタルチャートのポイントに対してよい働きをしていたなら、その一見「不幸」と見える出来事は、大きな「幸福」への扉を開けるものだということがわかります。

その場合、満年齢調波のチャートは、その「不幸」な出来事の真の意味を教えていることになるでしょう。つまり、起きている出来事を別の角度から見る視点をもたらしているのです。

古典的な占星術が「これから何が起きるのか」を明らかにするものだとすれば、現代占星術はその起きることの背後にある「内的なプロセス」を明らかにするものであり、ハーモニクス占星術はその「内的なプロセス」がなぜ起きているのか、ということを高い視野から明らかにするものだといえます。

それは物事を多次元的に見るということであり、私たちの精神を時間と空間の牢獄から解き放つ助けとなってくれるはずです。

ハーモニクス占星術の背後に存在する
普遍的な数の象徴性

　調波チャートは、ネイタルチャート上のアスペクトとも深く関係しています。

　たとえば、ネイタルチャートで△120度（トライン）を成している二つの天体は、第3調波のチャートでは☌0度（コンジャンクション）となります。そして、△120度も第3調波も、ともに気分の高揚と関係しています。

　一方、ネイタルチャートで□90度（スクエア）を成している二つの天体は、第4調波のチャートでは☌0度となります。□90度と第4調波は、ともに、困難な状況と関係しています。

　このように、ネイタルチャートにおける感受点間のアスペクトと、それらの感受点が☌0度を成す調波チャートとの間には、似た意味合いがあります。

　また、各調波チャートの象意にかんしては、数秘術に見られるような数の普遍的な意味や、タロットの大アルカナの意味から考えてみることもできます。

　それらの占術は数の象徴性と深く関係しており、少々乱暴に表現してしまえば、おおもとは同じであると言ってもよいでしょう。それは単に占術だけのことではなく、科学の世界において、世界の成り立ちを数学的に記述できることにも関係しています。

　ハーモニクス占星術は、ネイタルチャートを数学的に操作することで、そこに隠された法則性を引き出す手法ですが、その背景には古来、人類が見いだしてきた普遍的な数の象徴性が存在しています。

　その意味では、これを「古くて新しい占星術技法」と呼んでもよいでしょう。

4 | ハーモニクス占星術の技法

　ここまでの内容を踏まえた上で、ハーモニクス占星術の技法をその概略のみ記しておきます。

■一桁調波でその人の多次元的な「私」を探る

　基本はあくまでもネイタルチャートの解読です。しかし、そこには表現されていない「隠れた私」が一桁調波のチャートには表れます。
　重視すべきは複数の感受点が☌０度を成している調波チャート、次に☍180度を成している調波チャートです。
　各調波の象意と各感受点の☌０度のアスペクトで生じる象意ついては、第３章と第４章で解説します。

■ネイタルチャートと調波チャートのシナストリを読む

　二つ以上のチャートを黄道度数を揃えて重ねて、相互の感受点間に生じるアスペクトなどを読むことを「シナストリ」と呼びます。
　本書で解説するハーモニクス占星術では、ネイタルチャートと調波チャートのシナストリを読むことが主眼となります。その場合、調波チャートにおいて☌０度を成す感受点とネイタルチャートとの関係を中心に読むことになりますが、調波チャートの中の一つの感受点がネイタルチャートの感受点に正確な☌０度を成している場合にもそれを重視します。

■満年齢調波と一桁調波との関係を把握する

　一桁調波の倍数となる調波数にかんしては、そこに相関関係があるもの

と考えます。

　たとえば、第5調波は第10調波、第15調波、第20調波、第25調波……と相関関係を持ちます。これは、5歳のときの経験は10歳、15歳、20歳、25歳……のときの経験と何らかの形で関係する、というように言い換えられるでしょう。

　これについては、第3章で詳しく解説します。

　ハーモニクス占星術の概念には難解な部分もあり、現時点では説明不足の感もあるでしょう。しかし、なるべくわかりやすく書いたつもりなので、順に読み進めていただければ、その全体像が見えてくると思います。

　第2章では西洋占星術の基礎知識を説明します。基本的な内容が中心となるので、「占星術はおおよそわかっている」という人は、そこを飛ばして第3章に進んでいただいてもよいでしょう。

第2章 西洋占星術の基礎知識

1 感受点とは何か

感受点はあなたの中にある
さまざまな「私」＝意識の焦点を象徴する

　この第２章では、西洋占星術の基礎知識としてホロスコープを構成する四つの要素と、ネイタルチャートの基本的な解読手順について述べていきます。
　なお、本書ではホロスコープの作成法は説明しないので、巻末の参考文献で別途学ぶか、ホロスコープ作成ソフトを使用していただくことになります。
　まず、感受点について説明します。
　ホロスコープに記される主な感受点には、☽月、☿水星、♀金星、☉太陽、♂火星、♃木星、♄土星、♅天王星、♆海王星、♇冥王星……の10天体と、ASC（アセンダント）、MC（ミディアム・コエリ）があり、そのそれぞれは異なる「私」を示しています。また、それが外界へ投影されることにより、現実の人物や出来事を引き寄せます。
　ここでいう「私」とは心理学でいう「自我」というよりは、「意識の焦点」と考えたほうがよいかもしれません。
　天体は座標としてのサインやハウスとは違い、現実に物質として存在しており、観測することが可能ですから、人の意識を引きつけて焦点化する存在とみなされたのでしょう。感受点のうちASCとMCは天体ではありませんが、東の地平線と天頂という空間認識の基点となる座標であるため、天体と同様に、意識の焦点となるポイントとして重視されます。
　天体の象意は、その公転周期と関係しています。つまり、移動速度の速い天体は、毎日変化するタイムスパンの短い物事やそれにかかわる意識に影響し、その逆に公転周期の長い天体は数年から数十年、あるいは数百年

かけて変化するような物事やそれにかかわる意識に影響を与えるのです。
　☽月を例にして説明しましょう。
　☽月の公転周期は、女性の月経周期や皮膚のターンオーバーなど生体の基本的リズムと同期していることから、その象意は体や感受性と深く関係しています。日常生活の事柄、あるいは日々移ろっていく気分や感情なども☽月の担当です。
　そのようなサイクルの短い物事は、短期間で何度も体験することになるため、成長段階の早い時期に、その天体の位置するサインやハウスに関連する性質が身についたり、そこに関連する出来事が起きたりします。そのため、☽月は幼少期（0歳〜7歳）の状況を特によく表すことになります。
　つまり、☽月に象徴される「私」は0歳〜7歳の期間に形成され、その後は体質や感受性、あるいは日常生活の部分に顔を出すことになるのです。
　一方、公転周期が非常に長い天体に象徴される意識にかんしては、それが明確な「私」として形成されることは稀です。
　なにしろ、♇冥王星などは約248年の公転周期ですから、一生の間に軌道を1周することはありません。つまり、それは個人を超えたサイクルで動く物事や意識領域と関係することになります。公転周期165年の♆海王星もそうです。
　必然的に、「私」という個人意識がそこに焦点化するのは難しくなり、多くの人は、その存在を自覚することができません。しかし、自覚できなくても隠れた影響はあります。心理学で、深層意識とか無意識と呼ばれる領域がそれにあたると考えればよいでしょう。

感受点についての理解を深めるために
知っておきたいいくつかの視点

　天体にはベネフィック（吉星）とマレフィック（凶星）がある、という考え方があり、それによると、ベネフィックは、☽月、♀金星、☉太陽、♃木星。マレフィックは、♂火星、♄土星、♅天王星、♆海王星、♇冥王星。そして、中立な働きをするのが☿水星とされています。
　現象としての吉凶を主に占っていた古典的な占星術において、この考え

方は非常に有益だと思いますが、さまざまな理由から現代には即さないところもあり、また、トランスサタニアン（♄土星より遠い天体）の♅天王星、♆海王星、♇冥王星がすべてマレフィックとされていることにも疑問があります。

　トランスサタニアンは潜在意識や無意識と関係しており、通常自覚している「私」からすれば、「私の中の知らない私」とでもいえる得体の知れない心の動きを象徴します。しかし、それもまた「私」であるわけですから、単純に「悪いもの」として片付けてはならないはずです。

　これについては、占星術を研究している方の中にもさまざまな意見があるので、初学者の方はいろいろな意見に触れてみて、自分なりの理解を深めてみてください。

　感受点について、もういくつか付け加えておきます。

　まず、天体の視覚的な大きさについて。

　占星術で主に用いる10天体において、最も大きく見えるのは☉太陽、それにほぼ並ぶのが☽月であり、これらが象徴する「私」はその人の意識の中で最も存在感の大きなものとなります。大きく見える分、意識に与える影響も大きいと考えればよいでしょう。

　その逆に、♅天王星、♆海王星、♇冥王星は肉眼で見ることができないので存在感はなく、意識に与える直接的な影響も小さいといえます。しかし、公転周期が長く、同じサインにいる期間も長いので、無意識的な影響力を発揮してくるのです。特に、視認可能な♄土星までの天体に対してアスペクトを成す場合には、その天体に対する強い影響力を発揮します。

　これは仮説ですが、18世紀から20世紀にかけて、♅天王星、♆海王星、♇冥王星が発見されたころから、それらの天体の影響力は強まったのだと筆者は考えています。また、2006年に国際天文学連合（IAU）の会議において♇冥王星が惑星の座を追われたことも、占星術における♇冥王星の象意に何らかの影響を与えたことでしょう。

　そのように、天文学の分野における発見や定義の変化などが、人の意識における天体のとらえ方に影響を与え、占星術的な象意にもその影響が及ぶということは十分にありうると考えられます。

2 | 各感受点の象意

☽月の象意

【公転周期】約28日

【年齢域】0歳～7歳

【主な象意】体、感受性、情緒、受容性、習慣、自然体、日常生活、幼児、女性、妻、母、家庭、一般性、庶民性、弱点、不安定

　約28日周期で公転して少しずつ満ち欠けしていく☽月は、人の生物的リズムや気分の揺らぎに直結しており、占星術では、体や感受性、情緒などを表すものとして考えます。また、毎日変化していく日常生活のあり方や、日常生活における自然体の「私」にも関係しています。

　☽月の影響力は発育段階の初期のうちに心身へ浸透していき、0歳～7歳の乳幼児期にその影響は最も強く発現するため、必然的にその期間の状況を表すことになります。さらに、この時期には母親との密接なつながりを持つことから、母や幼児といった象意を表すほか、その関連で女性や妻といった意味も持ちます。

　そこで、ネイタルチャートの☽月は、「その人の幼少期の性格や出来事」や「母の性格や母との関係」、「女性とのかかわり方、周囲に現れる女性の性質」、「子ども（特に幼児）とのかかわり方や、自分の子どもの性質」……などを表すことになるでしょう。男性ならここに「妻の性格や妻との関係」も加わります。

　なお、☽月はその満ち欠けの様子から、女性的な繊細さやかよわさ、柔らかさや優しさを表しており、その一方で不安定さや弱点を表すこともあります。特に☽月がほかの天体とハードアスペクトを成す場合には、後者の性質が表れやすくなるでしょう。

☿水星の象意

【公転周期】 約88日

【年齢域】 8歳〜15歳

【主な象意】 知性、知覚、記憶、勉強、会話・言語能力、コミュニケーション、手紙、技能、訓練、神経系、健康状態、移動、商行為、兄弟姉妹

　☿水星は☉太陽に最も近い軌道を公転しており、地球から見たときには黄道度数にして最大28度しか☉太陽から離れることがありません。そのことから、占星術では、☿水星は☉太陽に従属する天体であると考え、☉太陽が象徴する「公(おおやけ)の場」への適応の仕方と関係することになります。

　社会に適応するには、☽月が象徴する家庭生活における習慣や個人的な感性をいったん脇にどけて、自分の意見を誰にでも通じるような表現で述べたり、ルールを守ったり、あるいは指示に従うというスキルを身につける必要があります。そのため、☿水星には、言語能力や勉強、訓練といった象意があるのです。

　なお、兄弟姉妹とのかかわりを通じて☿水星が象徴する能力を身につける人も多いので、☿水星は兄弟姉妹を表すこともあります。

　☿水星の年齢域である8歳〜15歳の時期には、そのような訓練を学校という「公の場」で行うことになります。そこは自分の家とは違って気分次第のわがままは通じず、先生や同級生に気持ちを伝えるには、きちんと言葉にしなければなりません。そこで培われた「公の場」への適応力は、大人になってからの仕事への取り組み方や技能にも直結するでしょう。その意味で、☿水星は少年少女期に習得する「生きていくための基本スキル」を表すといえます。

　なお、☿水星は太陽の周りをすばやく動くことから知覚や神経系の働きと関係し、さらに、健康状態も意味しています。また、近距離の移動や商行為の象意ともなっています。

♀金星 の象意

【公転周期】 約225日
【年齢域】 16歳～25歳
【主な象意】 楽しみ、官能、幸福感、感性、興味、芸術・美的センス、ファッション、贅沢さ、華やかさ、若い女性、男性における好みの女性のタイプ、恋愛、趣味、社交、金銭

　黄道面を上から見たときに、地球と♀金星、そして☉太陽が一直線に並ぶ機会は、8年間のうちに5回あります。その一直線になるときのポイントを結ぶと五芒星を形作るのですが、実は五芒星は「美の比率」とされる黄金率と関係が深く、そこに由来しているのか、古くから金星は美の象徴とされてきました。

　ネイタルチャートにおける♀金星は、その人の美的・芸術センスやファッションの傾向を表しており、さらに、五感の官能とそれに関係する楽しみ全般も象徴しています。また、金銭の使い方なども示すと考えます。

　昔は、天性の幸運の持ち主でなければ、十分なお金を手にできなかったので、古典的な占星術では♃木星が金銭を表していましたが、現代の先進諸国では娯楽やファッションなど、生活に直結しない楽しみに金銭を使える人も多いので、♀金星もまた金銭を象徴していると見なしてよいでしょう。

　五感の官能に関連して、♀金星は恋愛や性の傾向にもかかわっており、男性のネイタルチャートでは好みの女性のタイプなども表します。

　それらのことから、♀金星の年齢域である16歳～25歳は、趣味や恋愛を通じて五感の楽しみを味わいつくすのに適した時期だといえるでしょう。

　なお、☽月もまた五感と関係する感受点ですが、♀金星が新鮮な楽しみや喜びを与えてくれる官能を追求するのに対して、☽月は五感の中に安心感を求める点が異なります。わかりやすくいうなら、♀金星は「ワクワク」を、☽月は「ほっこり」を求めるのです。

　そこで、女性の恋愛・結婚を見る場合には、♀金星では恋愛のスタイルを、☽月では結婚生活のスタイルを推し量ることになります。

☉太陽 の象意	
【公転周期】	1年（見かけ上の公転周期）
【年齢域】	26歳～35歳
【主な象意】	人生の目的・目標、総合的な人生の方向性・運勢、成長、自我、自己主張、主体性、公の場、仕事（職業）、男性、父、夫

　感受点の中で、唯一自力で輝き、圧倒的な存在感を誇示しているのが☉太陽です。その威風堂々とした姿から、占星術では自我や自己主張を表すとされ、また、社会（公の場）で生きていく上での目的や目標、そして、それらが具体化しものとしての仕事（職業）にも関係してきます。

　さらに、そのような目標は、父親から影響を受けて形成されることが多いことから、☉太陽は父親との関係などを示しているとも考えます。

　☽月が自然体の「私」だとすれば、☉太陽は努力してこうなりたいと思う「私」。つまり、草花が陽光へ向かって伸びるように、人はネイタルチャートで☉太陽が示しているほうへ向かって成長しようとするのです。その意味で、☉太陽は人生の全般的な方向性や運勢を表すものだといえるでしょう。

　☉太陽の年齢域である26歳～35歳の期間は、大人としての義務と責任のもと、人生の目標を見いだしてそこに取り組んでいこうとする時期です。しかし、そこで☉太陽の役割は終わるのではなく、それ以降も、☉太陽は一生涯にわたって強い影響力を発揮し続けます。

　ただし、女性は☉太陽の年齢域に結婚するケースが多く、その場合、☉太陽が表している「こうなりたい私」は夫に託されることがあります。逆にいえば、それを託しやすい夫を引き寄せるのであり、そのことから、☉太陽は夫の性質を表すことにもなるのです。

♂火星の象意

【公転周期】	約2年
【年齢域】	36歳～45歳
【主な象意】	活力、情熱、攻撃力、やる気、競争、アピール、刺激、暴力、事故、刃物、若い男性、セックス

　☉太陽が象徴する人生の目標を力強く実行に移そうとするのが♂火星です。♂火星は他者や社会に対する競争力やアピール力と関係し、「No！」を言うときにも必要な力。他者に対して押す力、ねじ込む力と言い換えてもよいでしょう。それは社会を生き抜く力にもなることから、適職を示すことがあります。

　しかし、その♂火星が十分な力を発揮していない場合は、逆に他者や社会からの押しに負けてしまって、☉太陽が意志したような生き方ができにくくなります。

　♂火星の「押す力」は攻撃性や刺激を求める性向としても表れ、ほかの感受点とのアスペクト次第では、それが暴走して暴力沙汰や事故などを招くこともあります。伝統的に♂火星がマレフィック（凶星）とされているのはそのためです。

　しかし、社会が「自立した個人」を認めなかった時代とは異なり、現代では攻撃性の強調された♂火星であっても、有益に使える機会は少なくありません。また、有益に使おうと意識することで、凶事を避けることもできるでしょう。

　ネイタルチャート上の♂火星の状態は、セックスの傾向や性欲の対象を示してもいます。ただし、女性の場合、♂火星の力をうまく発揮できず、それを若い男性に投影しがちであり、その場合、♂火星は「好みの男性のタイプ」を示し、在室しているハウスは男性との出会いの場がどこにあるかを示すことになります。

♃ 木星 の象意

【公転周期】 約12年
【年齢域】 46歳～55歳
【主な象意】 社会的拡大・発展、膨張、大きなもの、贅沢さ、肯定、受容、保護、善意、おおらか、いい加減、怠惰、空間意識、幸福、幸運

♃木星は太陽系最大の惑星であり、占星術では社会的拡大と発展を意味しています。「福の神」のような、おおらかな受容性を示しますが、♃木星の置かれている状態次第では、怠惰さやいい加減さとして表れることもあるでしょう。

♃木星や♄土星は個人を超えた物事を示すことが多く、その意味で「社会天体」と呼ばれることがあります。ただし、その働きは正反対であり、♃木星が社会や集団の利益のために物事をおおらかに受け入れる一方で、♄土星は社会や集団の利益のために物事を厳しく制限します。要はアメとムチの違いです。そして、両者とも、その人個人に対して、社会や集団がどのような影響を及ぼしてくるかということを示しています。

♃木星の年齢域の意味は、そのころになると、♃木星の表すエネルギーを外界（社会）へ投影するばかりでなく、自分自身のものとして使えるようになるということです。それまでは、社会から受容され保護されてきた人が、今度は自分自身が社会における責任ある立場として、目下の者を受容し保護する立場になると考えてもよいでしょう。

♃木星は幸福感とも深くかかわっており、ネイタルチャート上の♃木星の状況は、その人が、どういった物事から幸福感を感じられるのかを示しています。また、♃木星の在室するハウスには幸運が引き寄せされると考えることもできます。

♄土星の象意

【公転周期】	約29年
【年齢域】	56歳～70歳
【主な象意】	規律、ルール、モラル、勤勉、努力、誠実、制限、束縛、安定、根気、地味、控えめ、貧乏、失敗、病気、不幸、冷たさ、頑固、停滞、憂うつ、抑圧、孤独、古風、時間意識、年長者、父親、年配の男性

　♄土星は「監視する私」です。それは、成長過程で社会や親から刷り込まれた「人はかく生きるべし」という規律やモラルに基づいて自分自身の言動を制御する監視の目。その目は人生にレールを敷いて、間違いのないものにしようとする一方で、抑圧や束縛ともなります。特に若いうちは自分の心を縛るものとして感じられ、♄土星が位置するサインやハウスが示す物事について、苦手意識を持つことになるでしょう。あるいは、苦手意識を打ち破ろうとして、かえって行き過ぎた行動をとってしまうこともあります。

　♄土星の働きはブレーキにたとえられますが、車にブレーキがあるように人生にもブレーキは必要であり、それは安定感や根気、誠実さといった性質をその人に与えます。しかし、ほかの天体との関係から♄土星の否定面が際立ってしまうと、頑固、停滞、憂うつ感といった重く沈んだ感じの心情が強調されたり、そのような心情を引き起こす出来事が起きたりするでしょう。♄土星がマレフィック（凶意）とされてきたのはそのためです。

　とはいえ、この♄土星の働きは、社会的な成功を導くのに必要不可欠なものです。社会的な発展性を担うのは♃木星ですが、それを現実の世界で根気強く形にしていくのは、♄土星の働きであるからです。

　なお、若いころには、♄土星は父親や祖父、教師や上司といった周囲の権威者に投影されやすく、その彼らの性質や行動を表すことになります。

　最初のうち、彼らから押しつけられているように感じられる♄土星の規律意識は、やがて自分の血となり肉となってくるでしょう。そして、♄土星の年齢域に達するころには、自らが家庭や社会の中で「人としての規範」を示し、若者や子どもたちに規律意識を刷り込んでいく立場となるのです。

⛢天王星 の象意	【公転周期】 約84年
	【年齢域】　71歳〜84歳
	【主な象意】　新奇、独自性、突発的変化、アイデア、発明、斬新、未来的、突発、変人、変革、自由、革命、独立、電気、テクノロジー、国際的、自由業、友情、友人、外国、外国人

　⛢天王星はほかの天体と違い、公転軸に対して自転軸が横倒しになっている一風変わった天体です。それと関係して、⛢天王星は新奇さや独自性、自由さ、突発的変化、斬新といった象意を持ち、否定面が強調されるときには、エキセントリック、変人といった象意を持つことになります。

　また、新奇さや自由さとの関連で、インターネット等のテクノロジーや、外国人、外国文化、自由業、友人などを示すこともあります。

　♄土星の一つ外側の軌道を公転する⛢天王星は、♄土星の象徴する社会の枠組みに風穴を開け、社会性や集団性から個人を解放することに関係しています。⛢天王星に発する衝動は、♄土星の立場からすると他者との協調性を無視した掟破りの姿勢にも見えますが、実際のところは、その人が属するローカルな社会の枠組みを捨てて、より普遍的な意識へ向かうための衝動なのです。

　その意味で⛢天王星は、既存の社会的通念よりも高い視野の考え方に移行しようとするときに、その真価が発揮されるといえるでしょう。フランス革命など欧米諸国において王政が打ち倒され、一気に民主主義に転換されていった時代に⛢天王星が発見されたということも非常に象徴的です。

　⛢天王星の公転周期は人の寿命に近いものであり、年齢域では高齢者にあたります。これは、社会人としての義務を終えた立場から、自由な言動を取れることを意味しています。しかし、実際には個人差があり、この年齢域に達していても、♄土星、あるいは♃木星の性質を強く示している人が少なくありません。

♆海王星 の象意

【公転周期】約165年

【年齢域】85歳以上

【主な象意】夢、ロマン、幻想、陶酔、イメージ、芸術、創作、広がり、流行、霊感、神秘、集合無意識、虚偽、詐欺、曖昧(あいまい)、混乱、不注意、消える、隠す、流れる、優しさ、薬品、ドラッグ、酒、水、霧、海

　その人の人生を隠れたところから支配している無意識のイメージ——それが♆海王星の働きです。

　♅天王星の公転周期は人の平均寿命とほぼ同じでしたが、♆海王星はそれよりはるかに長い公転周期を持っており、自我意識(☉)や社会的な規律意識(♄)、さらに普遍的な人間性(♅)を超えた先にある心の領域を指し示しています。

　それは心の中にある漠然としたイメージの世界であり、心をとろけさせるような陶酔や神秘的な感情、あるいは、曖昧さからくる混乱を与えます。また、眠っているときの夢にも関係してくるでしょう。

　芸術家や創作者、歌手や俳優といった人々は、♆海王星とほかの感受点との良好なアスペクトを持っていることが多く、それは、人々が集合的に共有する無意識のイメージをうまく表現することに関係しています。世間的な流行や人気についても同じことがいえ、政治家や実業家など多くの人々の信望を集めるような人物もまた、♆海王星の力をうまく使えるアスペクトを持つことが多いのです。

　♆海王星が象徴する集合無意識的なイメージ世界に関係するものとして、神秘主義的な宗教や、酒、ドラッグなどを挙げてもよいでしょう。いずれも、一般的な個人生活や社会通念とは相容れない意識状態へ誘うものであり、またそのような尋常ではない意識状態が、妄想、犯罪、虚偽などを招くことから、それらもまた、♆海王星の象意とされています。

♇冥王星 の象意

【公転周期】	約248年
【年齢域】	死の瞬間〜死後
【主な象意】	根底からの変革、死と再生、徹底、闇、孤独、大きな変化、底抜け、底力、極端さ、破壊性、強制力、強引さ、非合法、破壊、絶対的権力、異物

　占星術では、太陽系の構造がそのまま人の意識構造に対応していると考えます。その意味で、♇冥王星の象徴する心の領域は人間存在の最外殻にあって、より大きな秩序との接点になっているといえるでしょう。それは「私」という意識の終焉するところでもあり、そのことから、♇冥王星には死、闇、孤独、破壊……といった否定的な象意が与えられています。また、誰も死を避けられないという意味で、強制や徹底、極限といった象意もあります。

　しかし、そのような「極限の私」を体験した後、無事に戻ってきた人は新しい「私」として再生することになり、そのときに、再生、底力、根本からの変化といった象意が生じます。♇冥王星がほかの天体と良好なアスペクトを形成している場合には、そのような肯定的な作用が引き出されやすいでしょう。

　なお、♇冥王星の位置するサインやハウスでは、それらが示す分野において限界が外れて「底抜け」となります。たとえば、ネイタルチャートで所得と関係する2ハウスに♇冥王星があると、その人は天井知らずの高所得を得るか、逆に底なしの低所得にあえぐことになるのです。そのどちらになるのかは、チャートのほかの要素を見て判断します。

ASCの象意

【主な象意】 出生時・出生直後の状況、他者から見た外見・個性、物事の始め方、初期衝動

　ASC（アセンダント）とは1ハウスのカスプ（ハウスの起点）のことであり、ネイタルチャートでは、出生時に東の地平線が黄道と交わる黄道上の座標がそれにあたります。ここはハウスの起点であることから、太陽系の主要な天体とならんで、非常に重要な感受点となります。

　ASCは日の出の方向であり、闇を破って太陽が燦然と姿を現すその様子から、ネイタルチャートにおいては、出生時の状況や生まれてまもない期間の体質や性格を示すことになります。

　人生の始まりを表すASCはまた、物事の始め方も示しています。それは何かを始めるときのパターンであり、他者の目にはその人の明らかな個性として映ることになるでしょう。しかし、当の本人はそれを明確に自覚できません。その個性は思考よりも速く内面で動き出す初期衝動に基づいており、本人としては衝動の根拠を問われても答えようがないのです。

　なお、ASCは地球の自転に伴って移動するため、黄道上を約4分間で1度という速さで動いていきます。そのため、正確な黄道度数を得るには正確な出生時間を知ることが必要です。

　占星術における出生時間とは「生まれて最初の息をした瞬間」のことであり、出生届の時間とは異なることがあります。そこで厳密には、「レクティファイ」という技法で出生時間を修正することになりますが、本書で扱う技法の範囲では、出生届や母子手帳に記録された出生時間をそのまま用いることができます。

MCの象意

【主な象意】 社会的地位、肩書き、職業、社会におけるふるまいの傾向

　MC（ミディアム・コエリ）は10ハウスのカスプ（ハウスの起点）のことで、天球の南北を結ぶ子午線が南の空で黄道と交わる黄道上の座標のことです。

　地球上のどの場所であっても、そこを通る子午線は北極と南極の二つの点に集約されることから、これを集団性＝社会の象徴と考えることができます。そこで、ネイタルチャートにおけるMCは、社会（集団）における地位や肩書き、職業と関係するのです。これを、ホロスコープにおける「名刺」のようなものと考えてもよいでしょう。

　MCに近い天体のことを「カルミネート」といい、ネイタルチャートを読み解く場合に重視します。特にMCに重なっている天体は、職業に直結するものとして最重視すべきです。

　また、未来予知においてもMCは重要です。たとえば、ネイタルチャートのMCにトランジットの♃木星が重なると出世や女性の結婚を招き、プログレスの☽月が近づくときには運気の絶好調期に入ります。その場合、MCはある種の「頂点」を表しているといえるでしょう。

3 サインとは何か

サインの象意は質（クオリティ）と元素（エレメント）で決定される

　サインは春分点を起点にして黄道を12等分したものであり、それらの象意は☉太陽の移動に伴う季節の変化と関連づけられています。サインとは、感受点やハウスに対して色合いを与えるものです。文法でいうところの修飾詞にあたるものと考えればよいでしょう。

　12サインはその質（クオリティ）によって3区分することができます。質とは「どのように働くか」ということを示すものであり、その性質からそれぞれ「活動」「固定」「柔軟」と名づけられています。

　活動（カーディナル）サインは、季節の始まりで天候変化の激しい時期（♈牡羊座、♋蟹座、♎天秤座、♑山羊座）にあたり、固定（フィックスド）サインはその季節の性質が安定する時期（♉牡牛座、♌獅子座、♏蠍座、♒水瓶座）に、また、柔軟（ミュータブル）サインは、季節の終わりごろでゆっくりと次の季節の雰囲気が始まってくる時期（♊双子座、♍乙女座、♐射手座、♓魚座）にあたります。

　そして、それらの季節の特性から、活動サインは「積極性、勢い、活発、攻撃性」などを表し、固定サインは「持久力、維持、安定、停滞、頑固」を、柔軟サインは「調整、調停、変化、温和、優柔不断」を表すことになるのです。

　あるいは、よりシンプルに、活動サインは「新しく物事を起こす性質」、固定サインは「現状を維持したい性質」、柔軟サインは「臨機応変に行動する性質」と考えてもよいでしょう。

　これら三つの質は「活動」→「固定」→「柔軟」という順番で巡ることから、この一連の流れを、活動サインが起こした流れを固定サインが安定させ、柔

軟サインが前の二つのサインを調停して両者を生かす道を模索する……と考えることもできます。

また、12サインは、火、地、風、水という四つの元素（エレメント）として4区分することも可能です。

火には熱く上昇する性質から「上昇、意志、向上心、高揚」といった象意が、地にはその安定感と植物を育む豊饒性から「肉体、五感、所有、実質」といった象意が、風には空を自由に吹いて物を散り散りにする性質から「拡大、思考、知識、客観性、均質性」といった象意が、水にはさまざまなものを包み込んで一つにする性質から「融合、感情、心情、愛情、受容」といった象意があり、これら4元素と先ほどの三つの質が組み合わさって12パターンの象意が形成されることになります（【図2−1】）。

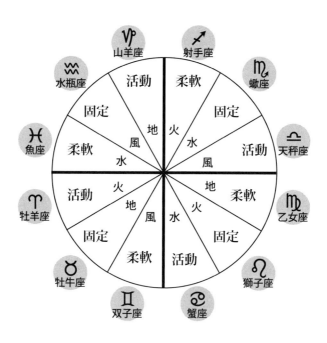

【図2−1】12サイン・質（クオリティ）・元素（エレメント）の関係

ただし、サインの象意は季節の変化に伴ったものであるため、赤道近くの人や南半球生まれの人には当てはまらない可能性があります。赤道では季節の変化に乏しく、また、南半球では季節が夏冬逆になってしまうからです。
　この件については諸説ありますが、南半球生まれの人のネイタルチャートでは、一般的なサインの象意が当てはまらないという意見が有力です。その場合、12サインを半回転させて♎天秤座に♈牡羊座の象意を当てはめ、そこから順に、♏蠍座に♉牡牛座の象意、♐射手座に♊双子座の象意……というように対面にくるサインの象意を当てはめていくことになります。
　ただし、筆者には南半球出身者のネイタルチャート鑑定について十分な経験がないため、これについて確かなことはいえません。また、赤道近くの人の鑑定についても同様の理由ではっきりしたことはわかりません。
　いずれにせよ、日本生まれの人はこれらのことを考える必要はなく、本書で紹介する通常の象意だけを知っていればそれで十分です。

サインの支配星（ルーラー）によって
ホロスコープを立体的に読み解く

　12サインは、奇数番目の奇数サイン（男性サイン）と偶数番目の偶数サイン（女性サイン）として２区分（ポラリティ）することもできます。前者は他者や環境へ積極的に働きかけるサイン、後者は自己の内面を満たそうとするサインだといえるでしょう。奇数サインは、必然的に火か風のサインとなり、偶数サインは、地か水のサインとなります。
　また、12サインの並びをある種の成長プロセスとして考えることもできます。その場合、前半の六つのサイン（♈牡羊座〜♍乙女座）は個人としての成長にかかわり、後半の六つのサイン（♎天秤座〜♓魚座）は社会性の育成にかかわるといえるでしょう。
　サインの象意にかんしては、星座にまつわる神話や星座図の絵柄から考察されることもありますが、第１章でも述べたように、サインと実際の星座は異なるものですから、それほど重視する必要はないと筆者は考えます。
　ここで、感受点配分と支配星（ルーラー）についても触れておきましょう。

感受点配分とは、ホロスコープの主な感受点の質と元素をカウントして全体的な傾向を見ることを指します。

たとえば、喜劇王チャールズ・チャップリン（【図2-2】）のネイタルチャートにおける主要10天体とASC、MCの質をカウントしてみると、活動が4、固定が6、柔軟が2……となり、元素は火が4、地が3、風が3、水が2、それから奇数サインは7、偶数サインは5となっています。

この配分からは、活動的な一方で粘り強く物事に取り組む姿勢があり、知情意と感性のバランスがとれ、他者への働きかけに積極的な性質がうかがえます。柔軟が2なので柔軟性には少々欠けますが、そこを除けば全体的にばらつきがなく、調和の取れた性格の持ち主といえるでしょう。

次に支配星について。

各サインにはそれぞれ対応する支配星があり、ホロスコープの解読にあたって重要な鍵となります。特に重要なのはハウスの支配星を知ることです。

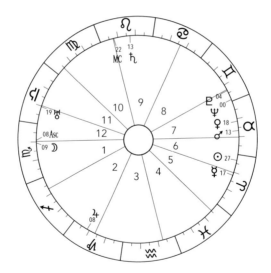

【図2-2】チャールズ・チャップリン（1889年4月16日20時00分ロンドン生まれ）のネイタルチャート

たとえば、結婚について知りたいときにはネイタルチャートの7ハウスを見ることになりますが、そのときには7ハウスに在室する感受点のほか、カスプ（ハウスの起点）の位置するサインの支配星がどのハウスにあるのかを考慮に入れなければなりません。これによって情報量がグンと増え、ホロスコープを立体的に読み解くことが可能となります。
　このケースでは、7ハウスの支配星である♀金星は7ハウスにあるため、この人は結婚や恋愛へ強い憧れを抱き、積極的です。事実、チャップリンは4回結婚したことでも有名です。
　また、感受点の位置するサインとその支配星の連鎖から、感受点同士の関係性を読み解くこともできます。これは「支配星の配列（ディスポジター）」と呼ばれる手法です。
　このネイタルチャートでいうと、☉太陽のサインは♈牡羊座ですからその支配星の♂火星を見てみます。すると♂火星のサインは♉牡牛座なのでその支配星は♀金星となり、♀金星のサインは♉牡牛座なのでその支配星は♀金星。支配星の配列において、このように、ある感受点が自らの支配するサインに位置する場合は、それを「根（ファイナル・ディスポジター）」と呼び、そこに連なる感受点にかんして、その根となった感受点が支配的な働きをすると考えます。このような「根」を持つ人には即断即決の傾向があるでしょう。
　チャップリンの場合は、恋愛を表す感受点であり、7ハウスの支配星でもある♀金星が「根」となっているので、恋愛や結婚、また対人関係が物事を決めるときの重要な判断要素となります。複数の「根」がある場合には、臨機応変に判断基準を使い分ける傾向が表れます。
　なお、支配星の配列で「♄土星→♅天王星→♂火星→♄土星」というような繰り返しを持つ人は、物事を決めるのに時間がかかってしまいがちです。これが「優柔不断」という形で表れるか、「慎重」という形で表れるかは状況によって違ってきます。

4 各サインの象意

♈牡羊座の象意

【2区分／3区分／4区分】奇数／活動／火
【支配星】　♂火星
【主な象意】　進取、大胆、スピード、勢い、無謀、新進、新しさ、直感、アイデア、挑戦、勝気、プライド、不作法、孤独

　12サインをある種の成長プロセスと考えると、その冒頭に位置する♈牡羊座は「私」が始まるサインだといえます。

　活動サインを能動的に動き出す性質、火を向上心ととらえると、その組み合わせとしての♈牡羊座には、勢いよく新しいことへ突き進み、直感的に物事を判断して、大胆に行動に移すという性質があることになります。停滞や迷いは無縁。時に体の限界を超えてまでも走り続けます。

　プライドが高く他者への気づかいはほぼ皆無ですが、そこに悪気はありません。シンプルで裏表のない性質です。

　燃えるような♈牡羊座のパワーは競争の場では特に有利に働き、☉太陽が♈牡羊座であれば、リーダーとしての才覚を発揮することが多いでしょう。しかし、一方でルーチンワークや「使い古されたやり方」に従うこと、ルールを遵守することなどは苦手。保守的な環境においては、その大胆な行動が「反抗的」「挑戦的」「無作法」と映ることもあります。

　なお、自分自身を客観的に見ることができないために、不安感や自信の欠如が生じることもあり、アスペクトなどの状況が良好でない場合には、特にその傾向が強まるでしょう。

♉牡牛座 の象意

【2区分／3区分／4区分】偶数／固定／地
【支配星】　♀金星
【主な象意】　五感、快楽主義、感性的、芸術性、現世的、所有、物欲、独占欲、頑固、無愛想、鈍重、家系的・民族的な伝統に根ざす、マイペース

　地の元素は物質的な実体と関係しており、その固定サインである♉牡牛座は、見たり触れたりできる物の所有に強い関心を示すことになります。また、五感を通した実感を重視することから、「快／不快」で物事を判断する傾向が見られ、芸術的なセンスにも関係してくるでしょう。

　さらに、♉牡牛座は五感にとって心地良い環境を身の回りに作り上げ、それを維持することにも注力を惜しみません。それは、物質的な実質としての金銭や土地、貴金属などに執着するという形で表れることもあります。

　♉牡牛座は独自の感性を重視し、固定サインであるためそこにこだわります。そのため、他者に歩み寄る姿勢に乏しく、他者の目には「無愛想」「わがまま」とも映るでしょう。しかし、時間をかければ他者の感性を理解することも十分に可能です。そのように、何事もゆっくりと時間をかけて自身の体に覚え込ませる傾向があり、何を学ぶときにも同じようなパターンで覚えていきます。

　物事を急がないということに関連して、新奇なものよりも古い伝統的なものに関心が向きやすく、家系的、あるいは民族的に引き継がれたものにかんして特に才能を発揮しやすいといえます。

♊双子座 の象意

【2区分／3区分／4区分】	奇数／柔軟／風
【支配星】	☿水星
【主な象意】	好奇心、言語能力、学習、コミュニケーション、理解力、多弁、多趣味、要領がいい、多才、飽きっぽい、浅く広い、二枚舌、軽薄

　12サインは、「私」と「他者・環境」とのかかわり方が、徐々に変化・成長していくプロセスとしてとらえることができます。

　たとえば、♈牡羊座では、周囲の環境や他者に十分な意識が向けられておらず興味もありませんが、♉牡牛座では五感を通して自分自身とその周囲の環境を存分に味わうようになります。そして、♊双子座ではその他者や環境に対して、能動的に働きかける術を求めることになるのです。そのため、♊双子座には、好奇心や言語能力、コミュニケーション、学習……といった象意が与えられています。

　質が柔軟、元素が風であるため、思考や情報を柔軟に扱うという姿勢が顕著であり、それは多弁さや要領の良さ、多才さといった能力につながります。ただし、集中力に欠けるきらいがあり、飽きやすかったり、物事を浅くしか理解できなかったりする傾向が見られるでしょう。

　また、思考が柔軟ということは、考えがコロコロと変わりやすいということでもあり、それが二枚舌や軽薄さとして表れ、裏切り者とか嘘つきと誤解されることも少なくありません。

　また、♊双子座にある感受点のアスペクト等の状態が良好でない場合、コロコロと変わる思考に自分自身も振り回されて、本音がわからなくなったり、神経不安に陥ってしまったりすることもあります。

♋蟹座 の象意

【2区分／3区分／4区分】偶数／活動／水
【支配星】　☽月
【主な象意】　仲間意識、愛情、情緒、母性、束縛、常識的、一般的、庶民的、均質性、家庭的、勤勉、故郷、排他的

　水（感情・心情）のサインである♋蟹座のテーマは、他者との感情の共有です。

　Ⅱ双子座で始まった他者とのコミュニケーションが、♋蟹座に至って他者との感情の共有を生み、仲間意識へ発展していくと考えてもよいでしょう。

　仲間意識とは同じ感性を持つことであり、そこから、「均質性」「一般的」「常識的」といった象意が導かれます。また、自らが属するグループ内において、気持ちを許し合い、甘く優しい感情をもって相手に接する性質なども表します。スキンシップを好み、あだ名を使うのも好むでしょう。そこで、「母性」「家庭」「愛情」といった象意も当てられています。

　また、所属するグループの感情を満たすために、過酷な試練も喜んでこなす傾向があるため、♋蟹座の強い影響下にある人は総じて働き者となります。家族や仲間のためなら自分を捨てて頑張れるからです。

　その一方で、活動サインであることから、♋蟹座には積極的に仲間を増やそうとする性質があり、仲間に入らない相手に対しては攻撃的な態度をとることも少なくありません。また、そのグループ内では何においても一人だけ違う意見を持つことは許されません。グループにおける「常識」は絶対であり、それを破る者は仲間の感情を傷つけたという理由で、敵対視されてしまいます。

　♋蟹座の仲間意識には、「小は家庭から大は民族や国家まで」とさまざまなサイズがありますが、民族主義や国粋主義が時に危険な暴走を見せることは歴史が証明しています。それは、♋蟹座の否定的な面が表れたものなのです。

♌獅子座 の象意

【2区分／3区分／4区分】奇数／固定／火
【支配星】　☉太陽
【主な象意】創造性、芸術表現、自己表現、アイドル性、生きる喜び、祝祭、ドラマティック、楽天的、自己顕示欲、自己中心、暴力性、反抗、非常識

　仲間意識の中に個性を埋没させる♋蟹座の世界から一転して、♌獅子座では、個性を高らかに主張することになります。個性を際立たせるために、♋蟹座が重んじる「常識」にあえて反抗して非常識な行動をとることもあるでしょう。これは、自我の発展プロセスでいうと反抗期にあたります。不良と呼ばれる少年たちが奇抜な格好をするのも、まさに♌獅子座的な行動なのです。

　♌獅子座は固定サインなので、その行動は単に衝動的なものではないということになります。同じ固定サインの♉牡牛座が五感を通して周囲の環境を確かなものとして実感しようとするように、♌獅子座はあえて周囲と違うことをすることで、「主体的な私」を確かなものとして実感したいのです。この「確かなものとして実感したい」という思いは、固定サインに共通しています。

　「主体的な私」を確かに実感する手段として芸術表現を選択する人もいます。その芸術は独創的なものでなければなりません。まだこの世界に存在しないものを、自らの手で創造することによって「主体的な私」を実感したいからです。

　さらに、♌獅子座にとって「生きる喜び」は必須であり、その人生にはイベント性やドラマ性が欠かせません。もちろん、お祭りごとも大好きで、☉太陽が♌獅子座にあるなら、いつも祭りの輪の中心にいるでしょう。ただし、それが行き過ぎると、周囲には「ただの目立ちたがり屋」と映ります。

　♌獅子座特有のジレンマは、他者と違うことをやって個性を主張したいのに、それと同時に他者から理解されたいとも思ってしまうことです。♌獅子座に位置する感受点のアスペクト等の状況が良好でない場合、そのようなジレンマが暴力的な問題を引き起こす可能性もあります。

♍乙女座 の象意

【2区分／3区分／4区分】	偶数／柔軟／地
【支配星】	☿水星
【主な象意】	勤勉、職人性、潔癖、簡素、神経質、自己管理、健康、分別、完璧主義、理想主義、真面目、批判的、羞恥心

　♌獅子座は「自分は何をやりたいか」を考え、その次の♍乙女座は「自分には何ができるのか」を考えます。♍乙女座は地の柔軟サインであることから、他者からの求めに応じて実際性のある行動をとる傾向となるでしょう。多くの場合、それは仕事に関係し、ここに☉太陽がある人は、与えられた仕事をこなすことに自己の存在意義を見いだします。職人的な性格の持ち主ともいえます。

　♍乙女座は、♈牡羊座から始まる個人の成長プロセスが一区切りを迎える段階にあたるため、自己管理ということもテーマとなります。無駄を嫌い潔癖性で、簡素さを心掛ける性質が見られ、それに関連して「分別」や「完璧主義」といった象意も当てられています。

　しかし、その潔癖さや完璧主義が他者に向けられると、粗探し的な突っ込みを入れるなど過度に批判的になったり、皮肉を言ったりするような傾向が表れます。また、神経質になりすぎて、自己防衛に終始する性格にもなりやすいでしょう。

　真面目で羞恥心の強い♍乙女座ですが、抑え込んだ欲求が逆流するのか、まれに破天荒な人もいます。また、他者の求めに応じて、♍乙女座らしくないキャラクターを無意識に演じてしまうケースもあります。

♎天秤座 の象意

【2区分／3区分／4区分】奇数／活動／風
【支配星】　♀金星
【主な象意】　対人能力、調停能力、広く公正な視野、学者、客観的、接客、スマート、ファッショナブル

　♈牡羊座から♍乙女座までの六つのサインでは個人の成長がテーマとなり、♎天秤座からの六つのサインでは社会性の成長がテーマとなります。その起点となる♎天秤座は活動サインということもあり、新しい人間関係や環境へ積極的に飛び込んでいく傾向が顕著に見られるでしょう。

　風（思考・情報）のサインであることから、その人間関係のあり方はスマートで知的なものであり、♋蟹座に見られるようなウェットさはありません。

　風のサインには、物事を風で散らばらせて均質化する働きがあり、♎天秤座において、それは多種多様な人物の考え方や感性へ積極的に触れて、広い視野を持つことにつながります。そのような視野の広がりは、幅広いジャンルの物事や知識への関心としても表れ、中には学問的な探求（特に統計学的なもの）に向かう人もいるでしょう。

　主観的判断で行動する♈牡羊座の対面に位置する♎天秤座は、客観的判断で行動する傾向を表します。具体的には、他者の視点や観点を知的に理解して、相手の立場に立ったコミュニケーションを行うという形で表れ、接客業や営業職、人間関係の調停にかんする仕事などにおいてその才能が発揮されます。

　また、他者の視線を常に意識して自身の外見やふるまいを調整できるため、一般的にファッショナブルな人が多く、センスの良いスマートなふるまいをする傾向があります。自己演出にも巧みですが、♌獅子座とは違って目立ち過ぎることは好まず、TPOに合わせたファッションや身のこなしを心掛けます。

♏蠍座 の象意

【2区分／3区分／4区分】	偶数／固定／水
【支配星】	♇冥王星、♂火星
【主な象意】	親密さ、密やかさ、相互依存、情念、執念深さ、粘り強さ、集中力、異常性、マニアック、思慮深さ、洞察力、隠れた思い、深層心理、偏執性、抑圧、詐欺、陰謀、オカルト、継承、変容、セックス、死

　広く浅い対人関係を旨とする♎天秤座から一転して、♏蠍座は狭く深い対人関係を求めます。それは、1対1、あるいは少人数の親密な関係であり、情的なつながりによって個人としての殻を溶かし、最終的に人格すら変容してしまうような関係です。

　そのような変容を伴う行為の1つがセックス。さらに、変容ということに関連して「異常性」や「化学」といった象意を持つこともあります。

　そのような変容は時に常軌を逸する傾向があり、自分や相手の一部が「死ぬ」かのような体験を引き起こすでしょう。しかし、その「死」は個人の限界に突破口を与えてくれるものであり、♏蠍座に感受点を持つ人の多くは人生のいずれかの時点で、そのような大きな転機を経験します。また、♏蠍座は実際の「死」への態度にも関係してきます。

　♏蠍座はまた、水（感情・心情）の固定サインであることから、「情念」や「執念深さ」「偏執性」といった象意も持ちます。つまり、特定の他者へ向けた感情や、特定の物事に対する愛着を維持することを何より重んじるのです。とはいえ、♏蠍座に感受点を持つ人がみな執念深かったり、偏執的であったりするわけではありません。むしろ、☉太陽やASCが♏蠍座にある人などは、寡黙で知的な印象を周囲に与えることが多いものです。

　また、他者の心理を洞察することに秀でており、それがある種のカウンセリング能力として表れることもあります。しかし一方で、その能力を悪用して詐欺的な行為を働いたり陰謀策術を駆使したりするような人もいるのです。

　♏蠍座が他者と通わせるのは情ばかりではなく、時に金銭などの共有や依存にも関係してきます。また、血縁や師弟関係にある相手から、遺産や何らかの伝統を引き継ぐこともあるでしょう。♏蠍座は個人というものを超えて、感情とそれに付随する事物を共有することを象徴するサインなのです。

♐射手座の象意

【2区分／3区分／4区分】奇数／柔軟／火
【支配星】　♃木星
【主な象意】　向上心、競争、上昇志向、冒険、発展力、浮気性、虚栄心、外国、海外旅行、総合性、哲学、宗教、学問、出版、大ざっぱ、おおらか

　火のサインである♐射手座のテーマは向上と発展。柔軟サインであることから、他者との競争の場で臨機応変にふるまいつつ、自己を高めることに熱中します。その意味で、対戦や競争を伴うスポーツ競技にかかわりやすいサインだといえるでしょう。

　♐射手座に☉太陽のある人は、その向上心から目の前の現実に満足せず、常に新たな刺激を求めて冒険的な行動をとる傾向があり、それが外国への興味につながることも多々あります。異文化に対して寛容であり、その性質がおおらかなキャラクターとして表れている人も少なくありません。

　ただし、状況によっては、同じその性質が「浮気性」となってしまうことも。特に配偶者を表す7ハウスのカスプ（ハウスの起点）が♐射手座にある人は、目の前の配偶者に満足せず、ほかへ目移りする傾向が見られるでしょう。また、♐射手座の持つ強い向上心に中身がついてこない場合には、虚栄心の固まりとなるケースもあります。

　♐射手座はまた、学問にも深い関係があります。♎天秤座、♏蠍座、♐射手座はそれぞれ学問に関係することがあり、その場合、♎天秤座は広い視野で物事をとらえる統計学のような学問に、♏蠍座は研究室のような場所で深められるような化学や細菌学のような学問に、♐射手座は異なる専門分野を横断してそこに総合的な見地をもたらす学問、たとえば文化人類学や、森羅万象の意義を考える哲学のような学問にそれぞれ対応することになります。♎天秤座の「広さ」と、♏蠍座の「深さ」を総合的に扱う学問を志向するのが♐射手座の特徴といってもよいでしょう。

　一方で、♐射手座には大ざっぱなところもあり、どうしても肝心なところでツメの甘いところが出てきてしまいがちです。

♑山羊座 の象意

【2区分／3区分／4区分】偶数／活動／地
【支配星】　♄土星
【主な象意】　経済活動、会社、実質性、社会性、社会的野心、働き者、実利主義、ルール意識、堅実、地味、権力、肩書き

　♑山羊座は冬の季節のサインであり、その起点に☉太陽がくる冬至は1年の中で夜が最も長い日です。その意味で♑山羊座は「陰」の極まりだといえますが、同時にそれが「陽」に転ずるスタート地点でもあります。そのことから、♑山羊座とは、「陰」のストイックさと「陽」の野心の両方を併せ持つサインだといえるでしょう。

　地の活動サインである♑山羊座には、実質的な利益を積極的に求める傾向が見られ、社会的野心を持つ人が多いといえます。しかし、その野心はまず「自分自身や家族の生活を安定させる」という内向きの方向へ向けられ、ストイックに目の前の仕事に取り組む姿勢として表れるでしょう。それが成し遂げられた先に、社会的野心が芽生え、経済的成功や権力、肩書きなどを求める性質が表れます。

　地の元素を単純に「金銭」ととらえるなら、その活動サインである♑山羊座は、金銭を積極的に拡大再生産しようとする経済活動に関係してきます。その主な場となるのは「会社」であり、そこでは集団の利益が最優先されるため個人としての主張は最小限に抑えられます。

　逆にいえば、♑山羊座は自らが属する集団の実利となることであれば、多少不条理なことであっても受け入れられるということです。理想や感情論をふるう前に、テキパキと目前の仕事に取り組んで実(じつ)をつかむのです。

　なお、野心的な♑山羊座であっても、ストイックな一面を失うことはないため、社会のルールを踏み外さず、堅実で用心深い姿勢は崩しません。人によっては、社会的成功を収めていても、暗さや貧相さ、お金に対するストイックさを残していることがあるでしょう。

♒水瓶座 の象意	【2区分／3区分／4区分】奇数／固定／風
	【支配星】　♅天王星、♄土星
	【主な象意】　自由、平等、友愛、変革、市民運動、NPO法人、クラブ活動、インターナショナル、未来的、先進的、クール、エキセントリック、変人、反逆者、無機質、偏屈

　♑山羊座は社会性を重んじるサインでしたが、そこではあくまでも目の前の実利が重視されるため、公共性や長い目で未来を見据えたビジョンが欠けてしまいがちです。♒水瓶座はその♑山羊座の不備を補うサインであり、公共性の高い実利を求めない行動としての「市民運動」や「NPO団体」などが♒水瓶座に関係することがあります。

　♒水瓶座は、実利を重視する社会通念から脱するために、あえて既存の価値観を壊すような行動をとることもあります。ドロップアウト、ヒッピー、バックパック旅行、革命運動、アバンギャルドなアート……などは♒水瓶座特有の性質の表れだといえるでしょう。また、それに関連して、「自由」「平等」「インターナショナル」といった象意も当てられています。

　そのような♒水瓶座のあり方は、既存の価値観に固執する社会において、エキセントリックな変人、あるいは反逆者として映ることも少なくありません。

　また、♒水瓶座は、自分が属する家族や地域、職場などからの影響を離れて何にも染まらない自分になろうとして、情緒や他者の感情を無視したクールで無機質な態度をとることもあります。その一方で、考え方や趣味を共有する仲間を求める気持ちも強く、社会的立場やウェットな情感を超えたところで人々がつながりあう、友愛に満ちた理想社会を夢想する人も多いのです。

　風の固定サインであることから自説に固執する一面もあり、頑固で偏屈な人や、思想的に偏向している人もまれに見られます。

♓魚座 の象意

【2区分／3区分／4区分】偶数／柔軟／水
【支配星】　♆海王星、♃木星
【主な象意】　同調、柔和、直感、想像、芸術、霊能、宗教、自然、夢、ロマン、漂う、海、恍惚、依存症、自己犠牲

12サインの最後の二つでは普遍性がテーマとなります。しかし、そのアプローチは正反対。♒水瓶座があらゆる他者に「染まらない」ことで、感情を超越した普遍性へ向かおうとするのに対し、♓魚座はあらゆる他者に対して感情的に「染まる」ことで、すべてが一体となった普遍性へ溶け込むことを志向します。

♓魚座は、相手を選ばず感情的に同化・同調しやすいため、同情的で柔和な性格となり、特に親しい人からの頼みは断れません。その結果、人間関係で傷ついたり、人に依存してしまったり、あるいは逆に依存させたりすることがありますが、一方で、その性質は教育者やカウンセラーといった仕事で生かすこともできるでしょう。

また、その「染まる」能力で時代の雰囲気を先取りして、小説や芸術、マスメディア、インターネットの世界などで活躍する人もいます。さらに、霊能者のような目に見えない世界に同調できる人々も少なくありません。

自我の成長プロセスという観点でいうと、12サインの最後に位置する♓魚座では、自我はほとんど融解しつつあると考えることができます。そのため、自我を主張して奮闘するのではなく、個人を超えた「縁」や「運」あるいは、「神」や「自然」に身をまかせる生き方と関係することになるでしょう。つまり、人知を超えた概念や周囲の状況にあえて流されてみることで、自我のヨロイを脱ぎ捨てようとするのです。

それは漂うような、あるいは夢見るような生き方だといえます。ただし、それがうまくできない人は、お酒やドラッグ、あるいは奔放な性行為によって恍惚となり、自我を脱ぎ捨てようとすることがあります。また、過剰に自己犠牲的な人生を選択したり、その逆に、自我を手放すことを恐れて自己防衛的になったりする人もいるでしょう。

5 | ハウスとは何か

天の方位であるハウスの分割法には
空間分割法と時間分割法がある

　ハウスとは地上から天を観測したときに、東の地平線と黄道が交わるところ（ASC）を起点にして黄道を12分割したものであり、これを「方位を表すもの」と考えることができます。

　中でも重要なのが、東の地平線が黄道と交わる黄道上のポイントであるASC（Ascendant：アセンダント）、西の地平線が黄道と交わる黄道上のポイントであるDSC（Descendant：ディセンダント）、天球の南北を結ぶ子午線と黄道が南の空で交わる黄道上のポイントであるMC（Medium coeli：ミディアム・コエリ）、子午線と黄道が地平線の下にある北の空で交わる黄道上のポイントであるIC（Imum coeli：イームン・コエリ）です。日本語では、ASC＝「上昇点」、DSC＝「下降点」、MC＝「南中点」、IC＝「北中点」と呼ばれます（【図2－3】）。

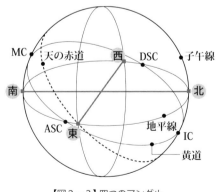

【図2－3】四つのアングル

これら四つのポイントは「アングル」と呼ばれ、その黄道上の位置は1日で大きく移動します。ASCを例にとると、4分間で黄道を約1度移動し、1日でおおよそ1周するのです。また、地球の赤道を天に投影した天の赤道と黄道との間に傾きがあることから、黄道上における各アングル間の開き具合も1日のうちに大きく変化することになります。

各アングル間を3分割すると12ハウスとなりますが、そのハウス分割のシステムは100種類近く存在するといわれ、「どれを使うのがいいか？」という点について、占星術を研究する人々の間では、多様な議論が交わされています。

ただし、アングルにかんしては基本的には同じであり、一部のハウス分割法を除き、ASCは1ハウスのカスプ（ハウスの起点）に、MCは10ハウスのカスプに、DSCは7ハウスのカスプに、ICは4ハウスのカスプに一致することになります。

ハウス分割法には大きく分けて、アングル間を空間的に分割する方式と、時間経過を黄道に反映させて分割する方式があり、前者を「空間分割法」、後者を「時間分割法」と呼びます。

空間分割法の代表格ともいえるレジオモンタナスは、各アングル間を天の赤道において3等分して、それを黄道に投影してハウスを分割するものであり、古典占星術で使用されることの多い分割法です。

一方、時間分割法の代表格といえるのがプラシーダス。これは、天の赤道を時間的に分割した上で、それを黄道に投影してハウスを分割するものであり、現代の占星術でよく使用されています。

このほか、使われることの多いハウス分割法として、空間分割法のキャンパナスやイコールハウス、時間分割法のコッホ、そしてハウス境界とアングルが一致しないタイプのホールサイン、ソーラー、ソーラーサインなどが挙げられます。

筆者の見解としては、物事の現象面を主に見るのであれば、空間分割法のレジオモンタナスが最適で、心理面を重視する場合には時間の概念と関係する時間分割法のプラシーダスが最適であると考えます。

その観点から、物事の背景にある心理や高次の意図への洞察を重視するハーモニクス占星術では、プラシーダスによるハウス分割を用いています。

「物事が起こる場」としてのハウスは
具体的な状況を知るのに不可欠な要素である

　ハウスには、具体性のある物事、すなわち実際の行動や出来事のジャンルが示されるため、サインと感受点の組み合わせが示す「心理的な傾向」だけでなく、家庭環境、仕事と収入、恋愛と結婚、友人関係などの状況が、そこへ具体的に浮き出してくることになります。

　ハウスの象意を考えるときには、まず、12ハウス全体を四つの領域（クオドラント）として把握してみましょう。

　クオドラントはアングルで区切られて、北の4分円（1ハウス～3ハウス）、西の4分円（4ハウス～6ハウス）、南の4分円（7ハウス～9ハウス）、東の4分円（10ハウス～12ハウス）となっており、そのうち、地平線の下に隠れている「北」と「西」の4分円はより個人的な物事を、地平線から上の「南」と「東」の4分円はより社会的な物事を表しています。

　また、子午線（MC―ICを結ぶライン）の右側にある「西」と「南」の4分円は他者の意向に左右される物事を、「北」と「東」の4分円は自発的に取り組む物事を表しています。

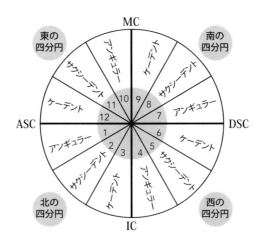

【図2－4】12ハウス、4分円、アングル、ハウス種別の関係

このように考えると、各4分円のおおよその意味合いがつかめるはずです。

　4分円はさらに3分割され、各分円の性質が強く表れるアンギュラーハウス、その性質を深化・定着させるサクシーデントハウス、各分円のテーマの最終調整と次の分円への準備を整えるケーデントハウス……という順番になります。

　また、180度対称の位置にあるハウスは共通のテーマを別角度から扱うことになるので、そこを考察することでも理解が深まるはずです(【図2-4】)。

　なお、ハウスには「〇ハウス」というように、〇のところに1から12までの数が割り振られており、数の普遍的な象意とある程度、関係しています。これもまた、各ハウスの象意を理解する上でのヒントとなるでしょう。

　ハウスとサインは概念としては異なるものですが、その象意には似ている部分もあります。つまり、第1ハウス＝牡羊座、第2ハウス＝牡牛座、第3ハウス＝双子座……という順番で対応しているのです。

　とはいえ、ハウスは物事が起きる「場」であり、サインはその「性質」ですから、似てはいても本質的に異なるものです。くれぐれも混同しないようにしてください。

6 各ハウスの象意

1ハウスの象意

【4分円】　北の4分円（自発的・個人性）
【ハウス種別】　アンギュラー
【主な象意】　基本的個性、行動パターンと動機、衝動、外見、世界観、体質、出生時の状況、生まれてまもないころの状況、全般的な体質

　東の地平線と黄道との交点であるASCをカスプとするのが、1ハウスです。地平線（＝地球）を肉体として、黄道を生命の与え手である☉太陽の通り道として考えてみると、このASCは、生命力が肉体に注がれ誕生することを象徴しているといえるでしょう。それは、生まれたての「私」。そこで、ネイタルチャートにおいては、出生時や生まれてまもないころの状況、生まれたときにおおよそ決まる、全般的な体質などを示すことになります。
　ASCに始まる1ハウスはそれに関連して、物事を生む（始める）ときのやり方とその動機、衝動、外見を含む他者へ与える印象、物事の基本的なとらえ方（世界観）、基本的行動パターンなどを意味しています。
　一言でいうなら、「その人の基本的な個性＝1ハウス」となりますが、より正確には「あまり考えないで行動するときの、その人の個性」と表現したほうがよいでしょう。
　カスプであるASCのサイン、ハウスに在室する感受点、そして、それらの感受点やASCへのアスペクトなどから、「あまり考えないで行動するときの、その人の個性」や他者へ与える印象などを知ることができますが、目が自分自身の目を見られないように、当の本人はその個性をあまり自覚していないものです。
　1ハウスは「主体としての私」である、ということもできます。

2ハウスの象意

【4分円】	北の4分円（自発的・個人性）
【ハウス種別】	サクシーデント
【主な象意】	金銭、動産、収入（源）、経済状況、収入力、財力、（収入をもたらすような）才能

　サクシーデントハウスには、直前のハウスの所有物が示されます。対面するハウスとの共通項は「所有」。そこで、2ハウスは「私の所有物」を、8ハウスは「パートナーと共有する所有物」をそれぞれ表すことになります。
　1ハウスが示す「あまり考えないで行動するときの、その人の個性」は、目が自分自身の目を見られないように当人は自覚しづらいものでしたが、この2ハウスでは、目で見て触れられるような自分の所有物を介して、自己の存在と周囲の環境を確認します。
　ここでいう所有物には金銭も含まれ、経済状況や金銭の扱い方なども示されます。しかし、すべての所有物がこのハウスに関係するのではなく、不動産など動かせないものは4ハウスに、車などの移動手段は3ハウスで判断するのが普通です。「私」の所有物という意味では、2ハウスに生来の才能が示されることもあるでしょう。
　ネイタルチャートでは、収入力やその収入源（仕事など）について、2ハウスのカスプのサインや在室している感受点、ならびにアスペクトなどから判断し、一般に、在室感受点が多いと収入力が高く、複数の収入源を持つ可能性があるといえます。しかし、感受点等の組み合わせ次第では、収入ではなく出費を表すこともあるため、単純に、「2ハウスに感受点が集中していればお金持ちになる」とはいえません。
　その逆に、在室感受点がないからといって「金運がない」わけではなく、それは単に、金銭などの所有物に意識が向いていないことを示しています。その人生のウエイトは、金銭には置かれていないということです。
　そのように在室感受点がない場合、収入力や収入源については、2ハウスの支配星の状況から主に判断することになります。

3ハウスの象意

【4分円】	北の4分円（自発的・個人性）
【ハウス種別】	ケーデント
【主な象意】	言語表現、文筆、知識、知性、コミュニケーション、論争、初等教育、技術習得、事務作業、手作業、小移動、乗り物、国内旅行、近隣、兄弟姉妹

　ケーデントハウスには、各分円のテーマの最終的な調整にかんすることと、次の分円への準備を整えるための流動性のある物事が示されます。対面にあるハウスとの共通項は「知識」。そこで、3ハウスは「私の知識」、9ハウスは「社会的に共有する知識（＝学問）」となります。

　2ハウスは「私の所有物」でしたが、3ハウスではその所有物を、1ハウスの示す個人の主体性に基づいて用いることになります。また、次の4分円では他者へと意識が向きはじめるため、必然的に「物」を介した身近な他者とのコミュニケーションが生じてきます。ここでいう「物」とは物そのものだけでなく、広く事物を示していると考えてください。

　3ハウスを、幼児（1H）がオモチャ（2H）で遊びながら、言葉を覚えて基本的な知性を発達させていく場……というようにたとえてもよいでしょう。

　幼児の遊び相手には兄弟や近隣の子どもが多く、そこにはオモチャなどの所有物を巡る争いや所有権の移動があることから、3ハウスには、言語表現や知識、知性といった象意のほか、移動、論争、兄弟・姉妹、隣人、近隣といった象意が与えられています。

　ネイタルチャートでは、知識や発言の傾向や初等教育における成績、技術習得能力、国内旅行で起こりうる出来事、兄弟姉妹の状況などについて、3ハウスのカスプのサインや在室している感受点、ならびにアスペクトから判断することになります。

　在室感受点が多い人はバラエティに富んだ知識の持ち主といえ、それを生かした職種に向いていますが、一方で言動が分裂的になりがちであり、現実に着地しにくい傾向も見られるでしょう。また、言動に矛盾が多く、他者とのトラブルも少なくありません。

4ハウスの象意

【4分円】	西の4分円（受動的・個人性）
【ハウス種別】	アンギュラー
【主な象意】	家族、家庭環境、家庭生活、家屋、地元、故郷、土地（不動産）、落ち着く環境、身近でプライベートな場、父親

　地上からは見えない北の空において、子午線と黄道が交わるポイント＝ICが4ハウスのカスプです。子午線は集団性を象徴しているため、このハウスはその対面にあるハウスとともに「帰属する集団」に関係します。地平線の下は個人性に、地平線の上は社会性に関係することから、4ハウスは「私生活において帰属する集団」、10ハウスは「社会生活において帰属する集団」となるわけです。

　そこに、西の4分円のテーマである「受動的・個人性」という要素を加えると、4ハウスの象意が、「個人が同化・順応しようとする身近な集団」であることが理解できるでしょう。その最たるものが家族です。イメージ的には、3ハウスで友達と遊んでいた子どもたちが、夜には4ハウスが象徴する家へ帰る……というように考えてもよいでしょう。

　4ハウスは、情緒的な帰属感にかかわっており、家族や家屋、土地（不動産）や故郷といった象意を持つほか、その人がどういう環境に落ち着きを感じるか、といったこともそこからわかります。

　また、私生活において帰属する対象として、一家の主である父親との関係もここに示されます。ただ、これには異論もあり、「4ハウスには母親が示される」と考える占星家も少なくありません。これは難しい問題ですが、現代では別姓を名乗る夫婦や母親の姓を名乗る家庭、あるいは母子家庭など、さまざまな形態の親子関係がありうるので、各人の実際の状況とネイタルチャートを照らし合わせて、そのつど検討するしかないと筆者は考えます。

　ネイタルチャートの解読では、家庭環境や家族との関係、家屋の規模やそのスタイル、転居関連などについて、4ハウスのカスプのサインや在室している感受点、ならびにそのアスペクトから判断していきます。

5ハウスの象意	【4分円】	西の4分円（受動的・個人性）
	【ハウス種別】	サクシーデント
	【主な象意】	子ども（性格・健康）、妊娠、出産、趣味、娯楽、自己表現、創造行為、恋愛

　対面にある11ハウスとの共通項は「喜び」。地平線の下にあり個人性と関係する第5ハウスは「私の喜び」を、地平線の上にあり社会性と関係する第11ハウスは「集団で共有する喜び」をそれぞれ表します。

　また、直前のハウスとの関係を見ると、4ハウスが「情緒を充電する場」であるのに対し、5ハウスは「その情緒を喜びとともに放電する場」となります。しかし、それは単なる放電ではありません。喜びを伴うことからそれは、「情緒の拡大再生産」だといえるでしょう。そこで、5ハウスにはほか、情緒の拡大再生産の場としての妊娠や出産、趣味や娯楽、自己表現や創造行為、恋愛などの象意が与えられています。ただし、恋愛にかんしては、5ハウスばかりでなく7ハウスも併せて見る必要があります。

　それから、サクシーデントハウスには直前のハウスの所有物が示されるため、5ハウスには家庭の所有物としての「子ども」という象意もあります。

　ネイタルチャートでは、趣味や創造性の性質、恋愛や妊娠・出産の傾向、さらに、（その人物の）子どもの性格や健康について、5ハウスのカスプのサインや在室している感受点、ならびにアスペクトから判断します。

　☉太陽や☿水星、2ハウス・6ハウス・10ハウスの支配星など、仕事にかんする感受点が在室する場合、クリエイティブな職種に就くことが多いでしょう。

　一方、カスプが「不妊サイン」とされる♈牡羊座、♊双子座、♌獅子座、♍乙女座、♐射手座にある場合や♄土星が在室する場合には、妊娠や出産に困難を生じる傾向があります。

6ハウスの象意

【4分円】 西の4分円（受動的・個人性）
【ハウス種別】 ケーデント
【主な象意】 仕事、雇用、従業員、義務、管理、健康状態、病気、ペット

　ケーデントハウスに示されるのは、その分円のテーマの最終調整と次の分円への準備を整えるための流動性のある物事です。この次のハウスになると個人性から社会性へとテーマがシフトすることから、6ハウスは「社会性の確立へ向けた個人の調整の場」を意味することになります。

　仮に各ハウスが30度の幅を持つと考えると、6ハウスのカスプはASCと150度の関係となるため、ASCの示す自然体の自分を社会（7H～12H）に適合するよう調整する場＝6ハウス、と考えてもよいでしょう。

　そこで、対面する12ハウスとの共通項は「自己と社会との調整」となります。6ハウスでは自己を社会に合わせて調整し、12ハウスでは社会と自己との関係をいったん解消して、再調整しようとするのです。

　直前の5ハウスでは情緒の拡大再生産を行いましたが、個人に由来する情緒は社会では通用しないため、6ハウスでは実体のある何かを生産することを求められます。そのことから、6ハウスには仕事や義務といった象意が与えられているのです。また、管理や調整が常に必要という意味で、健康状態やペットなども表します。

　ネイタルチャートでは、仕事内容や健康状態について、6ハウスのカスプのサインや在室している感受点、ならびにアスペクトから判断します。仕事には2ハウスや10ハウスも関係しますが、雇用されて行う仕事は、特に6ハウスに関係すると考えてください。このハウスに在室する感受点が多い人は、仕事に忙殺される傾向があるでしょう。

　ただし、自身が経営者であるなら、ビジネス全般のことは10ハウスを重点的に読み、6ハウスには従業員の状況が示されると考えます。

7ハウスの象意

【4分円】	南の4分円（受動的・社会性）
【ハウス種別】	アンギュラー
【主な象意】	結婚、結婚生活、配偶者、仕事上のパートナー、敵、ライバル、相談相手、主治医

　地平線の下にある1ハウス～6ハウスでは個人に焦点があり、社会とのかかわりにおいても「個人としてどうふるまうか」ということがテーマでした。

　一方、地平線の上、南の4分円から始まる7ハウス～12ハウスでは社会でのふるまい方に焦点が置かれ、地平線の下にあるハウスとは異なり、個人を成長させて社会へ適合するのではなく、個人を手放すことで社会や他者に適合しようとします。

　さて、1ハウスには「主体としての私」という意味がありましたが、その対面となる7ハウスには「客体としての私」という意味があります。

　「客体としての私」は、他者の視線を鏡として、そこに「私」を見いだしていくため、他者の存在は自分と同じほどか、あるいは自分以上に重要となります。そのため、恋愛や結婚、仕事上のパートナーなど人生における重要な人間関係、ならびにその相手の性質などがこのハウスに示されるのです。また、自分を映す「鏡」という点で、敵やライバル、占い師やカウンセラーなどの相談相手、主治医などがこのハウスに示されることもあるでしょう。

　ただし、家族にかんしては生来、同化している対象であることから「鏡」とはなりにくいため、このハウスには含まれません。

　ネイタルチャートでは、結婚生活の傾向や配偶者の性格、恋愛のパターンなどについて、7ハウスのカスプのサインや在室している感受点、ならびにアスペクトから判断することになります。

　このハウスに天体の多い人は、配偶者や仕事上のパートナーから強い影響を受けており、女性の場合、☉太陽が在室していれば人生観そのものが夫のそれに染まることになるでしょう。なお、恋愛については5ハウスも、結婚については8ハウスも併せて重視します。

8ハウスの象意

【4分円】	南の4分円（受動的・社会性）
【ハウス種別】	サクシーデント
【主な象意】	配偶者の財産、性生活、夫婦関係、死の状況、秘密の物事、遺産、継承、血縁、小集団、借金・貸金

　サクシーデントハウスは、直前のハウスが示すテーマを深化・定着させる場であり、また、直前のハウスの所有物を示します。そこで、8ハウスは「パートナーとの共有物」、対面にある2ハウスは「私の所有物」となります。

　7ハウスに示される配偶者や仕事上のパートナーとの間で、情緒的な絆を深めて定着させるための場が8ハウスです。そこで、このハウスには、配偶者の財産や血縁、遺産、継承といった象意が与えられています。また、信頼した相手との間でだけ共有される秘密の物事もこのハウスに示されるため、性生活の傾向などもここから知ることができます。ただし、夫婦関係や性生活については、このハウスだけではなく、7ハウスも併せて読むべきでしょう。

　そのような秘密の共有は、結果的に個人の境界を壊していくことになるため、このハウスは死の状況にも関連づけられています。

　ネイタルチャートでは、配偶者の財産や血縁者からの遺産、性生活の傾向などについて、8ハウスのカスプのサインや在室している感受点、ならびにアスペクトから判断します。死の状況が示されることもありますが、興味本位で占うべきではないでしょう。

　なお、特定の価値観を共有する集団（会社も含む）にかかわっている人や、多額の借入金や貸付金のある人の8ハウスには、明確な特徴が表れます。

9ハウス の象意

【4分円】	南の4分円（受動的・社会性）
【ハウス種別】	ケーデント
【主な象意】	教養、学問、高等教育、教師、大学、宗教、哲学、占星術、司法、公共、出版、海外、外国人、海外旅行・留学・移住

　ケーデントハウスに示されるのは、各分円のテーマの最終調整と次の分円への準備を整えるための流動性のある物事。東の4分円からは能動的な社会参加がテーマとなることから、9ハウスの基本的象意は「社会へ発信すべき内容の取りまとめ」となります。

　対面するハウスとの共通項は「知識」。3ハウスは「私の知識」であり、9ハウスは「社会で共有する知識＝学問」です。

　7ハウスは客観的な視点と関係し、8ハウスは深くかかわる相手の主観を受け入れることに関係していましたが、9ハウスではその両方を取り入れて、客観的な広い視点（7H）と主観的な深い視点（8H）を総合した、公共的で普遍的な知識や理念と関係することになります。

　そこで、9ハウスには、そのような知識や理念の場としての高等教育やその教育者のほか、理念的アプローチとしての宗教や哲学、学問としての占星術、理念を伝える手段としての出版行為や法律といった象意が与えられています。また、特定の価値観に囚われない広い視野ということに関連して、海外や外国人への興味にも関連づけられています。

　ネイタルチャートでは、教養や教育の水準と質、海外とのかかわり、宗教などへのかかわり方について、このハウスのカスプのサインや在室している感受点、ならびにアスペクトから判断します。一般に、在室感受点が多いと、海外留学や移住、翻訳や貿易、あるいは出版や教育などにかかわる可能性が高いといえるでしょう。

10ハウスの象意

【4分円】	東の4分円（自発的・社会性）
【ハウス種別】	アンギュラー
【主な象意】	職業、肩書き、社会的地位、社会的立場、社会的名誉、社会的野心、母親

　南の空における子午線と黄道の交点であるMCは10ハウスのカスプとなります。子午線は集団性を象徴しているので、このハウスは対面するハウスとともに「帰属する集団」とかかわり、4ハウスは「私生活において帰属する集団」を、10ハウスは「社会生活において帰属する集団」を表すことになります。

　さらに、東の4分円のテーマは「自発的・社会性」ですから、10ハウスは「社会的集団を通して能動性を発揮する場」という象意を持ち、7ハウス～9ハウスで社会（他者）から受信した影響を、このハウスでは能動的に発信していくことになります。

　ここでいう「社会的集団」とは、主に会社など営利を目的とする場であり、10ハウスには職業や肩書きのほか、仕事の結果としての地位や名誉といった物事が示されます。また、このハウスには母親という象意もありますが、場合によって父親を示すこともあります。詳しくは4ハウスの説明を参照してください。

　ネイタルチャートでは、職種や社会的立場、社会的野心などについて、10ハウスのカスプ（MC）のサインや在室している感受点、ならびにアスペクトから判断していきます。特に、MCに重なる感受点は職種に直結するので重視します。

　なお、雇用されて行う仕事を表す6ハウスとは違い、管理職や経営者を示すことが多いという点には留意が必要です。10ハウスは能動的に取り組む仕事を意味するので、そのような違いが生じます。特に、☉太陽や♃木星が在室している場合には、自分自身で会社を興すようなケースが多いでしょう。

11ハウスの象意

【4分円】	東の4分円(自発的・社会性)
【ハウス種別】	サクシーデント
【主な象意】	クラブ・サークル活動、市民運動、未来の展望、将来計画、理想、友人、支援者、(仕事上の)運営資金、フリーランス

　サクシーデントハウスは直前のハウスが示すテーマを深化・定着させる場であることから、11ハウスは「社会活動における自発性を深めていく場」となります。具体的には、クラブやサークル活動、NPO法人や市民運動、さらに、それらの活動で培われる将来への展望や理想といった象意が当てられています。さらに、サクシーデントハウスは、直前のハウスの所有物を表すことから、仕事上の資金を表すこともあります。

　対面するハウスとの共通項は「喜び」。5ハウスは「私の喜び」、11ハウスは「集団で共有する喜び」となり、喜びや楽しみを共有する人々が自主的に行う社会活動が、このハウスの基本的象意となります。また、喜びを共有する相手としての友人を示すこともあり、そのような関係は喜びと希望の雰囲気に満ちていることから、伝統的には「最も幸運なハウス」とされてきました。

　ネイタルチャートでは、クラブ・サークル活動など仕事以外の社会活動の傾向、友人や支援者との関係、理想や未来計画の方向性などについて、11ハウスのカスプのサインや在室している感受点、ならびにアスペクトから判断します。

　在室感受点が多い場合、サークル的活動を盛んに行っていたり、友人が多かったり、あるいは会社に帰属しないフリーランス職であることが多いでしょう。現代社会は10ハウス的な価値観が基準となっているので、11ハウスが強調された人は、変人か反逆者として周囲に認識されることもあります。

12ハウスの象意

【4分円】	東の4分円（自発的・社会性）
【ハウス種別】	ケーデント
【主な象意】	想像力、心の中の世界、芸術性、宗教、スピリチュアル、癒し、奉仕、ニート、引きこもり、インターネット、入院、投獄、無意識、隠れた敵

　ケーデントハウスに示されるのは、各分円のテーマの最終調整と次の分円への準備を整えるための流動性のある物事。次にくる北の4分円では個人が新生されることから、12ハウスの基本的象意は「新たな個人性の確立へ向けた社会とのかかわり方の調整」となります。そのカスプはDSCとメジャーアスペクト（82ページ）をとらず接点が希薄であるため、隔離された状況と関係するでしょう。

　対面するハウスとの共通項は「自己と社会との調整」。6ハウスでは自己を社会に合わせて調整し、12ハウスでは社会と自己との関係をいったん解消して再調整します。それは社会から隔離された環境で「私」を解体するプロセスであり、他者の視点で定義された「私」を溶解してイメージの中に漂い、これまで気づけなかった「私」をそこに見いだそうとします。

　その意味で、12ハウスとは心の中の世界そのものだといえます。また、イメージの中に漂うときの媒体となる、さまざまな物語、芸術、宗教、インターネットなどもまた、12ハウスの象意となります。

　隔離状況と関係することから、このハウスには投獄や入院といった不穏な象意も与えられてきましたが、一方で、癒しや奉仕といった、「私」を溶解させて他者に捧げる行為もその象意とされています。「（物理的に）ほかを閉ざす」ということと、「（精神的に）ほかに対して開く」という、相反する要素をこのハウスは含んでいるのです。

　ネイタルチャートでは、芸術性や想像力の性質、宗教やスピリチュアル性の傾向、引きこもり傾向などについて、12ハウスのカスプのサインや在室している感受点、ならびにアスペクトから判断します。在室感受点が多いというだけで引きこもりになるわけではありませんが、想像の世界に心を漂わせる傾向は顕著となり、職業面にもそれは反映されるでしょう。

7 アスペクトとは何か

アスペクトは感受点同士をつないで動的なシナリオを生み出す

　アスペクトとは複数の感受点の間にできる特定の角度のことです。感受点を静的な要素として「役者」にたとえるなら、それがアスペクトによって結ばれると、動的な「シナリオ」が生み出されることになります。これを、「各感受点がどう連携して働くのかを示す回路図」のようなものと考えてもよいでしょう。

　感受点はその人の内面にある複数の「私」であり、それがアスペクトで結ばれると、内面の葛藤や調和を生じます。つまり、複数の「私」が互いに対立したり、協力し合ったりするのです。また、それらの「私」が外界に投影されると、その感受点に対応する人物や物事を動かす力となります。

　主なアスペクトとして、☌0度（コンジャンクション）、✶60度（セクスタイル）、□90度（スクエア）、△120度（トライン）、☍180度（オポジション）の5種が挙げられ、これらは「メジャーアスペクト」と称されます。これ以外にも「マイナーアスペクト」と呼ばれる、いくつかの種類のアスペクトがありますが、その中でよく用いられるのが⚻150度（インコンジャンクト）です。

　これらのアスペクトは「イージーアスペクト」と「ハードアスペクト」に大別され、前者は「アスペクトを構成する感受点間に協調をもたらすもの」、後者は「アスペクトを構成する感受点間に葛藤をもたらすもの」となります。前者を「吉座相」、後者を「凶座相」と呼ぶ流儀もありますが、単純に吉凶で語ることはできません。なぜなら、イージーアスペクトでは感受点間の連携が滞りなく行われる一方で、無意識的で安易な行動を招くことがあるからです。一方、ハードアスペクトでは感受点相互の連携に困難が生じやすい

反面で、その困難へ意識的に取り組む姿勢も培われるため、うまく克服できたなら大きな成果を得ることになるでしょう。

なお、複数の感受点がアスペクトを成すものを「複合アスペクト」と呼び、物事の複雑な動きを表すものとして考えます。

アスペクトが成立する条件にかんしては占星家によって違いがある

各種アスペクトの意味を理解する上で、それをサイン間の関係としてとらえてみてもよいでしょう。

たとえば、△120度は、♈牡羊座と♌獅子座というように同じ火の元素となるのでその連携に滞りはありません。これはイージーアスペクトの代表格です。

一方、♈牡羊座と♋蟹座のように □90度関係であれば、同じ質（クオリティ）でぶつかり合って不調和な関係となります。活動サイン同士では、互いが異なる行動を起こそうとして興奮状態となり対立するのです。

なお、アスペクトには「オーブ（許容度）」というものがあり、その範囲内であれば多少角度がズレていても成立すると考えます。たとえば、オーブが6度であれば、120度±6度の範囲で△120度のアスペクトが成立すると見なすのです。

オーブは、☉太陽と☽月を6度～8度に、それ以外の感受点を4度～6度と設定して、アスペクトによって数値を変えることが多く、その設定値は占星家によって異なります。また、古典的な占星術ではアスペクトごとではなく、天体ごとにオーブが異なります。

オーブについては「これが正解である」ということがいえませんが、現実に起こる物事だけを知りたいなら狭く（小さく）設定し、その背景にある心理の動きまで知りたいなら広く（大きく）設定するのがよいようです。

なお、古典的な占星術では、サイン間の関係としてアスペクトを考えるため、たとえば、♈牡羊座の1度の感受点と♊双子座の30度の感受点との間で □90度のアスペクトが成立しているように見えていても、サイン同士が □90度関係になっていなければ、それらがアスペクトしているとは見な

しません。

　ただし、もう少し時間が経過してサインを越えるとアスペクトが成立するような場合は、これを「ディソシエート・アスペクト」と呼び、状況の変化によってアスペクトが成立したときと同じ効果を持つと考えます。

　一方、現代の占星術ではこの例のような場合であっても、アスペクトが成立するものと見なします。

8 各アスペクトの象意

☌0度（コンジャンクション）の象意

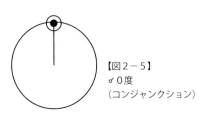

【図2-5】
☌0度
（コンジャンクション）

厳密には、☌0度はアスペクトとは呼ばれませんが、ここでは便宜的にアスペクトの一種として扱います。

☌0度は感受点同士が同じ黄道度数で重なることを指しており、それにより二つの感受点の象意が混じり合うため、感受点の組み合わせ次第ではハードにもイージーにも働く可能性があります。

また、二つの感受点の意味する物事において混同が生じることになり、ネイタルチャートにおいては、その人独自の特徴的な個性を示すことになります。

たとえば、☉太陽と☽月が☌0度だと、その人の私生活（☽）と公的な立場（☉）は混同されやすく、公私混同の傾向が見られるでしょう。一方、☽月と♀金星の☌0度なら、情緒（☽）が安楽や贅沢（♀）に流れやすい甘え性の傾向となったり、私生活（☽）が派手（♀）になる傾向が見られたりします。

✷60度（セクスタイル）の象意

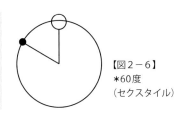

【図2-6】
✷60度
（セクスタイル）

火と風、水と地、というように互いの働きを助け合う元素の組み合わせと

なることからイージーアスペクトとされます。2区分（ポラリティ）でいうと、奇数サイン同士、偶数サイン同士となる組み合わせです。

　感受点同士に協調をもたらすアスペクトですが、意図的に用いなければこの両者は連動しません。たとえば、☉太陽と☽月が＊60度なら、その人の私生活（☽）と公的な立場（☉）は協調的に連動し、公私の切り替えもきちんとしているでしょう。ただし、自然に「そうなる」のではなく、意図的に「そうできる」のだと考えてください。

　そういう意味で、＊60度は「道具」のように使えるアスペクトだといえます。多くの場合、移動速度の遅い感受点が、速い感受点を道具として利用できることになるでしょう。

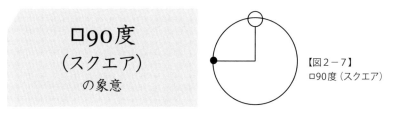

【図2－7】
□90度（スクエア）

　火と水、火と地、風と水、風と地、というように互いの働きを妨げる元素の組み合わせとなり、また同じ質でぶつかりあうことから、ハードアスペクトとされます。感受点同士に葛藤や食い違い、対立を生み、両者のマイナス面を引き出すアスペクトと考えてください。

　□90度では、双方の感受点が共有する質が行き過ぎる傾向となり、たとえば、活動サイン同士の組み合わせは感受点間の対立や葛藤に激しい性急さが表れ、固定サイン同士ではある種の鈍重さや頑固さが、柔軟サイン同士では物事がはっきり決まらない優柔不断さがそれぞれ表れます。

△120度（トライン）の象意

【図2-8】
△120度（トライン）

　火と火、地と地、風と風、水と水、というように同じ元素の組み合わせとなり、それぞれの感受点のプラス面が引き出されて調和的に働くことから、イージーアスペクトとされます。

　元素を共有しているため無意識的（努力なし）に働きやすく、そのため、＊60度よりも「吉」の作用が強いと考えられています。ネイタルチャートでは、△120度関係にある感受点とそれらのサインの象意に、無意識的に発揮される生来の才能が示されることになるでしょう。

　しかしそれは、それらの感受点の働きにかんして、後天的な努力による開発は、ほとんどできないということも意味します。

⚼150度（インコンジャンクト）の象意

【図2-9】
⚼150度（インコンジャンクト）

　メジャーアスペクト（☌0度、＊60度、□90度、△120度、☍180度）は、360度の全円を整数で分割することで角度を導くことのできるアスペクトですが、⚼150度は同じやり方で算出できず、そのことからマイナー・アスペクトとされています。

　サイン間の関係として考えると、⚼150度になる感受点同士の元素は一致せず、協調関係にもなく、また、質も一致していません。つまり、両者の関係は大変希薄です。そこで、⚼150度は、本来なら接点のない物事を結びつけて双方に妥協や改善を求めることに関係しています。

　一般に、公転速度の遅いほうの感受点が、速いほうの感受点の働きを調整・調教するという表れ方になることが多く、たとえば、☉太陽と☽月が

⊼150度になっていると、その人の私生活（☽）は公的な立場（☉）のために調整を強いられることになるでしょう。しかしそれは、□90度ほどの葛藤は生みません。

☍180度（オポジション）の象意

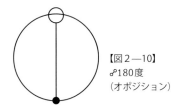

【図2―10】
☍180度
（オポジション）

　サインの元素が協調関係（火と風、水と地）となり、かつ同じ質を共有するアスペクトです。ハードアスペクトとされていますが、元素が協調関係にあるため、□90度ほどの葛藤はありません。
　ハウスの全体構造上、このアスペクトは個人と他者（社会・環境）との対立を示すことになり、他者から特定の行動を引き出される、あるいは他者へ積極的に働きかけるといった表れ方をとりやすいでしょう。
　☍180度となる感受点間には強い緊張感が生じることになりますが、適切な問題意識や、やる気にもつながってくるため、積極的な生き方につながるアスペクトでもあるともいえます。

Tスクエア／グランドクロスの象意

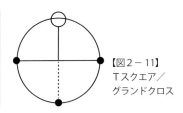

【図2－11】
Tスクエア／
グランドクロス

　Tスクエアは□90度と☍180度による複合アスペクトです。質を共有するため緊張感があり、それぞれの感受点が主導権を主張して、物事が二転三転しやすくなります。
　その一方で、問題やトラブル（□）をやる気（☍）に変えたり、自分のやる気（☍）に突っ込みを入れたりする（□）スキルにもつながるため、仕事の場

ではこのアスペクトが有効に働くこともあります。特に創造性を要する職業の人は、このアスペクトを良い方向に活用しやすいでしょう。

　一方、グランドクロスは、Tスクエアを構成する三つの感受点に、□90度と☍180度を形成する感受点が加わった複合アスペクトであり、コントロールしがたい衝動や身動きできないような状況を意味します。

　これが活動サインで起こると極端なまでに活動的になり、性急さを求められる状況が起きやすくなるでしょう。一方、固定サインで起こると深刻で頑固な性格となって、必要な変化を起こせない状況に陥りやすくなり、また、柔軟サインで起こると優柔不断で何も決められなくなり、流動的で落ち着かない状況を招くことになります。

グランドトライン／カイト の象意

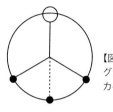

【図2—12】
グランドトライン／カイト

　グランドトラインは三つの感受点が相互に△120度となる複合アスペクトです。共有する元素の象徴する性質において豊穣さと幸運に恵まれ、他者から慕われる人も多いでしょう。グランドトラインはその属する元素を増幅して蜜の香りのように周囲にふりまき、人々はそれに引き寄せられミツバチのように群れてくるのです。

　ただし、そのような性質は無意識（努力なし）に働くため、意識的な努力を放棄して怠惰な生き方となってしまう人もいます。

　一方、カイトとは、そのグランドトラインのどれか一つの感受点に対して☍180度となる感受点が加わった複合アスペクトのことです。この場合、意識的な努力（☍）が加わるため、その☍180度となる感受点において、グランドトラインの利点を具体的な形で発揮することになります。

小三角／グランドセクスタイルの象意

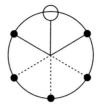

【図2−13】
小三角／グランドセクスタイル

　小三角とは、△120度に＊60度が加わった複合アスペクト。△120度となる二つの天体の意向に沿った形で、＊60度に位置する天体が働くことになるため、実際性のある「使い勝手のいい」アスペクトだとされています。無意識の動きと意識的な動き、そして、協調関係にある二つの元素がうまく組み合わさって、物事をスムーズに運んでいくのです。
　一方、グランドセクスタイルとは、六つの天体によって六つの小三角と二つのグランドトラインが成立する状態のことで、いわゆる六芒星を形成します。
　これは他者を強く引きつける独自の魅力を生みますが、同時に、他者からの要求に支配されて主体的な生き方を見失ってしまう傾向も出てきます。

調停／ミスティック・レクタングルの象意

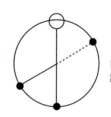

【図2−14】
調停／ミスティック・レクタングル

　調停とは、♂180度となる二つの感受点に対して、＊60度かつ△120度となる位置に第3の感受点が加わる複合アスペクト。その第3の感受点は、♂180度を形成する感受点間に張り詰める緊張感を緩和して、事態を良い方法へ向ける視点や人物、物事などを示すことになります。
　一方、ミスティック・レクタングルとは、♂180度になる感受点が2セットあり、それぞれが調停の位置にくる状態のこと。緊張と緩和を繰り返しつつ二つの♂180度が示す性質が統合されていき、生産性の高い仕事能力として結実します。ただし、二つの♂180度が示す、方向性の異なる「2種類のやる気」を行ったりきたりするため、気の休まらない走り続ける人生となりがちです。

ヨッドの象意

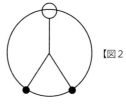
【図2−15】ヨッド

　✱60度を成す二つの感受点に対して⚻150度となる位置に、第3の感受点がくる複合アスペクトを、ヨッドといいます。この場合、第3の感受点は✱60度となる二つの感受点の目的のためにだけ働かされ、そのほかの働きは制限されてしまいます。

　たとえば、♃木星と♅天王星が✱60度で、そこへ☿水星が⚻150度を成している場合、発展性（♃）のある新しいアイデア（♅）を得る目的のためにだけ知性（☿）が用いられることになり、ほかのことにかんしては、今ひとつ知性を発揮できないということになるのです。

　ヨッドは、ネイタルチャートをプログレスチャートやトランジットチャートと組み合わせて読むときに特に重視することになり、その場合、ネイタルの感受点がヨッドによって制限を受けるタイミングを主に読んでいきます。

ノーアスペクトの象意

　ほかの感受点とアスペクトを持たない天体をノーアスペクトといいます。そのような感受点は過剰に働いたり、働きが弱かったりと両極端になりやすく、ほかの天体との連携がないため実用性も希薄です。

　ただし、かかわる相手のネイタルチャートとの間でアスペクトが形成されたり、プログレスチャートやトランジットチャートの感受点との間でアスペクトが形成されたりしたときに、非常に強い働きが引き出されることがあります。

ミューチュアル・レセプションの象意

　ミューチュアル・レセプションとは、二つの天体が互いの位置するサインの支配星となっている状態のことであり、正確にはアスペクトではありません。それらの天体の象意において優柔不断な傾向を持つことになりますが、そこに葛藤はなく穏やかな働きとなります。

　なお、ミューチュアル・レセプションとなっている天体を取り替えてチャートを読むことも可能です。たとえば、♀金星が♋蟹座にあり、☽月が♉牡牛座にあるという形でミューチュアル・レセプションになっているなら、♀金星と☽月の位置を取り替えてそのチャートを読むこともできるのです。

9 ホロスコープ解読実践

チャートの全体像を把握して解読の下準備を整える

■米大統領バラク・オバマのケース

それでは、ここでホロスコープ解読の基本手順について、米大統領バラク・オバマのネイタルチャートを例に説明していきましょう。

最初に行うべきことは、チャートの全体像を把握することです。

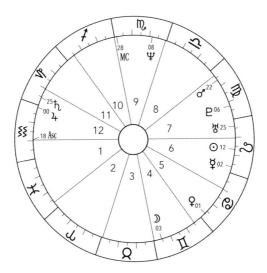

【図2－16】バラク・オバマ（1961年8月4日19時24分ハワイ・ホノルル生まれ）のネイタルチャート

①2区分／3区分／4区分の配分を確認する

　まず、全体的な傾向を見るために、各感受点の元素や質をカウントして、その配分を確認します。

　この例では、火のサインを持つ感受点が四つ、地のサインを持つ感受点が四つ、風のサインを持つ感受点が四つ、水のサインを持つ感受点が四つ……となっており、元素にかんしてはバランスのよい配分です。このような場合、偏りやクセのない人柄となることが多いでしょう。少なくともパッと見はそのような印象をほかに与えます。

　これとは逆に特定の元素が多い場合には、その元素の性質が際立った人柄になりますが、ある元素がまったくない場合にも、それを補おうとして、ある種、芝居じみた形でその元素が強調されることがあります。

　次に、質に目を向けてみると、活動サインが二つ、固定サインが七つ、柔軟サインが三つとなっており、忍耐強さの一方で、頑固で鈍重なところがあることがわかります。

　2区分にかんしては、奇数サインの感受点と偶数サインの感受点は同数であり、受容性と能動性のバランスがとれていることがわかります。

　ここでわかるのは、あくまでも全体的な傾向です。際立つ特徴が見られるときだけ、それを頭に入れておくとよいでしょう。

②ASCとMCのサインと支配星の流れを読む

　基本的な行動パターンとその背景にある価値観を示すASCと、社会的な立場を示すMCを通してチャートの全体像を把握します。

　オバマの場合、ASCが ♒水瓶座であり、革新や改革をもたらすことが行動の動機になっていることがわかります。博愛的で誰にでも親切かつフレンドリーに接しますが、深くかかわることは少ないでしょう。

　ASCの支配星である ♅天王星は7ハウスにあるので、その革新性や博愛性は、仕事上のパートナーや配偶者に支えられたものとなります。また、他者（7H）を通して自分自身（ASC）を知ろうとする傾向も見られるはずです。

　一方、MCは ♏蠍座であり、人々の深層心理に深く働きかけたり、深い

探求が必要な仕事にかかわったりする可能性を示しています。

　支配星の♇冥王星は7ハウスにあるので、やはり、その仕事（MC）においてもパートナー（7H）が重要になってきます。具体的には、人脈をうまく使って仕事上の成功を得るか、自分の仕事に協力してくれる配偶者を選ぶことになるでしょう。あるいはその両方かもしれません。

③ ☉太陽のハウス・サイン・アスペクトを読む

　次に、人生の舵取りを主体的に行っている☉太陽を読みます。

　この例において☉太陽は6ハウス♌獅子座にあり、仕事など自らの義務を全うすることを人生の目的とすることがわかります。♌獅子座の性質を考えると、雇用される仕事だとしても、ある種、輝かしい立場に就くことになるでしょう。

　♌獅子座は☉太陽が支配するサインであるため、その光は非常に強いものとなり、他者に対してはカリスマ性として発揮されます。

　アスペクトを見ると、9ハウスの♆海王星との□90度があります。このような場合、公転周期の長いほうの天体が、公転周期の短いほうの天体に影響を与えるため、♆海王星が☉太陽に影響を与えていると考えます。

　♆海王星と☉太陽の□90度は、夢を追って生きる生き方が行き過ぎてしまったり、放浪癖やドラッグ、あるいはカルト的な宗教に耽溺したりして、人生の舵取りを狂わせてしまう傾向を表します。ただし、オバマの場合は☉太陽が自分自身の支配するサインにあって力を強めているためか、むしろ、自らの仕事（6H・☉）において人々に大きな夢（♆）を抱かせることに成功しています。

　□90度はハードアスペクトではありますが、それが生じる矛盾や葛藤を超えられたなら、大きな実りを得ることになるのです。オバマのケースは、その成功例だといえるでしょう。

　なお、☉太陽は父親、あるいは父親との関係も示します。

　♆海王星との□90度は父親との離別を意味することがあり、彼の生い立ちを見ると実際にそのようになっています。1度1年法で進行させた♆海王星がネイタルチャートの☉太陽と正確な□90度を形成したときに、父親

は彼をハワイに残して母国のケニアに帰国したのです。

④ ☽月のハウス・サイン・アスペクトを読む

　私生活や感情面をつかさどる☽月についても同様に読みます。
　☽月は4ハウスにあるので、何よりも家庭が安らぎの場となることがわかります。サインはⅡ双子座なので、にぎやかで楽しい家庭を好むでしょう。
　しかし、配偶者を表す7ハウスにある♇冥王星と□90度関係にあるので、妻からストレスを受けていることも考えられます。いわゆる「尻に敷かれている」という状態かもしれません。一方、彼自身にもジキルとハイドのような二面性があり、時には家庭内で感情を暴発させている可能性もあります。
　なお、☽月は母親、あるいは母親との関係を示すことがあります。♇冥王星と□90度になっている場合には、子どものころに母親と死別するか、あるいは母親とは別のところに住むことになる可能性があります。オバマの場合、実際にそのとおりになっています。

⑤ ♄土星のハウス・サイン・アスペクトを読む

　社会生活における人生観や倫理観をつかさどる♄土星についても同様に読みます。♄土星は人生におけるブレーキであり、何をするにしてもその行動範囲を規定するものですから、どんな場合でもこれを読んでおきましょう。
　この例の♄土星は12ハウスにあり、無意識（12H）に重荷（♄）を抱えていることがわかります。おそらくそれは罪悪感の強い性格を意味しているはずです。
　ただ、この♄土星は自らが支配するサインにいるので比較的温和な働きとなります。さらに、♃木星とは☌0度であるため、これによっても、♄土星特有の重苦しさはかなり緩和されることになります。このアスペクトは教師の才能を表すため、人々の無意識に訴えかけて革新的な感情（♒）を抱かせる教師として力を発揮することになるでしょう。ちなみに、オバマは大学で講師を務めた経験もあるそうです。

また、♄土星は♂火星に対して△120度となっており、不屈の情熱の持ち主であることもわかります。♂火星は7ハウスと8ハウスの境界あたりにあるので、その情熱は主に対人関係において発揮されるでしょう。
　以上のことから、このネイタルチャートの特長を書き出してみます。

クセのない人柄という印象をほかに与える	4元素のバランスがとれている
忍耐強さの一方で頑固で鈍重なところある	固定サインの感受点が七つ
革新や改革をもたらすことが行動の動機となる	ASCが♒水瓶座
その革新性や博愛性は仕事上のパートナーや配偶者に支えられたものとなる	ASCの支配星が7ハウス
人々の深層心理に深く働きかける仕事にかかわる	MCが♏蠍座
人脈をうまく使って仕事上の成功を得る	MCの支配星が7ハウス
仕事においてカリスマ性を発揮する	☉太陽が6ハウス♌獅子座
夢を追いすぎて人生の舵取りを狂わせる可能性	♆海王星と☉太陽が□90度
あるいは人々に大きな夢を抱かせられる	♆海王星と☉太陽が□90度
父親との離別の可能性	♆海王星と☉太陽が□90度
何よりも家庭が安らぎの場となる	☽月が4ハウス
にぎやかで楽しい家庭を好む	☽月が4ハウス♊双子座
妻からストレスを受けている	☽月が♇冥王星と□90度
ジキルとハイドのような二面性	☽月が♇冥王星と□90度
子どものころに母親と死別するか離別する	☽月が♇冥王星と□90度
革新的感情を抱かせる教師としての才能	♄土星が♒水瓶座、♃木星と♂0度
対人関係において不屈の情熱を発揮する	♄土星と♂火星が△120度

ネイタルチャートを公式と考えて
質問内容を適切に代入していく

　ネイタルチャートの全体像を把握したことで、具体的な質問を読み解く準備が整いました。ここでは、オバマの夫婦関係について「妻と良い関係を維持するには」という質問を想定してみたいと思います。
　ネイタルチャートはある種の公式のようなものなので、数学の公式に代入する感覚で質問を投入してその答えを得ることができます。ここで取り上げる質問は比較的漠然としたものですが、具体的な質問であればより具体的な答えとなるでしょう。

① 質問に関連するハウスの状況を把握する

【表2-1】質問に関係するハウスと感受点

恋愛	5H・7H・♀金星・♂火星
結婚	7H・8H・☽月・☉太陽
対人関係	3H・7H・11H・☿水星・♀金星・☉太陽
健康	2H・6H・☽月・☿水星
私生活	1H・4H・☽月
社会生活	10H・☉太陽・♃木星・♄土星

　結婚に最も関連が深いのは7ハウスです。7ハウスは結婚生活のあり方と、配偶者の性質を表します。
　このチャートでは7ハウスに天体が三つもあり、夫婦関係にある種の複雑さが伴うことを示しています。7ハウスのカスプは♌獅子座にあり、その支配星の☉太陽は6ハウスにあるので、この夫婦関係は基本的に仕事へ捧げられることになるでしょう。あるいは義務的な夫婦関係という表れ方もありえます。
　また、同じハウス内に複数の感受点が在室するときには、カスプに近いほうから順番に物事が進んでいくと考えます。この例の場合、夫婦関係の問題

は「♅天王星→♇冥王星→♂火星」という順番で進むことになるわけです。

　オバマ夫妻の間では、まず、二人の間に距離ができるような物事が起こり（♅）、それに対して妻の側が強硬な姿勢をとり（♇）、最終的には情熱的な形（♂）で愛を確認し合うというパターンが繰り返されているのでしょう。火星は8ハウスのカスプにも近いので、セックスによって愛を確認しているのかもしれません。

　各感受点のアスペクトも見てみましょう。

　♅天王星は♄土星と⚻150度。これは夫婦間で起きる「突然の出来事」についてオバマ本人が何らかの罪悪感を覚えることを意味します。

　次に、♇冥王星は☽月と□90度。これは、夫婦関係において♇冥王星の働きをするのが妻であることを示しており、また、妻が強硬な姿勢をとることでオバマ自身の感情も荒立ち、家庭の平穏が崩されることを意味しています。

　一方で、♇冥王星は♀金星と✳60度。この♀金星は子どもと関係する5ハウスにあるので、おそらく娘を表しているでしょう。それが、妻を表す♇冥王星と✳60度を成しているということは、夫婦喧嘩のときに娘は母親の味方をするはずです。この場合、夫の側が折れないことには家庭円満が戻ることはないでしょう。

　なお、♇冥王星と♆海王星の✳60度はこの世代に共通するアスペクトなので、ここでは重視しません。

　それから、♄土星と♂火星の△120度は、いろいろな困難があっても夫婦間の情熱は冷めやらないということを示しています。

②質問に関連する感受点の状況を把握する

　夫婦関係については☉太陽と☽月も重要です。男性のネイタルチャートで夫婦関係を読む場合、☽月は妻を、☉太陽は夫としての自分自身を示します。

　まず、☽月を見ると4ハウスにあり、妻が家庭を守る存在であることがわかります。♊双子座にあり♇冥王星と□90度を成すことから、口やかましく激しやすい性格を持つようですが、一方で♃木星とは△120度となって

おり、おおらかな母性によってそのキツイ性格がかなり緩和されていることもわかります。

　一方、☉太陽は6ハウスにあり、「家庭よりも仕事」という夫であることがわかります。あるいは、夫としての役割（☉）を義務的にこなす（6H）ということかもしれません。しかし、この☉太陽は9ハウスのΨ海王星とは□90度なので、高尚な理念を優先するあまりに、夫としての義務を忘れてしまうことも多々ありそうです。

③質問がチャートのどの部分と特に関係するかを見極め、結論を出す——

　夫婦関係の全体像を把握したところで、「妻と良い関係を維持するには」という質問へ戻ります。

　これまで見てきたように、ぶつかるところの多そうな二人なので、その関係を緩和してくれる要素をまず探しましょう。

　♇冥王星に対する♀金星の✳60度、♂火星に対する♄土星の△120度、☽月に対する♃木星の△120度など、夫婦関係に関係する感受点にイージーアスペクトを成す感受点がその「緩和要素」にあたります。

　具体的には、夫婦間に問題が生じたときには子ども（5H・♀）に間に入ってもらうこと、自分自身の責任（♄）を自覚して誠実に対応すること、そして、博愛的（12H・♃）な姿勢を崩さないことなどが緩和材料となるはずです。

　ただし、イージーアスペクトばかりに頼って目先の問題を回避するだけでは、根本解決にはならないので、ハードアスペクトが生み出している問題から目を反らさず学ぶ姿勢も必要です。

　たとえば、♇冥王星と☽月の□90度は、妻が強硬な姿勢をとることを意味していましたが、それは政治家の妻という立場と家庭の主婦という立場を両立しようとする努力の反動だといえます。妻に対して不満を持つ前に、そこのところを理解することが大切でしょう。

　また、このハードアスペクトはそもそも自分自身のネイタルチャートのものですから、妻との関係は自己の内面が外界に投影されて引き寄せられたものだといえます。そこで、自分自身の中にある「感情の制御が利かない」という面から目をそらさず向き合う姿勢も必要とされます。

以上のことから結論としては、

- 夫婦関係に問題が生じたときには、子どもに仲介役をかってもらう。
- 夫婦関係における自分自身の責任を自覚して誠実に対応する。
- 夫婦関係、特に家庭生活において博愛的な姿勢を崩さない。
- 政治家の妻としての立場と家庭の主婦としての立場を両立しなければならないことを理解する。
- 妻に対して否定的な感情を抱いたときには、自分自身の内面にも同じ性質があることを自覚して、学びの機会とする。

——ということになります。

ネイタルチャートから質問の答えを見いだすやり方は以上です。

実際には夫婦の相性を見るために、二つのホロスコープを組み合わせるシナストリー法を用いたり、時期的なものを見るためにプログレスチャートやトランジットチャートを検討したりする必要がありますが、本章は西洋占星術の基礎知識ということで、ネイタルチャートの読み方の解説にとどめておきます。

第3章 ハーモニクスチャート読解の基礎

1 調波チャートの作成

ハーモニクス占星術の概念を正しく理解できれば調波チャートの作成は難しくない

　調波チャート作成の前提となるネイタルチャートの作成法は掲載しないので、拙著『月の正統西洋占星術』か、巻末の参考書籍などを参照して事前にネイタルチャートを作成してください。ホロスコープを作成するパソコンのソフトウェアやインターネット上のサービスを利用してもよいでしょう。

　ネイタルチャート作成時には、なるべく正確な出生時間を用いることが重要です。なぜなら、調波チャートの作成では黄道度数を乗算するため、調波数が大きい場合に、度数の小さなズレが大きなズレになってしまうからです。

　たとえば、☽月は黄道を1日に約12度移動するので、2時間あたりでは約1度の移動となります。すると、「だいたい正午前後に生まれた」という人の場合に前後2時間ほどの幅を考えると、「○○座のn度かn±1度」というように1度程度の誤差の範囲で☽月の度数が定まります。

　この1度の誤差はネイタルチャートでは小さなものですが、調波チャートでは大きなものとなります。ネイタルチャートのn度〜n±1度は、第10調波では「n×10」度〜「(n±1)×10」度となり、その誤差は実に前後10度にも拡大します。これほどの誤差があると、さすがにこの感受点は使えません。

　ただし、出生時間がはっきりしないチャートであっても、移動速度の遅い感受点であれば使えることがあります。たとえば、太陽は1日に黄道を約0.98度移動しているので、出生時間の2時間の誤差は黄道度数にして約0.08度の誤差となり、第10調波でも約0.8度の誤差です。これなら、ほぼ問題ないレベルの誤差でしょう。とはいえ、これが第40調波では約3.3度

の誤差となるので注意が必要です。

　いずれにせよ、ネイタルチャートにおいて正しいハウス配置を得るためにも、正確な出生時間があったほうがよいのは確かです。そこで、母子手帳や出生届などできちんと確認することを改めてお勧めします。

　本書で扱うアディー調波の方式では、ネイタルチャートの黄道度数を整数倍して調波チャートを算出します。第10調波であれば、各感受点の黄道度数に10を掛けるわけですが、このとき、いくつか注意すべき点があります。

　以下、算出のやり方を具体的に説明しましょう。

① 小数表示に変換する

　調波チャートでは度数の小さな差が大きな差となってくるため、度数は四捨五入せず、1度未満の部分も重視します。ここで注意しなければならないのは、その度数の表記が「小数表示」なのか「度分表示」なのかということです。ソフトウェアなどでネイタルチャートを作成した場合には、特によく意識しておくべきでしょう。

　ここでいう小数表記とは、1度未満の数値を小数の形で表記することを指し、10進数的に桁上がりしていきます。

　一方、度分表示とは1度未満を0分〜59分で表記するものであり、1度＝60分と考えて桁上がりしていきます。これは時間でいうと1時間が60分に相当するようなものです。なお、度分表示では秒の単位まで表示（度分秒表示）されることがあり、その場合は1分＝60秒と考えます。これも時間のカウントと同じです。

　どちらの表示も間違いではありませんが、調波チャートを算出するときには、計算ミスを防止するという観点から小数表示を用いることにします。

　一般的な占星術の本とそこに収載された天文暦を用いて、手計算でネイタルチャートを作成した場合には、小数表示になっていることが多いでしょう。60分を1度に桁上げするという計算を行っていないのなら、確実に小数表示です。

　一方、パソコンのソフトウェアやインターネット上のサービスでネイタル

チャートを作成した場合には、小数表示である場合と度分表示である場合があります。少数表示では「12.85°（12.85度）」といった形式となり、度分表示では「12°52′（12度52分）」という形式になります。また、秒単位までの度分表示では「12°51′36″（12度51分36秒）」となります。

ただし、一部のソフトウェアでは、度分表示であるにもかかわらず小数表示と区別のつきにくい表示の仕方をしているので注意が必要です。多くは設定画面などで表示形式を確認できるはずなので、小数表示なのか度分表示なのかをはっきりさせておきましょう。

度分表示を小数表示に変換するには、「○度」の部分はそのままで、「分」の数値には0.017を掛けて小数第3位以下を切り捨てし、その数字をそのまま「○度」に加えます。また、「秒」の表示がある場合、0秒〜29秒は切り捨て、30秒以上は切り上げて「分」に1を加えます。

「射手座12°55′（12度55分）」を例にとると次のような計算となります。

（1）「分」に0.017を掛ける
55 × 0.017 ＝ 0.935

（2）小数第3位以下を切り捨てし、その数字をそのまま「○度」に加えると小数表示の度数となる。
12 ＋ 0.93 ＝ 12.93（＝射手座12.93度）

なお、最初から小数表示となっている場合は、この計算は不要なので次のステップへ進みます。小数第3位以下まで表示されている場合はそれを切り捨てしておきます。

② **絶対度数を算出する**

黄道度数を「○○座の○度」という形から、♈牡羊座の0度を起点とする0度〜360度の形式に変換します。♈牡羊座であればそのまま絶対度数になりますが、♉牡牛座なら30度を、♊双子座なら60度を足して絶対度数

を算出します。サインの位置関係がわかっていれば何度を足せばいいのか明白ですが、念のため表にまとめておきます（【表3－1】）。

【表3－1】絶対度数に変換するときに加算する度数

牡羊座	0度	獅子座	120度	射手座	240度
牡牛座	30度	乙女座	150度	山羊座	270度
双子座	60度	天秤座	180度	水瓶座	300度
蟹　座	90度	蠍　座	210度	魚　座	330度

♐射手座の12.93度にある感受点を例にとると、12.93度＋240度となり、その絶対度数は252.93度ということになります。

③ 調波数をかける

アディー調波では、②のステップで算出した絶対度数に整数を掛けることになります。「第〇調波」というときに〇に入る数字（調波数）を絶対度数に掛ければよいのです。

絶対度数が252.93度（射手座12.93度）の感受点が第10調波でどこに位置するかを知るには、そこに10を掛けます。第15調波であれば15を掛けることになります。

●第10調波の場合　　**252.93 × 10 ＝ 2529.3**

●第15調波の場合　　**252.93 × 15 ＝ 3793.95**

④ 調波計算後の度数を絶対度数に変換する

③のステップで算出した度数を黄道度数（絶対度数）に変換します。

黄道度数は1周が360度ですから、360度以上の度数にかんしては360度未満になるまで繰り返し360度を引いていく（減算する）必要があります。

ただし計算としては、まず360で割って（除算）、その算出された数の小

数点以下（小数第4位まで、第5位は四捨五入）だけに360を掛ける（乗算）と少ない手間で算出できます。

● 2529.3（252.93〈射手座12.93度〉の第10調波）の場合
　　2529.3 ÷ 360 = 7.0258（小数第5位は四捨五入）
　　0.0258 × 360 = 9.288

● 3793.95（252.93〈射手座12.93度〉の第15調波）の場合
　　3793.95 ÷ 360 = 10.5388（小数第5位は四捨五入）
　　0.5388 × 360 = 193.968

⑤ サインと度数を算出する────────────────

④で得られた絶対度数をサインの度数に変換します。

まず、【表3−1】を参照して、最も近くて、より小さい度数のあるサインを確認します。そして、そこに書かれた度数を絶対度数から引くと、そのサインにおける度数が確定します。なお、最終的に得られた度数の小数第3位以下は四捨五入します。

● 2529.3（252.93〈射手座12.93度〉の第10調波）の場合
　【表3-1】において、④で得られた数値9.288に最も近く、かつ小さいのは牡羊座の0度。そこで、9.288 − 0 = 9.288となり、最終的に得られる度数は牡羊座9.29度（小数第3位以下四捨五入）となる。

● 3793.95（252.93〈射手座12.93度〉の第15調波）の場合
　【表3-1】において、④で得られた数値193.968に最も近く、かつ小さいのは天秤座の180度。そこで、193.968 − 180 = 13.968となり、最終的に得られる度数は天秤座13.97度（小数第3位以下四捨五入）となる。

調波チャートを作るときには、ネイタルチャートの主要な感受点について、ここで解説した計算を行うため、いくつものチャートを作りたいときには大変な作業量となります。

　そこで基本的には、調波チャート作成機能のあるホロスコープ作成ソフトウェアを用いることを強く勧めます。複数の調波数のチャート情報を一覧表形式で表示できるソフトウェアは特に便利です。

　ただし、調波チャートの概念を理解するために、一度は手計算でチャートを作成してみるとよいでしょう。

2 調波チャートでわかること

ネイタルチャートに蒔かれた「種」が調波チャートで「発芽」する

調波チャートを作る作業では「何を」を行っているのか、という点について説明しておきましょう。

調波の計算とは感受点の黄道度数を整数倍することであり、計算のほかのステップは単位を変換したり揃えたりする作業でしかありません。では、その「整数倍」は何を意味しているのかというと、それは、黄道を分割して重ね合わせたものを360度まで延ばす行為であるといえます。

第2調波を例にとると、その計算では黄道360度を「0度と180度を結ぶライン」で分割して、その「0度～180度の半円」に「180度～360度の半円」を重ねます。そしてさらに、その180度の幅を持つ黄道を2倍の360度に引き伸ばすことになります（【図3－1】）。

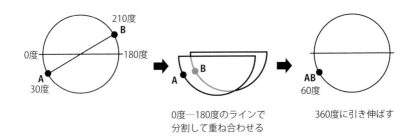

【図3－1】第2調波の計算例

切って、重ねて、引き伸ばす……という点では、ちょうどパイ生地の作り方に似ているともいえるでしょう。

「0度〜180度の半円」は自己を表し、「180度〜360度の半円」は他者や社会を表すということを考えると、この一連の作業は、自己と他者、あるいは自己と社会を不分離なものとして重ね合わせていることになります。

さて、ここでネイタルチャートに♂180度のアスペクトがあるケースを考えてみます。

♂180度となる二つの感受点のうち、一方は「0度〜180度の半円」に、もう一方は「180度〜360度の半円」に位置することになるため、このアスペクトは必然的に、自己と他者（社会）との間の対立や緊張感を表すものとなります。この緊張感は行動をせきたてたり強要したりする性質があり、ネイタルチャートの持ち主にプレッシャーを与えますが、場合によっては、適切な問題意識を持つことや、やる気（目的意識）にもつながってくるでしょう。

一方、第2調波のチャートでは、自己と他者（社会）は不分離なものとして重ね合わせられ、♂180度となっていた二つの感受点も♂0度となって緊張感が消失します。そして、自己と他者の意図が一致するため、自発的な行動がそのまま他者の求めにかなったり、あるいは、他者の求めをそのまま自らの意図と見なしたりすることになります。

さらに、ネイタルチャートにおける♂180度を、目的と手段の対立と考えるなら、第2調波でそれが♂0度になることは、目的と手段の一致ということになるでしょう。そのように、目的と手段が一致するとき、その人は本当の意味での「やる気」を発揮します。

それらのことから、第2調波とは、ネイタルチャートにおける♂180度の肯定的な面が真に生かされる舞台であるといえそうです。

別の表現では、ネイタルチャートで蒔かれた可能性としての「種」（この場合は♂180度のアスペクト）が第2調波で「発芽」する（♂0度になる）、ということもできるでしょう。

本書では、特定の調波チャートにおいて、♂0度となる感受点を「発芽天体」と呼んでいます。これは松村潔氏考案の用語です。重要な用語ですから覚えておいてください。

「発芽天体」は人生の多次元性を
読み解くときの重要な「鍵」となる

　第2調波を例にして、調波についてもう少し考えてみます。
　調波数の異なるチャートはそれぞれが多次元的な「私」の一断面であり、その中で、第2調波には「目的意識」という象意が与えられています。つまり、第2調波とは目的意識（やる気）に関連して働くチャートであり、ここに発芽天体がない場合には、その人の生き方には目的意識が希薄だということになります。
　第2調波に発芽天体がないのなら、ネイタルチャートには♂180度がありません。そのことからも、その人は何かに駆り立てられて目的意識を持つという経験をほとんど持たないことがわかります。
　ホロスコープ作成ソフトウェアの中には、どの調波数に発芽天体があるのかを一瞬で算出して一覧表にするものがありますから、それを使うと、その人の多次元的な特徴と重点的に解読すべき調波数の判別を容易につけられるでしょう。
　調波数はそのまま満年齢に置き換えることもできます。つまり、第2調波は満2歳の1年間と対応するのです。これを「満年齢調波」といいます。
　この考え方では0歳と1歳に該当する調波チャートは存在しないことになり、その年齢時にはネイタルチャートがそのまま対応します。生まれて間もないために多次元性がまだ表れていないということでしょう。
　それが2歳児になると多次元性が生じてくるのか、言動にある種の二重性が表れてきます。育児で「魔の2歳児」と呼ばれる行動が見られるのは、それと関係しているようです（詳しくは「第2調波」の項目で説明します）。
　さて、第2調波の計算方法を2層のパイ生地にたとえましたが、これが第3調波では3層の生地となり、第4調波では4層になります。第40調波なら40層です。
　第40調波は40歳の満年齢調波でもありますが、そこまでの調波チャートもすべてその人の中に存在しているため、40歳の人には、ネイタルチャートから第40調波に至るすべての調波チャートが重層的に内在することになります。しかも、それぞれの調波チャートがパイ生地のように重層的な構造

を持っているのです。

　そのような重層性や多次元性は情報量の多さにつながり、ハーモニクス占星術では、ネイタルチャートに植えられた種が調波数を重ねるに伴って次々と発芽していく様子を中心にして、その情報を読み解いていくことになります。

　実際の解読では、満年齢調波はその年齢におけるテーマを示すと考え、そこに発芽天体がある場合には、その年齢時に起きた出来事の中に人生の「鍵」となる出来事があると考えます。その出来事には、通常の「私」という意識を超えた高次の意図が関与していると考えてもよいでしょう。

　発芽天体が存在しない調波数に対応する年齢のときに起きたことには、直前の満年齢調波が関与しています。

　また、発想を逆転して、各調波チャートの働き方を知るために、その調波数と対応する年齢のときの出来事を参考にすることもできます。たとえば、目的意識（第２調波）を持ったときの行動パターンを知りたければ、その人が２歳のときの行動や出来事を検討してみればよいのです。

　現実的には、あまり小さいときのことは思い出しにくいかもしれません。しかし、記憶を手繰り寄せて満年齢調波チャートと照らし合わせてみると、そこには興味深い符号が見いだされることでしょう。

調波チャートを通してアスペクトの
働きを立体的にとらえることができる

　第１章でも少し触れましたが、調波チャートはアスペクトにも深く関係しています。

　たとえば、ネイタルチャートにおける☌180度は第２調波では♂０度となり、△120度は第３調波で♂０度となり、□90度は第４調波で♂０度となります。これは、☌180度と第２調波、△120度と第３調波、□90度と第４調波の性質がそれぞれ似通っていることを意味する、と考えればよいでしょう。

　この考え方で、マイナーアスペクトの働きをより深く理解することもできます。

たとえば、∠45度（セミスクエア）は「困難さ」を表す弱いハードアスペクトとされていますが、これは、権力と関係する第8調波で☌0度になることから、その困難さを乗り越えると、ある種の権力を得られるということになります。
　それがどの分野における権力なのかを知るには、第8調波のチャートをネイタルチャートに重ねればよいのです。発芽天体が位置するネイタルチャート上のハウス、そして、ネイタルチャートの感受点と発芽天体とのアスペクトを検討することで、ある程度、それを判断できます。
　さらに、複合アスペクトもこれと同様にして理解を深められます。
　∗60度を成す二つの感受点に対して⚹150度となる位置に第3の感受点がくる複合アスペクトをヨッドといいますが、このヨッドは第4調波においてグランドトラインとなります。
　第4調波は、困難な状況を乗り切る能力のほか、「科学」「論理」などの象意を持つため、そこにおけるグランドトラインは、困難な状況や論理的思考が求められる状況などにおいて、ヨッドが示す「ある一つのことに特化した才能」が意識的な努力なしに発揮され、協力者も現れるということを意味するでしょう。
　ところが、このヨッドは第3調波ではTスクエアという緊張感に溢れた配置となります。第3調波は自由な創造性と関係しているので、そのような場面において、ヨッドは物事を二転三転させる働きをすることになります。
　つまりヨッドは、自由な創造性が求められる状況（第3調波）では事態を混乱させる一方で、困難な状況や論理的思考が求められる状況（第4調波）では冴えた解決法を見いだすのです。
　これを国語の勉強でたとえると、ヨッドとは、自由作文（第3調波）は苦手（Tスクエア）だけれど、文法のテスト（第4調波）は得意（グランドトライン）、というような人にあたります。
　このような考察を重ねることで、アスペクトの多次元性を理解できるでしょう。
　ネイタルチャートでほぼ正確なアスペクトを成す感受点がある場合には、それが一桁調波で形成するアスペクトとネイタルチャートへの関連を見ることで、そのアスペクトの多次元的な側面を分析することができます。

アスペクトが調波チャートにおいてどう変化するかということを【表3－2】にまとめたので参考にしてください。

【表3－2】一桁調波におけるアスペクトの変化

ネイタル	♂0度	＊60度	□90度	△120度	⊼150度	♂180度
第2調波	♂0度	△120度	♂180度	△120度	＊60度	♂0度
第3調波	♂0度	♂180度	□90度	♂0度	□90度	♂180度
第4調波	♂0度	△120度	♂0度	△120度	△120度	♂0度
第5調波	♂0度	＊60度	□90度	△120度	⊻30度	♂180度
第6調波	♂0度	♂0度	♂180度	♂0度	♂180度	♂0度
第7調波	♂0度	＊60度	□90度	△120度	⊻30度	♂180度
第8調波	♂0度	△120度	♂0度	△120度	△120度	♂0度
第9調波	♂0度	♂180度	□90度	♂0度	□90度	♂180度

数の普遍的な象意と数秘占術の手法により
調波数ごとの意味を導き出す

　数には普遍的な象意があり、それは調波数の象意にも関係してきます。つまり、2という数の象意は第2調波に、3という数の象意は第3調波に、4という数の象意は第4調波に関係しているのです。

　数の象意を用いた占いとして「数秘占術（ヌメロロジー）」がよく知られていますが、本書では触れません。拙著『正統ピタゴラス数秘占術』（学研パブリッシング）には、数秘占術について数の象意の成り立ちのところから詳しく書いてあるので、関心のある方は参照してください。

　ここでは、調波を理解する上で参考になる点に絞って、数というものを考えてみたいと思います。

　数とは、原初の人類の「数える」という行為から生まれたものであり、それは前の数に一つずつ加算する行為にほかなりません。

　一説に、原始的な種族の数概念には1から4までの整数しかないとされ、さらに、3は1＋2として、4は2＋2として認識されるそうです。つまり、基本となる数は1と2のみ。どうして、4までなのかというと、人が瞬間的にカウントできるのは最大で四つの対象であることに関係がありそうです。

しかし、4までの数では何かと不便ですから、やがて人類は指を使って数えることを覚えて、5そして10という数を発見します。足の指も入れると20です。
　そのようにして、数を使う能力は人類の知性の発達に伴って育ってきたものと思われます。
　では、「数えること」にはどういう意味があるのでしょうか？　筆者はそれを、漠然と目の前に広がっている世界を「分割する」ことであると考えます。
　たとえば、目の前にいる「たくさんの羊」は、数えることで「53匹の羊」となり、そこからさらに、「私の羊が26匹、あなたの羊が27匹」というように分割することができます。
　つまり、数えることによって世界は分割され、誰かに所有されたり、奪い合ったりされる存在となるのです。これを基礎として人類の文明が生まれたといっても過言ではないでしょう。
　このことは、年齢の進行に伴って生じていく満年齢調波チャートによって、人生に複雑な色合いが加わっていくことにも似ています。というのも、調波チャートとはネイタルチャートを分割したものであるからです。年齢を重ねていくほどにその人にとっての世界は分割され、複雑さを増していきます。
　なお、現在広く用いられているアラビア数字は、一つ数を増すごとに角が増えていく作りになっており、これもまた世界を分割することに関係しているといえそうです（【図3－2】）。

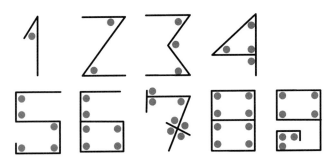

【図3－2】アラビア数字は世界の分割を表す

数についてもう少し考えてみます。

正の整数にかんしていうと、1、2、3……と数が一つずつ増えていくときには、前の数を内包すると考えることができます。これは年齢で考えるとわかりやすいでしょう。つまり、2歳の子どもには1歳のときのその子が内包され、3歳の子どもには2歳のときのその子が内包されているということです。

そのような内包のプロセスは連続的なものですから、2歳の自分と3歳の自分は継ぎ目なしにつながっているといえます。

第1章で「時空連続体としての私」という言葉が出てきましたが、まさに人は一つの時空連続体として存在しており、数もまたそのように連続的な存在としてとらえることができるのです。

さらに、数秘占術では、ある特定の数はその一つ前の数をより高い視点から否定して、その否定により建設的な発展を図ると考えます。

これは哲学者ヘーゲルの提唱する弁証法にも似ており、それで説明すると、ある数が提示する象意を《正》とすると、それを否定する次の数は《反》であり、さらにその次の数は《合》にあたります。

数にはこのような《正・反・合》の流れがあるものと考えてください。

この流れのひとまずのゴールは《合》です。《合》にある数は、《正》となる数や《反》となる数に対してより高次の視点に立っており、その二つを優位な位置から道具として使うことができます。

一桁の正の整数にかんしては、ここで述べた数の考え方や特定の数と関連する幾何学図形（6に対応する六芒星図形など）との関係から、普遍的な象意を定めることができるでしょう。

一方、二桁以上の数にかんしては、数秘占術的加算と呼ばれる計算方法によって一桁に換算したり、各桁の数の象意を検討したりして割り出すことになります。

たとえば、11という数の象意を考えるときには、その10の位と1の位とを1＋1というように加算して2という数を導きます。これは、11という数には2と同じ性質があることを意味しています。

そして、11は、2から順に数えていったときに2番目に登場する「足して2となる数」ですから、弁証法的に考えて、《正》としての2に対する《反》

にあたる数であると見なすことができます。

　たとえば、数秘占術において2には「コミュニケーション」という象意があり、特に「他者の言葉に耳を傾ける」ことにその重点があります。一方、11の象意もまた「コミュニケーション」となりますが、こちらは「自分が他者に言い聞かせる」ことにその重点があります。「コミュニケーション」というところは同じでも、《反》(アンチテーゼ)として方向性が反転しているのです。

　そこへ、1の「リーダーシップ」という象意を加味して考えると、11が「リーダー的な立場から言い聞かせる」という象意を持つことがわかります。ただし、1には「性急さ」という象意もあるため、それが二つ並んだ11には「せっかちで怒りっぽい」という性質も付随することになるでしょう。

　20という数の象意についても同様に考えてみます。

　10の位と1の位とを加算すると2となるので、これもまた2や11と似た性質を持つことになります。そして、「足して2となる数」としては3番目に登場する数ですから、《正》(テーゼ)としての2に対する《合》(ジンテーゼ)にあたることになります。

　《合》(ジンテーゼ)にあたる数は、《正》(テーゼ)の数や《反》(アンチテーゼ)の数を優位な位置から道具として使えることから、この20という数は、「コミュニケーションを道具として使いこなす能力」を意味することになるでしょう。

　さらに、2は「耳を傾ける」ということ、0は「ポテンシャル」を意味するので、それらを総合すると、「自分や他者のポテンシャル（潜在能力）に耳を傾け、コミュニケーションによってそれを引き出す」という象意が導かれます。

「種」と「発芽」との関係に表れる
各調波チャート間の有機的なつながり

　二桁以上の数の象意にかんしては、乗算（掛け算）で考えることもできます。

　たとえば、20は4×5として表現できるので、「困難を乗り越える」という4の象意と、「自己主張」という5の象意を併せ持つことになるでしょう。これを、先ほど数秘占術的加算によって導かれた20の象意と合わせると、

「自分や他者のポテンシャル（潜在能力）に耳を傾け、コミュニケーションによってそれを引き出し、高らかにそれを周囲に主張することで困難を乗り越える」という象意となります。

では、この乗算の考え方で調波チャートにおけるアスペクトを考えてみると、どうなるでしょうか。

第5調波における□90度のアスペクトは、自己主張のときに直面する障害を示しており、たとえば、自分の真の主張を誤解されるような状況を指しています。

ところが、□90度のアスペクトは×4にあたる第20調波では♂0度となり、その誤解が解消されることになるのです。つまり、人に誤解されることなく自己主張できるということでしょう。

20〜29の数は自らの社会的立場を他者に示すことに関係するため、第20調波には、「所属する社会集団の立場を誤解されることなく主張する」という意味が備わることになりそうです。

そのような観点に立つとき、各調波チャートの間に有機的なつながりが見えてきます。

もう一つの例として第5調波を取り上げてみると、そのチャートにおいて正確な☍180度を成す二つの感受点は、×2にあたる第10調波では♂0度となり発芽しますから、それを「第5調波で抱いた目標（☍）が第10調波で成就（♂）する」と表現することができます。

また、第5調波で△120度となる二つの感受点は、×3にあたる第15調波では♂0度となり発芽するので、「第5調波で着想したアイデア（△）が第15調波で具体的な形（♂）」となると表現できます。

これを満年齢調波として考えるなら、5歳と10歳、15歳、20歳……は相互に関係しているということになります。特に、同じ組み合わせの感受点でアスペクトが成立する調波チャートは深い関係にあるといえるでしょう。

それ以降の年齢についても、5の倍数はすべて相互に関係しています。また、乗算の形で5と組み合わさる数からの影響もそこには加わります。つまり、10歳であれば5×2となるので第2調波が、15歳であれば×3となるので第3調波が、20歳であれば×4となるので第4調波がかかわってくるのです。

ただし、ある調波数でアスペクトを成すことが予想される感受点であっても、実際に計算するとオーブを外れて成立しないことがあります。

たとえば、第5調波で☊180度が成立していても、第10調波ではオーブを外れて☌0度を成さない場合があるわけです。その場合は、「種は植えられたけれど発芽しなかった」と考えればよいでしょう。

数の象意は占星術やタロットの背後に通底する基本的なシステムとなっている

こういった数の象意は普遍的なものであるため、サインやハウスの象意、サイン内の度数の象意、月相の象意、さらにはタロットの象意などにも関係します。

それぞれのシステムにおける最大数（サインやハウスは12、サイン内度数は30、月相は28、タロットの大アルカナは21）の違いから、数の相対的な位置づけが異なってくるため、まったく同じ象意というわけにはいきません。しかし、かなりのところまで共通してくるのは確かです。

たとえば、20という数には、「自分や他者のポテンシャル（潜在能力）に耳を傾け、コミュニケーションによってそれを引き出し、高らかにそれを周囲に主張することで困難を乗り越える」「所属する社会集団の立場を誤解されることなく主張する」といった象意がありましたが、これは、「メンタル面のコントロールが得意で、ポジティブな言葉によって自分を鼓舞させることができる」という月の20相の象意と非常によく似ています。

また、黄道360度のそれぞれにシンボリックなフレーズをあてがうサビアン占星術では、各サインの20度は食事や宗教儀式、あるいは音楽や言葉などに関連するフレーズ（サビアンシンボル）となっています。これは、ポテンシャルを引き出したり、社会集団の立場を主張したりするために、それらを利用するという意味であり、これもまた、20という数の象意と重なってくるでしょう。

さらに、タロットの大アルカナの20番目である「審判」の象意も似ています。

伝統的なマルセイユ版タロットの「審判」では、天にある天使が吹き鳴ら

したラッパの音で死者が復活する様子が描かれており、「ラッパの音」を言葉として、「死者」を困難な状況にある者と見なすなら、このカードは20という数の持つ「自分や他者のポテンシャル（潜在能力）に耳を傾け、コミュニケーションによってそれを引き出し、高らかにそれを周囲に主張することで困難を乗り越える」という象意を見事に図式化したものと見なせます。

　このように見てくると、占星術やタロットといった占術のシステムが数の象意に貫かれていることがよく理解できるでしょう。

　ハーモニクス占星術では数学的操作によって複数の新しいチャートを作成することになりますが、その背景には、ここで解説したような数の普遍的な象意と、占星術の土台にある数学的な構造が存在しています。

　調波チャート間の有機的なつながりは、時空連続体としての人間の多次元性の表れであり、別の言い方をすれば、人生とはネイタルチャートが「種」となって時間経過とともに展開される有機的な構造体であるといえます。つまり、そこで起きるさまざまな出来事は、有機的必然性をもって起きているのです。

　ハーモニクス占星術の「面白さ」とは、その有機性に気づくことにあると筆者は考えます。

3 各調波数の象意

それでは、調波チャートが何を表しているかということについて、調波数ごとに説明していきましょう。

第2調波の象意 | 目的意識

石川源晃氏によると、ハーモニクス占星術の基礎を作ったアディーは、「不確定要素が多い」という理由で第2調波の研究を放棄したそうです。

しかし、その一方で第2調波を「目的意識」を与えるものとして考えてもいたようです。つまり、それ自体では明確な働きをしないけれど、ほかの調波数と合わさる（乗算される）ことで目的意識を与えるというのです。

第2調波が目的意識を表すということは、本章の前半でも触れましたが、満年齢調波として第2調波を考えてみると、別の角度からもそれを検討できます。

「魔の2歳児」と呼ばれるように、2歳という年齢は育児が難しい時期とされています。着る服を自分で選びたがったり、お手伝いをしたがったりする一方で、親がそれをやらせないとかんしゃくを起こして大暴れ。あるいは、親からの提案には何であれ「イヤ！」と反抗したり、晴れの日に雨ガッパと長靴で出かけようとするなど、あまのじゃくな行動をとったりします。

このような「魔の2歳児」の行動は、大人の感覚からすると意味不明としか言いようがありません。しかし、それまでの親の言うことに受身で従っていた状態から脱して、主体的な目的意識の獲得へ向かう移行期間の葛藤こそが「魔の2歳児」の正体である、と考えてみると、子どもたちの内面で起きていることが見えてきます。

0歳児、そして1歳時までの段階では、「私」と「私を取り巻く世界」との間には明確な境界がなく、子どもは親に与えられるものを受け取り、親の促しに従います。ワーワーと泣きわめいていても、それは生理的な不快感からくるものであり、反抗とは異なるものです。

　一方、2歳児においては、「私」と「私を取り巻く世界」との境界が明瞭になってきて、自分が周囲の大人たちと同じような一人の人間であり、大人と同様の行動をとりうることに気づきはじめます。結果、大人と同じことをしようという目的意識が生じてくるのです。

　そして、それがうまくできなくてかんしゃくを起こしたり、大人の指示に対して自らの自主性をそがれたと感じて反抗したりすると、「魔の2歳児」と呼ばれてしまうわけです。

　この2歳児のころに子どもの脳内でフル活動しているのが「ミラーニューロン」と呼ばれる神経系です。ミラーニューロンは他者の行為を鏡に映すように脳内で再現する能力に関係しており、これによって子どもは大人のやっていることを真似て学ぶことができます。

　日本語の「学ぶ」の語源は「真似る」にありますが、それはまさにこのことを指しています。また、他者の思考や感情を想像する能力なども、このミラーニューロンに関係しています。

　その観点で考えると、2歳児のころから始まってくる「おままごと遊び」や「ヒーローごっこ」、あるいは「お絵かき」といった遊びは、ミラーニューロンによって「私を取り巻く世界」の物事を心の中に転写（コピー）する行為であると理解されるはずです。これはちょうど、第2調波のチャートを算出するときに、12サインの前半（私）と後半（私を取り巻く世界）とを分割して、両者を重ねるようなものです。

　タロットの大アルカナ2番の「女教皇」を見てみると、そこには聖書らしき書物を開き、その文言の中に自らの生きる規範を求める女性の姿が描かれています。

　彼女は聖書に記された価値観を自らの心の中に転写（コピー）することに取り組んでいるように見え、その様子は2歳児の心理や第2調波の算出法にも通じます。彼女の目的意識は明確です。聖書に書かれていることがそのまま自分自身の目的となるからです。

なお、音のハーモニーを通して調波を考えてみることもできます。

12サインを2分割したときのように、1本の弦の長さを2分割した位置を抑えて音を鳴らすと、音の周波数は元の2倍、1オクターブ上の音となります。これは、ミラーニューロンによって「私を取り巻く世界」を心の中に転写（コピー）することに似ています。転写（コピー）がきちんと行われると、「世界」と「私」との間でユニゾンの響きが奏でられるのです。

以上を踏まえた上で、ハーモニクス占星術における第2調波は、「目的意識を持ったときの行動傾向」や、「どのような状況下で目的意識を持つことになるのか」といったことを表すと考えればよいでしょう。

【図3-3】「女教皇」

そのことから、第2調波に発芽天体がある人は、人生において強い目的意識を持つことになるといえます。また、状況に応じて明確な目的意識を持つことができるはずです。

一方、第2調波に□90度があれば、その人はいったん抱いた目的意識を喪失してしまいやすいはずです。ただし、発芽天体がある場合でもそうなることがあります。

そのように、第2調波の働きにはまるで「魔の2歳児」のように不安定なところがあります。アディーのいう「不確定要素が多い」というのは、こういう点を指しているのではないでしょうか。

♂180度というアスペクトは、自己の欲求と他者の要求との間の緊張が抵抗と同時に目的意識を生み出すという二律背反的な性質を持っていますから、それが☌0度となる第2調波の象意が一定しないのは当然のことかもしれません。

第3調波の象意 | 創造的創造力、高揚感、喜び

　元東京藝術大学教授の三木成夫氏の『内臓のはたらきと子どものこころ』（築地書館）によると、3歳児の心は時折、遠く桃源郷の世界へさまようのだそうです。つまり、想像の世界に心を遊ばせるのです。

　また、この時期には2歳時に始まった象徴思考がさらに進み、想像の世界を言葉にできるようになります。3歳児がぶつぶつと独り言を口にするとき、それは自らの想像と話をしているということ。それと関連して、このころから子どもの思考能力も著しく高まりはじめます。

　三木氏は、自分の子どもの記録写真を撮ったときのことを振り返り、同著でこう述べています。

> 五月晴れの庭でひとりでドロをこねています。ゆっくりゆっくり……。その眼差しはなにか遠い彼方に向けられている。なにを造るというのでもなく……小さな手の皮膚で感触をためしているのでしょうか、ただひねもすといった感じなのですね。もう顔から服から泥だらけ……。そのうち姉がやって来て世話をやきます。手を洗いなさいといってジョロで水をかけてやる。するとちゃんと手を出す。そして顔もふいてもらう。しかしそうされながら眼差しはいぜんとして「遠」をさまよっている。いわゆる、われに返るということがないのですね。夢のまた夢とはこのことでしょうか。

　三木氏はそのときに撮った写真について、「なにか遠いお伽の国ような、それでいて切ないほどのなにかがこみ上げてくる……ほんとうに不思議な世界があるように思われてなりません」とも述べています。

　ここで、タロットの大アルカナ3番の「女帝」を検討してみると、絵柄の中心にいる女性は視線を自分の左方へ向けています。左は未知の領域、すなわち未来の象徴です。横目は、現実の物事ではなく遠く想像の世界に思いを馳せている様子を象徴しているのでしょう。

それから、足元に隠された蛇の姿は物質性に対する波動性を表しており、現実の物質世界とはかかわりのない想像の世界を象徴しています。さらに、女帝の抱える盾に刻まれた鳥の羽は今まさに飛び立たんと上方へ掲げられており、高揚の雰囲気をかもし出しています。

【図3-4】「女帝」

3という数字にかんしていうと、これは古くから創造原理と関連づけられてきました。ヒンドゥ教の「ブラフマ神・ヴィシュヌ神・シヴァ神」はそれぞれ、創造・維持・破壊に対応しており、その三つ組みに森羅万象の創造原理が表現されています。

キリスト教の「父・子・聖霊」や、神道の「アマテラス・スサノオ・ツクヨミ」なども同様のものです。あるいは、弁証法における「正・反・合」なども、これに類したものと考えてよいでしょう。

また、カメラの三脚を見るとわかるように、3という数にはある種の安定感があります。そこには2に感じられるような不安定さや緊張感はなく、外界からの影響を受けることがありません。そして、そこでは創造的な想像の連鎖が果てしなく続き、自らを高揚させるイメージが拡大再生産されていきます。まさに三木氏の言う「夢のまた夢」です。

第3調波を音のハーモニーとして考えてみると、1本の弦を3分割した位置を抑えて鳴らしたときの周波数は元の3倍となり、原音と同時に鳴らしたときには気分が高揚させるハーモニーがもたらされます。このことから、第3調波は情緒の高揚にも深く関係するといえるでしょう。

以上を踏まえた上で考えると、ハーモニクス占星術における第3調波は、「創造的な想像力の傾向」や「創造的な想像力を働かせているときの行動傾向」、また、「高揚を覚える状況」などを表すことになります。ここでいう「高揚」は「喜び」や「楽しみ」と言い換えてもよいでしょう。

アディーは第3調波を「生の喜び」を表すものと考え、運動選手の多くが第3調波の♂火星に特長を持つと述べています。♂火星は運動や筋肉と関係するので、そこに喜びや楽しさを感じることは運動能力の高さにつな

がってくるのです。

ただし、第3調波それ自体は、運動というよりは「創造的な想像力」のほうにより関係が深いでしょう。

第3調波のチャートの算出法を考えてみると、12サインを3分割した120度の範囲で一つの世界として完結していると見なすことができます。その120度の中には4元素が揃っていることから、第3調波の象徴する「創造的な想像力」とは、想像の中における4元素を駆使した創造行為であることがわかります。

第4調波の象意 ｜ 制限・困難を乗り越える、論理的思考

4歳児のころからは、何かを失敗したり親に叱られたりすることで、恥や罪悪感といった心理が芽生えてくるといわれています。そしてこれが、子どもの行動に制限を加えることになります。

一方、数の普遍的な象意でいうと4は四角形に通じ、「四角四面」や「スクエア（な考え方）」といった表現がそこに関係してきます。つまり、4という数は論理的な枠組みや制限を象徴すると考えればよいでしょう。

四角形は建築物の基本的な形でもあります。

四角形には設計上のムダがないということがその理由の一つ。加えて、四角形で構成された空間は安定感や安心感につながるということも理由となります。

人は前後左右の4方向で身の回りの空間を把握するため、四角形の空間では安定した方向感覚を保ちやすく、それが心理的な安心感をもたらすのです。その逆に、四角形ではない部屋にいると漠然とした落ち着かなさを感じるものです。

四角形、そして4という数は宗教建築の分野では特に重視され、たとえば、チベット仏教寺院の柱や梁の数は4の倍数で統一されています。

宗教学者の中沢新一氏はこのような建築思想について、「純粋な論理の空間を産み出そうとしている」（『雪片曲線論』中央公論社）と指摘します。こ

れは、四角形で埋め尽くされた方眼紙や表計算ソフトの画面なども同じことでしょう。そのような四角形の集合はまさに「論理の空間」そのものです。

　また、4という数は物質世界を構成する四つの元素とも関連づけられてきました。ギリシャ哲学の四元素説では「水・空気・火・土」が、古代インドの四元素説では「地・水・火・風」という四つの元素が提唱されています。

　素粒子物理学では、「四つの基本相互作用」が宇宙（物質世界）を成り立たせていると説明されていますが、これもある種の四元素説といってよいでしょう。

　3との比較でいうと、3は「精神」であり4は「物質」にあたります。

　つまり、4は、創造的想像力に突きつけられた現実（物質世界）であり、子どもの成長過程でいうと、夢想の世界で万能感を得ていた3歳児が、4歳になって現実の限界や制限に直面して自信を失い、恥や罪悪感を覚えはじめる段階に相当するといえます。

　タロットの大アルカナ4番「皇帝」を見てみると、王様らしき男性の足元に置かれた盾には翼を下に垂らした鳥が描かれており、3番「女帝」の盾に描かれた翼を掲げた鳥とは対照的です。「女帝」の鳥が飛翔を表すものだとすれば、「皇帝」の鳥は着地を表しているのでしょう。

　ここで、「墜落」ではなく「着地」であることに注意を向けてください。これは、「足を地につける」ということであり、夢想が実現するには現実の制限や困難に直面して、それを乗り越える必要があることを指し示しています。

　このカードの男性はそれを成し遂げた存在であり、彼は既知の事物や過去を表す右方をまっすぐに見据えています。ここでいう「既知のもの」とは目に見える現実のことであり、それをまっすぐに見据えているのは夢想の世界に心をさまよわせることなく認識するということです。

　なお、彼の脚は♃木星の占星術記号の形に組まれており、現実世界での発展がそこに示されています。これは、このカードの象意が制限や困難を乗り越えた後に約束された発展のほうに

【図3-5】「皇帝」

128

ウエイトを置いていることを意味するものでしょう。

第2調波・第3調波のときと同様に音のハーモニーを考えてみると、1本の弦の長さを4分割した位置を抑えて鳴らしたときの周波数は原音の4倍となり、原音と同時に鳴らしてみると気分が沈むようなハーモニーがもたらされます。このことからも、第4調波は着地と深く関係すると考えられます。

以上を踏まえた上で考えると、ハーモニクス占星術における第4調波は、「論理的思考の傾向」や「制限や困難に直面したときの行動傾向、その乗り越え方」などを表すことになります。

アディーによると、科学に関係する職業に就いている人の第4調波の ♄ 土星には、顕著な特徴が見られるそうです。これは、「論理的な思考」という象意に関係しているのでしょう。

ネイタルチャートにおける □90度は制限や困難を表しますが、第4調波でそれが ♂0度になると、それらの問題を乗り越えることにウエイトが移ります。

□90度を成す感受点が同じ質（クオリティ）を持つことは、通常マイナスに働きますが、第4調波ではそれが ♂0度となるため、制限や困難を乗り越えようとするときには、同じ質、つまり同じ行動姿勢を貫くことが有利に働くということを意味しています。

第5調波の象意 ｜ 自分らしい生き方、自己主張、勝負強さ

第2調波〜第4調波は重要なアスペクト（☍△□）に関係することから、ネイタルチャートで得られる情報から、そう離れたものにはなりません。そこで、実際の鑑定ではこれらの調波数を検討対象から外すこともできます。

アディーもまた、実用性を持つのは第5調波以降であると考えていたようであり、それらのことから、ハーモニクス占星術では第5調波以降の一桁調波を最重視すればよい、ということになります。ただし、自己理解を深める目的でハーモニクス占星術を用いるときには、その人の基本的な行動原理を表す第2調波〜4調波も重視すべきでしょう。

第5調波以降が実用性を持つというのは、それが人型（頭と手足）を連想させることにも関係がありそうです。
　アディーは5という数を「人間の本質を示すもの」と考えましたが、そのようなとらえ方は普遍的なものであり、たとえば、五つの頂点を持つ星＝五芒星（【図3－6】）にも同様の象意が与えられています。

【図3－6】五芒星

　五芒星には結界や悪魔払いの効果があるとされており、西洋魔術ではトランス状態にある術者がイメージの奔流の中で自身の「人の形」（人間であるという自覚）を保つ目的で用いられてきました。ファンタジックな表現でいうと、悪魔や悪霊に憑かれて「人ならぬ者」になってしまわぬように、人型の五芒星を活用していたのです。
　その効果のほどはともかくとして、5という数、そして五つの頂点を持つ図形にそのような力があると考えられていたことは間違いありません。陰陽道における晴明紋＝五芒星にも同様の効果が期待されていました。
　さて、第4調波の解説で四元素説について触れましたが、仏教ではそれに「空(くう)」を加えた五元素説が提唱されており、「五大」と呼ばれています。
　ここでいう「空(くう)」とは「何もないこと」ではありません。大乗仏教に大きな影響を与えた龍樹(ナーガールジュナ)は、「空(くう)」とは「目に見える現象を成り立たせている関係性」であると説明しています。
　物質世界の基本要素である四つの元素は、それだけでは単なるモノです。しかし、それらの元素が相互に関係性を持つことで有機的な存在となり、その延長線上に生命が誕生します。つまり、物質（4）に「空」（1）が吹き込まれるとで生命（4＋1＝5）が生じるのです。
　別の視点から考えてみると、4という数は物質世界としての環境を表しており、5はその環境に左右されず自律的に生命活動を営むことに関係しているといえます。それには「個」として閉じることが重要であり、5という数はそこにも深く関係してきます。

たとえば、サッカーボールは五角形と六角形のパーツが縫い合わされたものですが、球体として閉じるにはどうしてもこの五角形が必要です。六角形だけでは閉じることができないのです。
　また、数の哲学を追求したピタゴラスは、5を女性（2）と男性（3）の結婚としてとらえ、それを「聖婚」の数と見なしました。
　男性と女性はある種の磁力によって互いに引き合いますが、いったん結ばれるとそこで「カップル」として閉じます。つまり、これもまた、「個」として閉じることに関係しているのです。
　この5という数の働きがなければ、人体はモノの集合体でしかなく、心は記憶や感情の雑多な混合物にすぎません。そこに、有機的な秩序を与えて「個」としての生命の自覚をもたらすのが、5という数が象徴する働きだといえます。
　なお、科学の世界でも5という数が生命現象と深く関係するといわれています。
　フィボナッチ数列をご存知でしょうか？
　これは、「a、b、c、d……」という数列において、前の二つの数の和が次の数になるというもの。つまり、aが1なら、bは1、cは1＋1で2、dは1＋2で3となります。もう少し先まで計算すると、「1、2、3、5、8、13、21、55、76、131……」と続きます。
　このフィボナッチ数列は自然界のさまざまな形態に反映されており、たとえば、数列の各項を一つおきに分数の形で組み合わせると、木々の小枝に生えている葉と葉の角度を算出できます。また、オウム貝の殻の渦巻きやヒマワリの種の螺旋状の生え方や松ぼっくりの皮など、自然界の形態、特に渦巻き模様や螺旋形にもこの数列が反映されています。
　そして実は、この数列の背後には5という数が隠れています。フィボナッチ数列において隣接する数の比を割り出すと、数列を先に進むほどに、美の比率といわれる黄金比に近づいていくことが知られており、ここで五芒星、そして5という数につながってくるのです。
　五芒星には黄金比が隠されており、また、黄金比を意味するギリシャ文字φは英語のfiveやfireの語源となっています。漢字の「火」がどことなく五芒星に似ていることもこれに関係するでしょう。この「火」を生命力の象

徴と考えることもできます。

　余談ですが、株取引の世界には株価チャートに五芒星を投影して予測を行う「ペンタゴンチャート分析」やフィボナッチ数列を応用した手法があります。

　一見すると眉唾的な手法にも思えますが、株価は人間心理を反映したものでもありますから、そこに、生命現象の法則を当てはめることは可能なはずです。まさに「株は生き物」ということでしょう。

　タロットの大アルカナ5番「法王」の絵柄を見てみると、そこにもピタゴラスが「聖婚」と見な

【図3－7】「法王」

した3＋2の構造が見られます。身振り手振りで教えを伝える法王の姿は、頭と両手で三角形を成しているため「3」と見なすことができ、二人の信者は「2」を表します。

　このカードの象意は「概念（3）の伝達（2）」であり、アイデアを頭の中だけで終わらせず、実用的に使うことに関係します。その点では、3番「女帝」と4番「皇帝」の象意を併せ持つカードといえるでしょう。

　5ハウスの象意に見られるように5は遊びにも関係するので、その概念の伝達方法はどこかゲーム的であり、具体的には企画力やプレゼンテーション能力として表れやすいといえます。

　このカードにおける信者たちは法王の教えを自らの内面に転写(コピー)しようとしており、その意味で彼らは法王の複製(コピー)です。これは、5ハウスに「子ども」という象意があることに関係するでしょう。つまり、子どもは親の複製(コピー)である、ということです。

　ここに、5という数のもう一つの性質が示されています。

　5は「個」として閉じることに関係しますが、それは自閉的になるということではありません。「個」として主張すべきことを明確にして周囲の他者や環境に対して、その主張を投げかけることも、また5の重要な性質なのです。それによって周囲を自分色に染めたいのです。

　ただし、そこに他者を支配する目的はありません。それは、「個」の主張

を堅持して主体的に人生の舵取りをするために、他者からの干渉を防ごうとする行為にほかなりません。

以上を踏まえた上で考えると、ハーモニクス占星術における第5調波は、「自己主張のあり方」や「主張すべき個性」、そして、「主体的に人生の舵取りをするときの行動傾向」などを表すことになります。また、その人自身にとっての「自分らしい生き方」を表すこともあるでしょう。

そこで、第5調波に発芽天体がない場合、その人は、「個」を守れず、周囲の他者や環境に流されやすいということになります。なお、☌180度があれば他者からの影響で「自分らしさ」が形成されることになり、□90度があれば複数の「自分らしさ」が自らの内面で葛藤することになります。

さらに、5という数は他者や環境に左右されず個人の意思を実現することにかかわることから、第5調波のチャートからは「勝負強さ」や「プレゼンテーション能力」を読み解くこともできます。

第6調波の象意 ｜ 環境適応能力、空気を読む、社会生活における成長力

五芒星は「火」という漢字に似ていましたが、六つの頂点を持つ六芒星は「水」に似ています。水は器の形に自らを合わせて形を変えることから、象徴的には「環境に適応する、従属する」ことを意味するといえるでしょう。

また、水は雪にも姿を変えますが、その結晶は六角形です。

六角形といえば、自然界には六角柱の岩塊が見られたり、脳細胞や小腸絨毛(じゅうもう)の集合にも六角柱の構造が見られたりします。これは、熱対流が六角柱状の循環を形成することに関係しているようです。つまり、六角形とは内外の循環を促す構造なのです。

占星術では、六角形と六芒星を形作る

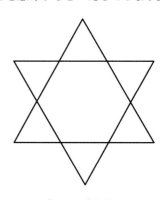

【図3-8】六芒星

グランドセクスタイルという複合アスペクトをネイタルチャートに持つ人は、多忙すぎて自分のための時間がなくなってしまう傾向があると考えます。これは、環境に従属しすぎた結果であり、内（自己）と外（他者や環境）との循環を促すという六角形の象意にも関係しています。
　次に、五芒星との比較で六芒星を考えてみましょう。
　西洋魔術の世界では五芒星は結界として「個」を閉じることに関係していましたが、六芒星はその逆に、「個」を開いて外部環境からの影響に自らをさらす働きをします。つまり、異界の力を召喚する働きを示すのです。
　これは、二つの正三角形が相互に貫入しあう六芒星の構造にうまく表現されています。それは性行為の象徴でもあり、事実、両親の性行為を目撃してしまった子どもの多くが絵の中に六芒星を描くという現象が、絵画療法の世界では知られています。
　そうなってくると、人型の五芒星に男性器の突起を一つ付け加えたものが六芒星である、と考えてもよさそうです。それは、「個」として閉じた存在に、外部環境の影響が入り込んでくるアンテナが加わったものなのです。なお、女性ではその部分の構造が内外反転しています。
「個」としての意志力を発揮して世に誇るべき偉業を成した人物が、異性問題で簡単につまずいてしまうのは、これに関係しています。性を意識することは異性に対して「個」を開くことであり、そこに心の隙が生まれるのです。
　しかし、それは悪いことばかりではありません。「個」の限界に達した人が他者との交わりから新たな可能性を見いだすこともあるので、「個」を開くことには功罪両面があると考えるべきでしょう。
　数の象意ということで考えるなら、6は3×2となり、他者や環境（2）に高揚（3）させられること、あるいは、目的意識（2）を高揚発展（3）させることを意味することになります。
　これは、同じ周波数の二つの音叉を同時に鳴らすと、互いに共鳴してより大きな音になるようなものです。そこで、6という数は「打てば響く」というような反応の良さを象徴することになります。人間関係において「空気を読む」こともこれに関係するでしょう。
　さて、タロットの大アルカナ6番は「恋人」であり、二人の女性の間で一人

の男性がどちらを選ぶか迷っている絵柄となっています。彼は優柔不断に見えますが、高次の自己のレベルではすでに一方の女性を選んでいるようです。それは、恋の矢を放とうとしている天使の姿に表現されています。

5番の「法王」のカードでは主体は法王にあり、彼は揺るぎない信仰を持って弟子たちに影響を与える側でした。しかし、この「恋人」の男性は、二人の女性という外部環境から影響を受けて気持ちを揺らしています。

そこには葛藤がありますが、最終的に彼は高次の自己を見いだして一方の女性を選ぶでしょう。そのとき、彼は「迷える男」から「天使」へと上昇(アセンション)します。つまり、「法王」のカードにおける法王の位置に就くのです。

【図3-9】「恋人」

これは、環境に翻弄されることを通して、かえって高次の自己へ至ることを意味しており、「他者(2)に高揚(3)させられる」ということに通じます。日常的なことでいうなら、「手に余る仕事に翻弄されつつも一所懸命に取り組んでいるうちに、気がつくと仕事能力が向上していた」というようなケースがその一例となるでしょう。

以上を踏まえた上で考えると、ハーモニクス占星術における第6調波は、「環境適応能力」や「他者との折り合いのつけ方」のほか、「空気を読む能力」や「社会生活における成長力」などを表すことになります。

この第6調波に発芽天体がない場合、その人は周囲の環境に自分を合わせることが困難であり、周囲との関係から学ぶ経験も少ないことでしょう。ただし、第6調波に発芽天体がなくてもネイタルチャートに社会適応能力が示されていれば、それによって社会とうまく付き合うことができます。

例外的に、ネイタルチャートにも第6調波にも社会適応能力が示されていないのに、周囲の環境にうまく適応しているという自覚を持つ人がいますが、これはおそらく本人の勘違いでしょう。あまりにも鈍感で、自分が周囲に適応していないことに気づけないでいるのです。

第7調波の象意 | 夢、理想像、芸術的才能

　7はユダヤ教やキリスト教における神聖な数です。それは、神が6日間で世界を創造して7日目に休息をとった、と『旧約聖書』に書かれているからですが、実際のところは、望遠鏡なしで観測できる太陽系内の天体が七つであることに関係するようです。

　キリスト教に土台を持つ西洋文化には7を神聖数とする考え方が根づいていることから、西洋音楽の7音階なども太陽系の7天体に由来する可能性があります。また、それに関連して、アルメニア出身の神秘家グルジェフは、7音階が宇宙的な法則に基づいているとする「7の法則」を提唱しています。

　さらに、その「7の法則」は「3の法則」と連携し、「エニアグラム」（9の図形）として表現されています。

　エニアグラムは性格分類に応用され、カウンセリングやコーチングの分野で主に用いられていますが、その普及を推進したのがキリスト教団体のイエズス会であるというのは興味深い事実です。おそらく、イエズス会の人々はキリスト教の聖数7とエニアグラムの背後にある「7の法則」との間に、何らかの共通性を感じ取ったのでしょう。

　アディーはキリスト教と第7調波にかんする研究結果を遺しています。

　それによると、英国国教会派の司祭の多くは第7調波と7の倍数の調波に特長が見られ、アメリカの教会の司祭の多くは5の倍数の調波に特長が見られるそうです。これは、英国国教会が7に象徴される神秘的な儀礼を継承していることに対し、アメリカでは神秘的な要素が少なく、人倫を重視するプロテスタントが主流

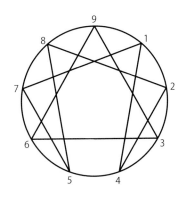

【図3－10】エニアグラム

であることに関係しているのでしょう。

　7という数は、キリスト教以外の宗教（特に神秘主義的な宗派）でも神聖数とされており、たとえば、インドのヨガは人体に七つのチャクラ（霊的中枢）があると説き、日本の古神道では人体には七つの鳥居があると説かれています。

　また、近代のスピリチュアリティの礎を築いたとされる神智学は、「この宇宙は七つの霊的階層（次元）で構成され、各階層はさらに七つの小階層に分かれている」といった理論を提唱しています。

　ここで、数そのものの性質を考えてみると、7は一桁の整数では最後の素数であり、これ以上、新しい性質は現れないということを意味しています。そのことから、7は「完成された法則」という象意を持ちますが、この後に8や9が続くため、その法則は隠されているともいえます。

　これは、チャクラや霊的階層といった法則性が隠れたところに存在し、常人の目には見えないことに関係するでしょう。

　また、7の倍数以外の整数を7で除算（割り算）したときには、その解に必ず「142857」という数の並びが繰り返し登場する、という現象があります。これを循環小数といい、象徴的には7という数によって「隠された法則」が明らかにされる、と考えることができそうです。

　なお、この「142857」はエニアグラム内部の線をつないだときの順列でもあり、「法則性に囚われた人間の歩む道」であるといわれています。その場合、7という数は、「142857」という「隠された法則」を明らかにして、そこから解放される道を開くものだと見なすことができるでしょう。

　それらのことから、数秘占術の世界では7という数を自然界に隠された秩序や法則を探求する姿勢に関係するものと考え、そこに、科学、研究、統計、分析、哲学、宗教、瞑想、職人性、洗練化、正確化、隠遁的、探求的……といった象意を与えています。

　占星術に目を向けてみると、7ハウスや7番目のサインである♎天秤座に、7という数に関連して科学や統計といった象意が与えられていることがわかります。ただし、7ハウスは12サインを2分割した位置であり、♎天秤座は12サインを2分割した位置にあるため、どちらかというと2という数に関連した性質のほうが強調されているといえます。

アスペクトでは、全円360度を7分割した約51.4286度のアスペクトは「セプタイル」と呼ばれ、その象意は「宿命」となっています。宿命とはまさに、その人を突き動かす「隠された法則」のことでしょう。
　しかし、先ほども触れたように、その法則が明らかになれば、そこから自由になる道が開け、宿命の強制力も薄れます。第7調波の検討によって、そこのところを明らかにできるはずです。
　ここでいう「隠された法則」を、具体的な形を離れて存在するイデア（理想）と見なしてもよいでしょう。
　それは、具体的な形を持たないままであれば、止まることなく働き続けます。ところが、それが目に見える形に具現化したときには、その法則そのものが消滅するか、あるいは大幅に影響力を減退させることになります。
　これは難しい話ではありません。たとえば、誰かに恋愛感情を抱いたときには、その人を頭の中で理想化して四六時中、甘い空想を広げたり、時に強い衝動を感じたりするものですが、いざ実際の交際が始まると、そのような空想や衝動にはブレーキがかかるものです。
　現実の相手にはその人なりの自由意志があるため、こちらの勝手な思いをそのままぶつけるわけにもいかず、実際の交際を通して理想と現実の間のギャップをすり合わせていく作業が求められるのです。
　タロットの大アルカナ7番「戦車」を見てみると、2頭の馬に引かれた戦車は猛烈な勢いで走っており、理想へ向かおうとする止まらない衝動を表しています。タロットの種類によっては2頭の馬が赤と青に塗り分けられており、色の温度感の落差が止まれないスピード感をたくみに表現しています。
　しかし、この「戦車」が走り続けるには現実に接してはいけません。理想は理想のままにしておかないと、このスピードを保つことができないからです。
　以上を踏まえた上で考えると、ハーモニクス占星術における第7調波は、「内面を支配する隠れた欲求、衝動、夢」や「心に秘める理想像」、ま

【図3－11】「戦車」

た、「理想をかなえようとするときの行動傾向」などを示すことになります。

理想像というのは、その人の中にある「こうなりたい」というイメージかもしれないし、理想の異性像かもしれません。好きなタレントや物語の登場人物などにそれが投影されることも多いでしょう。

そのことから、恋愛問題を見るときに第7調波は重要であるといえます。特に発芽天体の状況は「理想の異性像」を知る上で大きな手がかりとなります。

よく見られるのは、第7調波の発芽天体に対して、♂0度、あるいは♂180度となる感受点をネイタルチャートに持つ異性に恋をするケースですが、ネイタルチャート同士の相性が良くない場合には、その恋が長続きする可能性は低いでしょう。「理想の相手だと思っていたけれど実際に交際してみたら違った」というパターンに陥りやすいのです。

また、理想の追究という点に関連して、芸術家の第7調波にも際立った特長が見られます。表現は☿水星と関係するので、ほかの感受点が☿水星と絡んで発芽していることが芸術家としては理想的でしょう。ただし、それを仕事にできるかどうかを知るには、ネイタルチャートとの絡みを検討しなければなりません。

第8調波の象意 | 物事の円滑な成就、リーダーシップ

漢字の「八」のルーツは「分」にあり、人々に富を公平に分けることを意味します。日本でも「末広がりの八」といい、やはり豊かさが広がっていくことを意味することになります。

また、「四方八方」や「八方塞がり」というように、8は4と同じく方位にも関係しており、空間の広がりそのものを表します。

古い日本語では「八」に「たくさんの」という意味があり、たとえば、八重、八雲、八州、八百万といった言葉における「八」はその意味で使われています。これを、数量における広がりと考えてもよいでしょう。

8を幾何学的に考えると、4を十字形として、そこに×が加わったものと

して表すことができます。十字形は象徴的にはグラフでいう直交座標系（x軸・y軸）にあたり、これを「静的な軸」と考えることができます。それを45度回転させたものが×（ばってん）であり、これは「動的な力」を意味します。

　胎蔵界曼荼羅の中央を見ると、八葉の蓮華に座する仏のうち、十字形にあたる位置にいるのは如来たち、×（ばってん）の位置にいるのは菩薩たちです。

　如来は悟りの静謐にある「静的な存在」であり、菩薩は衆生の救済にあたる「動的な存在」であることを考えると、これは幾何学的な象徴性とそのまま一致する構図だといえます。八葉の蓮華にいる如来と菩薩たちは、その静と動の連携によって円滑に仏の道を広げ、それによって衆生済度（しゅじょうさいど）の請願を成就するのです。

　同様の構造を占星術の12サインに適用してみると、各分点（春分点、秋分点、夏至点、冬至点）が十字形を形成し、固定サインの中央部分が×（ばってん）を形成することになります。ただし、ここでは動的なのは各分点であり、静的なポイントは固定サインの中央となります。

　いずれにせよ、この場合でも、8方向の頂点を持つ構造がその全体で静と動を備えるという点に変わりはありません。つまり、この8方向が揃っていることこそが物事の成就にとって重要なのです。

　ドイツの占星家エバーティンは、二つの感受点の中点となる黄道座標に、その感受点の組み合わせに応じた象意が生じるとする「ハーフサム」という技法を主張しました。彼は、その中点から45度おきの黄道座標にも同じ象意が生じると考えましたが、これは実質的には第8調波と同じことです。第8調波ではそれらのポイントはすべて同じ黄道度数になるからです。

　エバーティンはこのハーフサムの技法を「環境の整備状況」を知る手法として用いました。これは、8という数が空間の広がり（つまり周囲の環境）を表し、8方向の座標が静と動の連携による物事の円滑な成就を意味することに関係するでしょう。

　次に、数の象徴的な意味に目を向けてみると、8は4×2と表されることから、4を論理と考えるときには、それを他者へ伝えたり議論を通して深めたりすることを意味することになります。

　また、4は制限や困難なども表しますが、8では、それがかえってその人のモチベーションを高め、結果的に問題を乗り越えることになるでしょう。

8という数を7＋1と考えたときには、7が象徴する「隠された法則」を一段上の視点から実用的に使うことを意味します。つまり、物事の中に隠されている法則を見いだして、それを実際的な目的に応用するのです。
　物事のコツをつかんで即、仕事に生かすような人はその好例であり、こういうことのできる人は、さまざまな分野で実利を得ることになります。そのことから、数秘占術において、8という数はビジネスの成功と関係とされています。
　タロットに目を転じると、大アルカナ8番「正義」には天秤と剣を持つ裁きの女神が描かれています。これは漢数字「八」の公平さに通じると同時に、7が象徴する法則（ここでは法律）を実際に適用（＋1）することを意味しています。
　ウェイト版タロットでは例外的に8番と11番が入れ替り、この8番は「力」となっています。これはライオンの口を女性がこじあけている絵柄のカードであり、言論や知性による力のコントロールを意味しています。野生の力はそのままでは危険だけれど、うまくコントロールできれば有益に使えるということです。
　女性の頭上にある無限大の記号は「レムニスケート」とも呼ばれ、オイリュトミーという神秘舞踏や伝統的な武術、舞の動きなどに応用されています。
　レムニスケートの動きでは右回転と左回転の二つの円が滑らかにつながることから、円滑化や均一化、変換の働きがあると考えられており、体の痛みのある箇所にかざした手をその軌道で動かすと症状が解消されたり、ぬかみそを混ぜるときにこの動かし方をすると味が良くなったりする効果があるそうです。
「力」のカードにレムニスケートが描かれていることは、力や権力というものについて一つの洞察を与えてくれます。つまり、相反する物事を矛盾なく円滑に扱える人物に対して、周囲は権力を託すということです。

【図3－12】「正義」

なお、一般的なタロットの8番「正義」においては、天秤をレムニスケートと似た象徴と見なすことができます。人々がこの女神に裁きを委ねるのは、彼女が人々を均一に扱い、公平な裁きを下すからであって、その裁きに矛盾が生じるようであれば裁決権は取り上げられることになるはずです。
　以上を踏まえた上で考えると、ハーモニクス占星術における第8調波は、「周辺状況を味方につけて物事を円滑に成就する力」や「リーダーシップ能力」を表すことになります。
　第8調波に発芽天体を持つ人は、他者からの信頼を得て権力を握りやすいといえます。また、物事が自ずと円滑に運ぶ傾向があるため、分野を問わず成功者となりやすいでしょう。
　特にビジネス分野ではその資質を有効に使えます。その力は本人の意図とは関係なく発揮され、不思議な縁に導かれて権力への階段を駆け上がっていく人も少なくありません。

第9調波の象意 ｜ 本質、応用力、人生の最終目標、結婚

　7は「隠された法則」を意味していましたが、そこに抽象的な概念としての「天」と「地」を加えて9にすると、森羅万象を表すことになります。第7調波のところで触れたエニアグラムは、「7の法則」を内包した九つの頂点を持つ図形であり、考案者であるグルジェフによると、それによって森羅万象の本質を説明できるそうです。
　この9という数は一桁の最後の整数であり、そこに至るすべての数を内包することから、「総合性」や「終わり」「完成」といった象意を与えられています。
　また、3×3＝9と見なして、同じ3の倍数である6と比較してみると、環境に適応しようとする6に対して、9は環境に対して柔軟に対処する姿勢を意味することになります。
　6においては自他の間の調整が主題となりましたが、9ではそこに第3の視点が加わり、その結果、他者や環境の束縛から解放されるのです。そう

なると、「私」という視点をことさらに保つ必要がなくなるため、何かを考えるときには誰の立場にでも立つことができます。

そこで、数秘占術では、「博愛」「演劇」「文学」などの象意が9に備わっていると考えます。いろいろな人の立場に立つことで他者に優しくなり、また自分ではない誰かの物語にも感情移入しやすくなるということです。

占星術において、9ハウスや9番目のサインである♐射手座に、「応用力」や「高等教育」という象意があるのもそれに関係しています。すなわち、応用力とは物事の本質を見極めて、さまざまに適用する能力のことであり、高等教育とはそのような応用力を養う場のことですから、これらもまた、9という数の象意と共通するのです。

9の象意にいう本質とは、7における「隠された法則」にも関係してきますが、7ではその法則に身を委ねる傾向があるのに対し、9ではその「隠された法則」の本質は何か、なぜそのような法則が存在するのか、という問いを通じて自己や森羅万象の本質に迫ろうとする点が違います。

これは、ある種の哲学的なアプローチであり、スピリチュアリティへの関心にもつながります。ただし、スピリチュアリティという言葉には誤解が伴いやすいので注意が必要です。

スピリチュアリティとは心身の背後に存在する本質を見いだそうとする姿勢であり、原則的には9という数に深く関係しています。しかし実際には、スピリチュアリティに関心を持つ人の多くは、教祖的な人物の説く教義へ安易に飛びついてしまうものです。言うまでもなく、それは自らの本質から離れていく道であり、真の意味でのスピリチュアリティとはなりえません。

タロットの大アルカナ9番「隠者」には旅する老賢者が描かれていますが、彼こそが真の意味でのスピリチュアリティの体現者だといえるでしょう。

ここでいう旅とは、固定した物の見方に囚われず本質を見いだそうとする姿勢のことであり、年老いているのは肉体を超えていくことを意味しています。しかし、地に下ろされた杖は身体知の象

【図3−13】「隠者」

徴ですから、決して肉体をないがしろにするわけではありません。
　ローブは個性を奪うことに通じ、それにより人格の奥にある本質へ向かいます。ランプの火は不滅の魂であり、すなわち人間存在の本質を象徴的に意味しています。さらに、ローブの裾からのぞく本は、個人の死後も残る知恵の象徴であり、本質なるものは肉体や自我には属さないということを示します。
　これは、♐射手座や9ハウスが「高等教育」という象意を持つことにも関係するでしょう。
　以上を踏まえた上で考えると、ハーモニクス占星術における第9調波は、「本質をつかむ力」や「応用力」、さらに「その人自身の本質」などを意味することになります。
　第9調波のチャートに発芽天体を持つ人は広い視野を持ち探求心も旺盛。時として、その探求心はスピリチュアリティの方向へも向けられるでしょう。また、応用的な思考ができるので、ただ暗記ができるというだけの頭の良さとは異なる、真の意味での知性の持ち主となりえます。
　アディーは、第9調波には人生において到達できる最終的なゴールや成果などが表示されると考えていたようです。
　人生において最終的に到達した結果がその人の本質を表すと考えると、アディーの考えは正しいのでしょう。しかし、実際にはすべての人が生きているうちに自己の本質を見いだせるわけではありません。そこで正確には、「人生の最終目標」が第9調波に示されると表現したほうがよいでしょう。
　石川源晃氏は『調波占星学入門』（平河出版社）の中で、「アディーの第5調波は人間の『努力の方向』を表示し、アディーの第7調波は人間のこの世の『満足度』を表示し、アディーの第9調波は人間のこの世で達成できる『終局』を表示するのです。ですから、第5調波、第7調波、第9調波を『ワン・セット』として取り扱うのがアディー調波の原則になります」と述べています。
　これはアディーの考えにかんするとてもわかりやすい説明だと思います。
　ただ、先述したように、第9調波は人生の終わりだけを表すわけではありません。第9調波はその人の本質を示すものであり、人生を思い通りに生ききった場合に限り、その人生で残す成果を示すことになるでしょう。

つまり、死んだ後に「あの人はこういう人だったね」と語られる内容がそこに示されるのです。

なお、第9調波はインド占星術のナバムサという技法と実質的に同等のものであり、そのナバムサは結婚について見るときに用いられています。

インド社会では女性の結婚は人生を決定づけるため、結婚を人生のゴールと見なしてそのような解釈となったのでしょう。ただ、これはインド人にのみ当てはまるのではなく、特に女性においては結婚の状況が第9調波に表れているケースが少なくありません。場合によって男性のチャートにもその傾向が見られます。

結婚を機に人生の流れが変わった人にその傾向が強く、そのような人は結婚したことが自己の本質に近づく助けとなっているようです。

ここまでの一桁調波の象意について、表にまとめたので参考にしてください。

【表3-3】主な調波の意味（筆者改訂版）

調波数	象意
第1調波	（ネイタルチャート）
第2調波	目的意識
第3調波	創造的想像力、高揚感、喜び
第4調波	制限・困難の乗り越え方、論理的思考
第5調波	自分らしい生き方、自己主張、勝負強さ
第6調波	環境適応能力、空気を読む、社会生活における成長力
第7調波	夢、理想像、芸術的才能
第8調波	物事の円滑な成就、リーダーシップ
第9調波	本質、応用力、人生の最終目標、結婚

第21調波までの二桁調波は
複雑な「味わい」をその人に与える

ハーモニクス占星術が教えてくれる「多次元の私」のうち、一桁調波は特に基本となる「私」です。ネイタルチャートを料理の素材にたとえるなら、一

桁調波は塩や砂糖、醤油などの基本調味料であり、二桁以降の調波はそれ以外の複雑な味の調味料、たとえば、各種スパイスやハーブなどにあたります。

素材の味を引き出すには基本調味料だけで十分ですが、さらに複雑な味わいを与えるのがそれらの調味料です。それと同様に二桁以降の調波もまた、その人に複雑な色合いを与えることになります。

ここでは二桁以降の調波のうち、特に特徴が明確な第21調波までを解説していきましょう。

第10調波の象意 | 社会に示す自分像、社会的立場、公私の区別をつける

一桁調波が個人の性質を表すものだとすれば、二桁以上の数はその性質が現実の環境（社会）の中でどう働くかを示すものだといえます。

10という数の10の位は1であり、これは、周囲の環境に対して自己の存在をはっきりと示すことを意味するでしょう。ただし、1の位は0ですから手探りのアプローチとなります。0は未知数の可能性を表す数です。

また、10を5×2ととらえた場合には、自分らしい生き方（5）を社会で試みる（2）姿勢を意味します。×2は、他者の視点が入ってくることによる目的意識の発生を意味するため、10は、「他者からこう見られたいという姿」を意味することになるでしょう。

ただし、自分が思い描く自分像と、他者の目に映るそれとの間にはどうしてもギャップが生じるものであり、育児でいう「第2反抗期」の原因もおそらくそこにあります。

「なぜ、みんな（親や教師や友人）は僕のことをわかってくれないんだ！」という激しいジレンマは、第10調波と関係する10歳のころから始まり、そのギャップをなくせたときに、その人は社会に受容された実感を得るでしょう。

さて、タロットカードの大アルカナ10番「運命の輪」は、10という数そのものの絵柄となっています。つまり、回る輪が0で、その上にいる剣を持つ猿が1を表しているのです。

輪の中には2匹の獣がいて上下に動いて輪を回していますが、そこから飛び出してくることはありません。これは、個人の内面で動揺があったとしても、それを外には表現しないということです。それが0の意味です。

一方、公に示す「自分像」は輪の外にいる剣を持つ猿の姿であり、輪の中の動揺をよそに、自身に満ちた顔つきをしています。

このカードは10ハウスの象意にも似ています。

10ハウスには社会的な立場、つまり、社会に示す「自分像」が示され、そこに私生活での「自分像」はかかわってきません。「運命の輪」もそれ

【図3-14】「運命の輪」

と同じことで、私生活の「自分像」はすべて0の輪の中にしまっておき、仕事のときなど公の場でうっかりと飛び出さないように保っているのです。

以上を踏まえた上で考えると、ハーモニクス占星術における第10調波は、「社会・他者に示す（示したい）自分像」や「社会的立場」を示すことになります。

そこで、第10調波に発芽天体のない人は、社会における自分像を明確にすることができず、社会的立場を一定に確立しにくいといえるでしょう。

第5調波で発芽していた感受点が、第10調波でオーブから外れてしまった場合には、個人レベルではっきりと自覚していた「自分らしさ」を、他者の目や社会環境にさらされた結果、見失ってしまうことを意味します。

なお、第10調波は社会人の基本スキルといえる「公私の区別をつけること」にもかかわります。そのため、この調波に発芽天体がない人は、私生活上の問題が仕事などの公的な活動に影響を及ぼしやすいでしょう。

第11調波の象意 ｜ 常識に囚われない発想・発言、ツッコミ力、斬新さ

10における1の位は0であり、これは社会において個人の内面を封印す

ることを意味していました。一方、11では1の位は1となるため、社会や他者の目を意識しつつも、個人の本音を明確に示すことになります。

　10と11の違いを仕事での初対面の挨拶でたとえるなら、10は名刺交換にあたり、11は私的な話題を交えたフランクな挨拶にあたります。社会的に示すべき立場が10。そして、11はそこに私生活の「自分像」を交え、仕事上の関係を超えて親しくなろうとするのです。

　11の10の位と1の位を足すと2になることから、相手のニーズに耳を傾けるコミュニケーション能力にも11は関係してきます。ただし、「足すと2になる数」としては2回目の登場ですから、2を《正》とするなら11は《反》。それは、「他者の話は聞くけれど、それに対する反論やツッコミもする」という姿勢として表れるでしょう。

　また、1という数には「衝動」「新しさ」という象意があるため、それが二つ並んでいる11は「性急さ」や「新進性」「新奇さ」などを表すことにもなります。

　それらの象意は占星術における11ハウスの象意にもほぼ重なります。10ハウスは社会的立場を表すハウスでしたが、11ハウスではそれを相対化しようとして、批判やツッコミという形をとるでしょう。あるいは、社会的立場とは離れた趣味の事柄などに関係します。

　そのように、社会的立場から一歩離れることで、新しい展開を模索しようとするのが11ハウスの特長です。

　タロットの大アルカナ11番「力」は女性がライオンの口を押さえている絵柄ですが、これは言葉や理性によって暴力性をコントロールすることを意味しているはずです。10と11の象意を合わせて考えると、その暴力性とは男性原理で運営されている社会システムのことかもしれません。

　子どもは11歳くらいになると口が達者となり、時に大人をも言い負かしますが、これはまさに「力」のカードそのものの図式です。子どもは社会的な因習に囚われた大人を軽やかに論破する

【図3－15】「力」

148

ことがあります。それは社会的の義務やしがらみを気にしない自由な立場から正論をいえるからです。

　それに対して、「自分で働いてもいない子どもが何を言う！」と怒ることもできますが、その逆に、囚われのない立場からの客観的な意見として素直にとらえ、そこから何らかの気づきを得ることもできます。第11調波に発芽天体のある人は、おそらく後者を選択することでしょう。

　「力」のカードの女性がかぶっている帽子にはレムニスケート（無限大の記号）が隠されており、これは二つの対立する物事を均質化することの象徴となっています。これは、このカードにおいては、個と社会との間に均質化をもたらし、その両者は対等であるという視点をもたらしていると考えられます。

　以上を踏まえた上で考えると、ハーモニクス占星術における第11調波は、「社会的な常識に囚われることなく考え、発言する能力」を表すことになります。くだけた表現をするなら、「ツッコミ力」といってもよいでしょう。

　この調波に発芽天体を持つ人は、他者とのかかわりの場に斬新な発想をもたらす存在であり、行き詰まった物事にしばしば突破口を開ける働きをすることになります。

　集団に新しい風を吹き込む存在となることも多く、そのような能力を発揮する場として、仕事とは関係のない友人の集まりや同好会活動、あるいは市民運動などを選び、そこでの活動に力を注ぐ人も少なくありません。

第12調波の象意　｜　TPOに応じたストレスのない社会適応、創作活動

　第6調波には、「環境適応能力」や「空気を読む」といった象意がありました。それは本人の意志とは関係なく自動的に働いてしまうため、その調波に発芽天体がある場合には、「気がついたら人に合わせてしまっていた」ということになりがちです。

　一方、6×2となる第12調波では、×2の働きによって6の「環境適応能力」が相対化され、目的に応じてそのスイッチをON／OFFすることが

可能となります。つまり、目の前の相手との関係性や状況のニーズに応じて、周囲に合わせたり合わせなかったりできるのです。

　たとえていうと、6はケータイが鳴ると条件反射的に出てしまう人、12はTPOに応じて出るか出ないかを判断する人のようなものです。

　6という数は、タロットの大アルカナ6番「恋人」に示されるように、心の揺れや迷いなども表しますが、12ではそこから一歩離れたところに意識を置いた上で揺れたり迷ったりできるので、心に余裕が生まれます。場合によっては、「心の揺れや迷い」を楽しむことすらできるでしょう。

　「一歩離れる」という点では11にも似ていますが、11の表す姿勢が時に反社会性を帯びてしまうのに対し、12の表す姿勢は6以上に社会的な適応力が高いものとなります。

　周囲の他者や環境に合わせるべきときは合わせる、その必要のないときには合わせない——という切り替えができるので、ストレスの少ない社会適応が可能なのです。これは、会社員のような制約の多い職業にとっては特に有益な資質といえるでしょう。

　それらのことから、第12調波に発芽天体を持つ人は、社会生活にきちんと適応する一方で、そこから離れた私的な聖域を持つこともできる、ということになります。

　では、その聖域で何をするのか？　12は3×4としても表せるので、創造的想像力（3）を形にする（4）こと、あるいは、夢（3）を実現する（4）ことに関係するでしょう。しかし、それはあくまでも私的な聖域で行われるため、他人に知られるような形はとりません。

　12の1の位と10の位を足すと3になりますが、これは2回目に出る「足して3になる数」ですから、弁証法的には《 反 (アンチテーゼ) 》となります。つまり、3に象徴される夢見る高揚感を着地させて実現へ向かうこと、と考えればよいでしょう。つまり、3×4としての12の象意と同様の象意となります。

　タロットの大アルカナ12番「吊された男」を見ると、カードの上部（社会を象徴）から男が逆さ吊りにされています。束縛された状況にも見えますが、一説に、足のロープはきちんと結ばれていないともいわれ、そうなると、実は「束縛されるか、否か」を自由意志で選択していることになります。

　さらに、逆さに吊されている状況は、高揚したものを着地させることの

隠喩であり、「頭を地に植える」という形で創造的想像力（頭）を現実（地）に着地させることを意味するでしょう。

以上を踏まえた上で考えると、ハーモニクス占星術における第12調波は、「TPOに応じたストレスのない社会適応」を表すことになります。

第12調波に発芽天体を持つ人は、何らかの形で私的な聖域を持ち、そこで創作活動や、夢の実現へ向かう勉強に励んだりできるでしょう。

閉じこもって集中的に創作活動に取り組むような人、あるいは、会社に隠して脱サラ後の個人開業に必要な資格勉強を進めているような人

【図3－16】「吊された男」

の第12調波には、発芽天体の存在など明確な特長が見られるはずです。

第13調波の象意 ｜ 常識に囚われない行動力、捨てる・リセットする力、ゼロから再出発する力

10を社会性、3を創造的想像力と考えると、この13という数のテーマは社会における創造性の発露であることになります。

10の位と1の位を足すと4。これは2回目に登場する「足して4になる数」ですから、4を《正》とするなら13はそれに対する《反》となり、4という数の表す「物事の枠組み」の解体を意味することになります。

そのような解体は、「物事の枠組み」が絶対的ではなく相対的なものであるという理解につながり、次のステップである枠組みの再構築へ向かうきっかけとなるでしょう。

具体的に、その「解体」は反抗や反逆的な行動として表れることが多く、11の象意にも似ているように思えます。しかし、11が特定の相手や状況（2）を意識した反抗であるのに対し、13は常識や社会の仕組みといった概念的な枠組み（4）に対する反抗であるという点が異なります。

13を「革命」と結び付けて考えることもできますが、現実的にはそう大げ

さな話ではなく、単に常識人をギョッとさせるだけの行動として表れることが多いでしょう。それは時に悪趣味なものとなります。

　そのような性質が際立って表れるのが13歳のころです。人にもよりますが、この時期にドクロなどをあしらった悪っぽいファッションや、悪趣味なサブカルチャー、禍々しい内容のネットコンテンツなどに関心を抱く人は少なくありません。

　本人としては独創性のあること（3）をやっているつもりですが、うっかりすると、そのジャンルにおける常識（4）に囚われてしまいます。たとえば、悪っぽいファッションにもそれなりの型があり、そこから離れると「カッコ悪い」ということになってしまうのです。

　13という数が意味するところが、「物事の枠組みの再構築を意図した解体」であるという点がわからないと、そのような自己矛盾に陥ってしまいます。

　13歳くらいだとまだ、その肝心なところがわからず、大人から見るとどこか幼稚な言動をとってしまうものです。それでも、繰り返しこの第13調波の性質を使っていくことで、その本来の性質を発揮できるようになるでしょう。

　13という数がキリスト教で不吉なものとされるのは、12を聖数と見なしていることに関係します。

　キリスト教の「三位一体」という考え方は3に通じ、十字架は4に通じるので、3×4によって導かれる12という数に対して、キリスト教徒はある種の調和を感じるようです。そして、そこに余計な「1」を付け加えた13を不吉なものと見なします。

　確かに、2、3、4、6で分割できる12という数を用いると非常に使い勝手のよいシステムができます。12か月の暦や占星術の12サイン、12ハウスはその代表的なものです。

　しかし、よくできたシステムほど、そこに閉塞感を覚える人もいるわけで、そこから脱するには、ときどきはシステムを解体してリセットする必要があります。それを行うのが13の力です。

　タロットの大アルカナ13番「死神」は、そのような解体作業を表すカードであり、骸骨の死神が大鎌で人間をバラバラにして地に帰している絵柄と

なっています。黒い大地は「プリママテリア」です。プリママテリアはそのままでは無価値な土くれですが、錬金術ではこれを素材に金を創造することになります。

この解体は徹底的なものでなければならず、解体者である死神自身も皮膚や肉が削がれて骨だけとなっています。骨は焼いても残るものであり「本質」の象徴。形ある者を解体して最後まで残ったものこそが本質であり、その本質が再構築の土台となるのです。

第12調波について、「会社に知られないように、脱サラ後の個人開業に必要な資格の勉強を進めるような人」にたとえた流れでいうと、第13調波とは「実際に会社に退職届けを出して新たな一歩を踏み出すこと」にあたります。

【図3－17】「死神」

個人開業するには「会社員」としては死ななければならない。タロットの「死神」が示す「死」とはそういう意味なのです。

以上を踏まえた上で考えると、ハーモニクス占星術における第13調波は、「常識に囚われない行動力」や「捨てる、リセットする力」、そして、「ゼロから再出発する力」などを意味することになります。

第13調波に発芽天体がある人は必然的にそのような力を持つことになりますが、それがネイタルチャートの感受点にアスペクトしない場合には、単に悪趣味なものにのめりこんだり、不毛で非常識な行動をとったり、やみくもに大事な何かを捨てたりするばかりで、本当に必要とする変革をなかなか起こせません。

第14調波の象意 | 理想の実現のための地道な努力、継続力

10を社会的立場、4を枠組みと考えると、14は社会的立場を踏まえた行動規範を表すことになりそうです。

10の位と1の位を足すと5となることから、その行動規範の目的は「社会生活における自分らしさの確立」にあるといえます。ただし、2回目に登場する「足して5になる数」ですから、5を《正(テーゼ)》とすると14は《反(アンチテーゼ)》となり、5のように他者に対して自分らしさを主張するのではなく、自分自身に言い聞かせるようにそれを練成していくことになります。

　そこで、5を「有言実行」、14を「不言実行」と考えてもよいでしょう。

　14は7×2でもあるため、理想(7)を具体的な環境(2)の中で実現することにも関係します。理想と現実との間には大きなギャップがあるものですが、14は理想(7)にしっかりとロックオン(2)して決して諦めません。そこには夢見る楽しさはありませんが、地道な努力を不言実行の姿勢で続けることはできます。

　13からの流れでいうと、13はリセット、14はそこからの再スタートにあたります。13を脱サラにたとえるなら、14は独立開業の段階です。夢がいよいよ実現するわけですが現実は厳しいもの。そこで、ハードルとなる現実に突き当たったときには、夢を諦めない不屈の精神と実際的な努力が必要とされます。

　なお、社会は目に見える結果だけしか評価してくれないので、自らの理想を声高に訴えても(5)相手にされません。不言実行で確かな成果を挙げていく(14)しかないのです。それは、理想の実現へ向けて自分自身を育てていくプロセスとなるでしょう。

　タロットの大アルカナ14番「節制」には、羽のある女性が水瓶から水瓶へと水を注ぐ様子が描かれています。ここでは、羽は理想の象徴であり、水は日常性の象徴となっています。水を移すことは生殖の隠喩(メタファー)ですが、二つのツボは両方とも女性の手にあることから、これは「自分自身を生み育てていくこと」を意味しています。

　つまり、「節制」は理想の実現のために、毎日の地道な努力によって自分自身を成長させていくことを意味しているのです。

　以上を踏まえた上で考えると、ハーモニクス

【図3-18】「節制」

占星術における第14調波は、「理想の実現のための地道な努力」を表すことになります。もっとシンプルに「継続力」と言い換えてもよいでしょう。

第7調波の発芽天体が、第14調波でオーブから外れてしまった場合には、前者に示されていた夢や理想は、そのままの形では実現されません。夢を実現するための地道な努力ができないということがその原因です。

その場合、第7調波に示されていた夢や理想は特定の他者や事物へ投影され、その対象に熱中することになるでしょう。それは、第14調波の視点からすると不毛な行為ですが、かなわぬ夢ほど息が長いものであり、少なくともその人が生きていくモチベーションにはなってくれるはずです。

第15調波の象意 ｜ カリスマ的指導力、交渉力、社会における自己実現力

10を社会的立場、5を自己主張と考えるなら、15という数は社会的立場を通して個人の欲求を強くアピールする姿勢を表すことになるでしょう。

10の位と1の位を足すと6となることから、自己と環境（他者や状況）とのかかわり方の調整が主なテーマとなります。また、2回目に登場する「足して6になる数」ですから、6を《正》としたときに15は《反》となり、自己を環境に適応させるのではなく、環境を自己に適応させるという意味になります。

たとえば、第6調波では自己を環境に適応させることで成長できましたが、第15調波では他者を自分に適応させることで、その相手を成長させることになります。そこで、発芽天体を第6調波に持つ人を「部下タイプ」、第15調波に持つ人を「上司タイプ」と考えてもよいでしょう。

15を3×5ととらえた場合、創造的想像力（3）を駆使した自己主張（5）を意味することになります。これは、自己主張そのものをゲームのように楽しむ姿勢です。

3も5もともに、生産性や創造性や楽しさに満ちた活発さを表すため、その相乗効果により、クリエイティブかつ行動的で、いつも高揚しているような性格が形成されるでしょう。その高揚感は自己実現の喜びです。

ただし、その性質が強くなると必然的に「押し」の強い人となり、周囲からは「押しつけがましい人」と見られることもあります。

タロットの大アルカナ15番「悪魔」は、どちらかというと、その「押しつけがましい人」の部分が強調された絵柄となっています。

この悪魔は両性具有ですから、満足のために他者を必要としません。カモワン版では腹部に顔があり、これは他者の助けなしに「自力で自分を生み出す」ことを意味しています。14番「節制」で水を移し替えていたのは、「自分自身を生み育てていく」という意味での生殖を象徴していましたが、その試みはこの「悪魔」でついに実を結んだようです。

【図3－19】「悪魔」

ここに描かれた悪魔は力強さに満ちた存在であり、そのカリスマ性から、自らその配下につこうとする人が現れます。下にいる小悪魔たちがそれです。彼らは縄でつながれていますが、おそらく、自ら望んでつながれているはずです。

また、半人半獣として描かれた悪魔は暴力的にも見えますが、現実社会ではこの暴力性は、力強い「説得力」や「交渉力」として表れてくるでしょう。

以上を踏まえた上で考えると、ハーモニクス占星術における第15調波は、「カリスマ的指導力」や「交渉力」、さらに、「社会における自己実現力」などを表すことになります。

第15調波に発芽天体を持つ人は、仕事の場などで部下を使うのがうまく、多くの場合、相手からも慕われるでしょう。社長など高い地位につけるかどうかは個々のチャートを検討しないとわかりませんが、物事を自分の思う方向へ持っていくことにかんして高い能力を発揮するのは確かです。

その逆に、第15調波に発芽天体がないのに年功序列的に管理職の地位についてしまった人は大変です。部下をうまく使えないので、結局は、自分の仕事ばかりが増えてしまうからです。

注意してほしいのは、第15調波の力を他者への配慮なくモラルや道義に反した形で使ってしまうと、人に恨まれて「あの人は悪魔だ」と陰口を叩か

れてしまうという点です。

　この能力は恋愛にも適用されるため「口説きの名人」となります。欲求のまま複数の相手と同時進行で付き合うことも可能ですが、それをやってしまうと、やはり「あの人は悪魔だ」と後ろ指を指されてしまうでしょう。

　第15調波の力を使うには良識を忘れないことが大切です。大アルカナ15番のカードが「悪魔」であるのは、その戒めかもしれません。

第16調波の象意 ｜ 衝撃的な出来事を契機とした価値観の逆転

　6には「社会生活における成長」という象意があることから、そこに社会性を表す10が加わった16は、「具体的な環境における社会的成長」という意味を持つことになります。ただし、その成長は穏やかな形では起きてくれません。

　それは、なぜでしょうか？　まず、6についてもう一度考えてみます。

　タロットの大アルカナ6番「恋人」のカードでは、男性が二人の女性の間でどちらを選ぶか迷っていました。二人の女性は片方が妻、もう一方が愛人といわれています。片方が母で、もう一方が恋人という説もあります。

　いずれにせよ、「既知のもの」と「未知のもの」との間で彼は迷っているわけです。天使が放とうとする恋の矢は愛人（恋人）へと向いていますが、彼自身はいまだ迷っています。

　一方、10から始まる数の流れは、具体的な状況の中で社会性を育むストーリーとなっており、それは、社会における自己実現を成し遂げた15でピークに至りました。しかし、どんな成功も達成してしまえば「既知のもの」となり、そこに囚われすぎると先へは進めません。

　それらを前提にして考えると、16とは、「社会における新たなステージへ進むために既知を捨て未知へ進む」というテーマの数であると理解されます。

　「恋人」のカードでいうなら、妻（母）ではなく愛人（恋人）を選ぶべき段階です。6の段階では悩んでいても許されましたが、16では社会的立場

（10）を明らかにすることを迫られます。

　ここで、16を4×4と考えてみましょう。4には「制限・困難」という象意があることから、16は「大変な制限・困難」を表すことになります。ただし、それを乗り越える力も同時に表しているはずです。

　次に16を8×2と考えた場合には、権力やカリスマ性（8）を特定の目的（2）に対して用いることを意味します。それは、力技で強制的に物事を起こすということであり「革命」といってもよいでしょう。

　そこで、16は「社会的立場（10）に対する革命的変化（8×2）」という意味を持つことになります。

　その革命では、「既知のもの」が捨てられ、「未知のもの」が受容されます。そのことから、革命の衝撃は「既知のもの」に対しては制限や困難（4×4）となり、「未知のもの」に対してはその受容を強要する（8×2）ことになるでしょう。

　そのことを、「運」という観点から見ることもできます。

　8の倍数は「運」と関係しますが、16がもたらす「運」は、「既知のもの」に執着する者には「不運」と感じられ、「未知のもの」を受容する者には「幸運」と感じられるはずです。

　8における「運」とは、自我、すなわち「小さな私」にとってプラスとなる出来事を引き寄せる力のことでした。一方、16における「運」とは、自我を超える「大きな私」にとってプラスとなる生き方への移行を助ける力のことであるため、自我にとってはダメージとなる出来事を引き寄せることがあります。

　ここでいう自我とは、「私のもの」と「相手のもの」を分ける壁のことです。そこで、自我にとってダメージとなる出来事とは、「私のもの」と思っていた何かを失ったり、大きく損ねたりする状況を指すことになるでしょう。

　ここまでの内容をまとめると、16には、「既知（過去）を捨てて未知（未来）へ進むために、自我の立場からは不運とも思えるような出来事が起きてくる」という象意があることになります。

　16はまた「足して7になる数」でもあり、7を《正》とすると16は《反》となります。そこで、7を「理想へ突進する力」と考えたときには、16は「理想のほうから力が突進してくる」ということになるでしょう。

それをうまく表しているのが、タロットの大アルカナ16番「塔」のカードです。ここで塔に直撃する雷は「強烈な力」を、天から降ってきた王冠は「理想」を表しています。つまり、強烈な力を伴って理想が突進してくるのです。

雷は不意打ちで落ちるので、衝撃的であり破壊的です。塔から投げ出された二人の人間は、彼らにとっては不本意な出来事であることを示しています。

投げ出された人間が「二人」であるのは二元的思考の象徴です。二元的思考では物事を「幸運」か「不運」か、あるいは「成功」か「失敗」かという風に考えますが、「塔」のカードでは、そのような判断基準自体が丸ごと投げ出されます。

【図3－20】「塔」

その彼らが逆さまに落ちていくのは価値観の逆転を意味するでしょう。

つまり、それまで「幸運・成功」だと思ってきたことが、実は「不運・失敗」であり、その逆に「不運・失敗」だと思ってきたことが、実は「幸運・成功」であったことに気づかされるのです。

これは、大アルカナ13番「死神」の象意にも似ていますが、「死神」が自発的に価値観をリセットするのに対して、「塔」では外部から衝撃的な出来事がやってきて強制的にリセットがかけられます。しかも、リセットされるだけでなく、価値観の逆転がもたらされるのです。

「塔」が象徴する衝撃的な出来事は、それまでの生き方を捨てて新しい生き方に転換するきっかけとなるでしょう。ここでいう新しい生き方とは、いつか死ぬときに「いい人生だった」と思えるような生き方のことです。

たとえば、大病や事故、失職などをきっかけに、価値観ががらりと変わって新しい生き方に目覚める人がいます。

大病や事故、失職は、ある意味で「死」を意識させる出来事であり、その「死」という位置から人生を振り返ってみると、これまで「幸運・成功」と思っていた物事が、実はそうではなかったと気づかされることがあります。

生死にかかわる病を宣告された人が死の恐怖を乗り越えた後に、普通の

人以上に前向きな生き方に変化するようなケースが、そのような価値観の逆転にあたるでしょう。あるいは、臨死体験をすることによって金銭欲や物欲が消失し、世直しが人生目標となることがあります。

　彼らは雷と一緒に天から落ちてきた「王冠」をしっかりと受け取ったのです。

　以上を踏まえた上で考えると、ハーモニクス占星術における第16調波は、「衝撃的な出来事を契機とした価値観の逆転」を表すことになります。

　第16調波に発芽天体を持つ人は、大病や事故、失職、離婚、身内の不幸といった衝撃的な出来事を、生き方を変えるきっかけとして前向きに使えるでしょう。大病でなくとも、定期的に体調を崩すという形でそれまでの仕事や日常生活の流れにリセットをかける傾向も見られます。

　また、外からやってくる衝撃的な出来事に頼らなくても、自我を超えた「大きな私」の促しに応じて、自ら革命的に生き方を変えられる人もいます。

　そのような人を「塔」のカードでたとえるなら、自らが雷となって塔を撃つようなものです。これは本人にとっては何ということのないことですが、周囲の目には「ショッキングな人物」と映るかもしれません。

　また、複数の「生き方」を矛盾なく並立させるという形で第16調波が表れる人もいます。第16調波に複数の発芽天体があるか、×2となる第32調波にも発芽天体がある場合にその可能性が高いでしょう。

　なお、第32調波に発芽天体があると、自分ばかりでなく他者の生き方をも大胆に変える力を持つことになります。

　一方、第16調波に発芽天体がなく、□90度や☌180度などがある人は、衝撃的な出来事があっても悩むばかりでグズグズしたり、単に性格や行動が表面的に変わったりするだけで、本当に必要な変化を起こせないことがあります。衝撃的な体験で引きこもりになったり、その逆に不良になってしまったりというケースがそれにあたるでしょう。

　その□90度や☌180度を構成する感受点が、16の倍数の調波数で発芽する場合には、それに対応する満年齢のときに生き方が変わって問題が解消されますが、発芽しなければ16歳のときに受けたダメージの回復はなされないので、時間の経過とともに影響が薄れていくことに期待するしかありません。

ただし、あくまでも基本はネイタルチャートにあります。ネイタルチャートにイージーアスペクトが多ければ、第16調波に□90度や☍180度があったとしても、その影響は十分に緩和されるはずです。

第17調波の象意 | 世界の雰囲気から未来への展望を見いだして伝達する

　10は社会的立場、7は夢や理想を表すことから、17は社会的立場を通じた夢や理想の実現を意味します。ただし、16の段階で自我を超えた視点がもたらされた後なので、17における夢や理想は個人的なものではありえません。

　7には「森羅万象の背後に隠された法則」という象意もあり、それは美や芸術性にも関係します。そこで、17は社会に美と芸術をもたらす数であるともいえるでしょう。

　10の位と1の位を足すと8。これは、物事が円滑に進むことを意味しています。ただし、2回目に登場する「足して8になる数」なので、8を《正》とした場合に17は《反》にあたり、「円滑に進む」ということについての主体が逆転します。つまり、8では自己の求めに応じて環境が調和的に動いたのに対し、17では環境の求めに応じて自己が調和的な姿勢をとるのです。

　ここでいう「環境」とは、職場や人間関係といった具体的な状況だけでなく、個人を超えた広い視野も含まれます。社会全体、あるいは人類全体という視野、さらには、宇宙全体という視野も想定可能です。

　そのような「広い視野」のことを「ハイアーセルフ」とか「神」と呼ぶ人もいます。または、単に「大きな私」と表現してもよいでしょう。

　17では、その「大きな私」に対して「小さな私＝自我」が自らを明け渡します。一つ前の16ではそれが強制的に行われましたが、17では自然発生的な形で行われるのです。

　タロットの大アルカナ17番「星」は、裸の女性が星の光の下で水瓶の水を海のようなところに注いでいる絵柄となっています。

　彼女が衣類を身に着けていないのは、自我の壁を放棄したことの表れで

しょう。16番「塔」における塔はまさに自我の壁の象徴であり、それは雷で壊されました。そのため、「星」のカードの女性はすでに裸であり、もはや打ち崩すべき壁はないため、天からの働きかけは雷ではなく柔らかな星の光となっています。

　ここでいう星の光とは、世の中に満ちる不可視の雰囲気のようなもの。星は高所で輝いていることから広く世界を見通す視点を表し、それは未来への展望へとつながります。これは、17という数の1の位が、夢や理想を表す7であることにも関係するでしょう。

【図3－21】「星」

　星の光は、「ハイアーセルフ」や「神」、「大きな私」のことだと考えることもできます。自我の壁で守られた意識は、その光が運ぶメッセージをとらえられませんが、壁を脱ぎ捨てた意識であればそれを感じ取れるはずです。

　女性が海のようなところへ水瓶から水を注いでいるのは、受信したメッセージを他者が理解できる形に変えて発信する、という象徴です。水は感情を表し、海は集合無意識を表すので、多くの人々が感情のレベルで理解できる形で伝えること、を意味します。

　以上を踏まえた上で考えると、ハーモニクス占星術における第17調波は、「世界の雰囲気から未来への展望を見いだして伝達する」ということを表します。なお、ここでいう「世界」には、家族や職場といった小さな集団から、民族や世界人類といった大きな集団まで含まれます。

　これを簡単に、「世の中の動きをとらえる力」と考えてもよいのですが、この力は私利私欲には使えないので、投資やビジネスへの応用は難しいでしょう。

　第17調波に発芽天体を持つ人の多くは、文章やスピーチ、あるいは芸術作品などを通じて人に感銘を与えたり、情緒に訴えかけたりすることに長けています。時代の雰囲気をうまくとらえて作品にする芸術家などはその典型です。

　また、継承されてきた伝統を引き継いで体現する能力も表れるため、伝

統芸能などの継承者となるケースもあります。

　それから、不可視の雰囲気を読み取る能力を、占い師や霊能者、チャネラーといった仕事で発揮することも少なくありません。宇宙意識からメッセージを受けていると主張するチャネラーなどは、「星」のカードそのものの存在といってよいでしょう。

　ただし、第17調波の力は、ちょっとしたことで正常な機能をしなくなります。

　不可視の雰囲気を的確にとらえるには、自我の壁を脱ぎ捨てなければなりませんが、第17調波の力を芸術活動や占いなどに使い、その対価をもらってしまうと、どうしても自我の壁が息を吹き返してくるものです。そして、そうなると第17調波の力は無効化されます。

　素晴らしい才能を持つ芸術家が、有名になると急に凡庸な作品しか作れなくなってしまうのはそのためでしょう。自我の壁を作ることなくお金を得られる人もいますが、多くの場合、その点が躓きの石となるようです。

　なお、第17調波に☌180度や□90度を持つ人は、キャッチした世界の雰囲気を批判や皮肉といった形、あるいは感情を過剰にあおる形で表現することになります。本人にその気はなくとも、自然にそのような表現をしてしまうのです。

第18調波の象意
縁に導かれ体で感じて行動する姿勢、実験的な人間関係を通して人の本質を見いだす、陶酔による自己変革

　10は社会性、8は物事が自分にとって円滑に運ぶことを意味します。それを、「社会における強運」といってもよいのですが、17の段階ですでに自我を超えたところにつながっているため、18における強運は必然的に個人の理解を超えたものとなるでしょう。

　たとえば、不思議な縁としかいいようのない出会いや出来事が起きるけれど、それが自分にとって良いことか悪いことか判断できない、という状況が、18における「強運」です。

　16からの流れでいうと、16では「既知のもの」が壊され、17で「未知のも

の」が到来し、18では「良し悪しが不明な出来事」が起きてきます。自我の立場からはそれは不穏に見えますが、いったん自我を離れてしまえばワクワクとするような流れにも思えます。

　得体の知れない縁に導かれて、いったいどこに連れていかれるかわからないという状況がワクワクするのです。

　ここで、18を9×2ととらえてみます。9には「自己の本質の探究」という象意があることから、×2となる18は「他者とのかかわり（2）を通じて自己の本質を探究する（9）」という象意を持つことになります。

　18はまた、2回目に登場する「足して9になる数」でもあり、ここからも9×2と同様の象意が導かれるでしょう。

　普通、他者とのかかわりは「自己の本質の探究」の邪魔になるように思えますが、人は社会から隔絶した状況では生きられないので、関係性の中におかれた「私」もまた、自己の本質の一端であるはずです。

　哲学者の和辻哲郎氏は、人間とは個人として存在するばかりでなく、人と人との関係性において存在する「間柄的存在」と考えました。人間には「個人」と「社会」との二面性があり、その対立を弁証法的に統一することで真の主体性が確立されるということです。

　18における自己の本質の探究とは、まさにこの「間柄的存在」の探求です。

　そのような「間柄的存在」の探求は、自己の本質を見いだすばかりでなく、人々に共通する「人間の本質」を見いだすことにもなるでしょう。

　一方、18を6×3ととらえた場合には、環境適応能力（6）を創造的（3）に使うことを意味します。つまり、新しい環境へと積極的に飛び込んで、新しい自分を創造するのです。それは、高揚感に満ちた体験となるはずです。

　タロットでは18という数の別の側面が強調されています。

　大アルカナ18番「月」は、ある意味で17番「星」と対になったカードです。「星」では見通しのよい高所の星からメッセージが届き、一方の「月」

【図3-22】「月」

ではざわざわと波立つ不気味な夜の沼からメッセージが浮上してきます。
　そのメッセージを象徴するのはザリガニです。水中でも地上でも活動できるザリガニは、心の中の世界と現実の世界とを橋渡しするイメージを指しています。沼は集合無意識です。つまり、ザリガニとは、ざわざわと波立つ集合無意識の世界から現実の世界へと浮上してくるイメージのことです。
　犬は本来、その浮上を阻む門番の働きをする存在ですが、月光に気をとられてザリガニの存在に気づきません。
　天の高所で輝く月は、星と同じく見通しのよい意識を表しますが、占星術における ☽月は身体性や情緒と関係することから、このカードにおける月は情緒的に気を惹くものを表すことになるでしょう。
　たとえば、アルコールやドラッグ、アバンギャルドな芸術や音楽など酩酊状態を引き起こすものが、特にこのカードに関係してきます。
　これらは13番「死神」の象意にもどこか似ていますが、意識のコントロールを低下させて、集合無意識の領域から陶酔的なイメージの奔流を引き出そうとする点が異なります。
　なお、「星」がそうであったように、この「月」もまた、霊能者やチャネラーに関係してきます。ただし、カードの絵柄が示すように、その能力はより不穏なものをキャッチしやすい傾向となり、また、能力の意識的なコントロールも難しいため、ある種の危険性を伴うことになるでしょう。
　とはいえ、「月」よりも「星」のほうが良いということではありません。
　神秘主義の世界には、体や無意識からの情報をシャットアウトするものがたくさんあります。一般的な瞑想の多くはそれに該当し、体や無意識からの情報が上がってこないようにして、クリアな意識を実現しようとしています。
　それらは、「月」の番犬を正常に機能させることで、「星」のカードが象徴する能力を開発する技法といえますが、それによって明るく開けた意識を得られたとしても、かえって無意識からの反動が大きなものとなってしまいます。
　瞑想によって悟りを得たはずの人が、金銭や異性の絡む問題で容易に足をすくわれてしまうのはそのためでしょう。
　一方、催眠療法をはじめとする心理療法やヨガ、密教の技法などでは、体

や無意識からの情報へ意識的に耳を傾けていくため、後からそういった問題が表れて足を引っ張ることは少ないといえます。ただし、途中の道のりには落とし穴がたくさんあり、成果を感じられるようになるまで時間がかかります。

　さて、以上を踏まえた上で考えると、ハーモニクス占星術における第18調波は、「縁に導かれ体で感じて行動する姿勢」や「実験的な人間関係を通して人の本質を見いだす」こと、そして、「陶酔による自己変革」などを表すことになります。

　第18調波に発芽天体を持つ人は、放浪の旅をしてみたり、アバンギャルドな芸術活動へ取り組んだり、ドラッグ体験やフリーセックスなどに抵抗感がなかったりするでしょう。

　その場の「縁」や「ノリ」だけで生きていく姿勢も表れ、いわゆる「ヒッピー」のような生き方をする人も少なくありません。

　ただし、ネイタルチャートにそういった生き方を受容する要素が希薄な場合には、望まない変化が外からやってくる形になるので、不可解で不穏な出来事や出会いが身の回りで連発するように感じられます。

　また、ある種の心霊現象として第18調波の働きが表れる人もいます。

　第18調波に発芽天体があると、集合無意識から浮上してきたイメージを現実世界にうまく統合できるので、それを世の中の動きや他者の心理を読む力として利用できます。

　しかし、♂180度があると、神や悪魔といったイメージが一方的に命令してくるようなことになりやすく、□90度があると、いわゆる「霊障」といわれる問題が生じてくるでしょう。

　霊障といっても、実際に「霊」という主体が存在して、それが害を及ぼしてくるわけではありません。

　集合無意識から浮上してくるイメージが、その人に不穏な感覚や恐怖を与えているというのが霊障の正体ですから、その仕組みを正しく認識することで、いわゆる霊障の問題はかなり緩和されるはずです。

第19調波の象意
社会参画による自己実現、社会の共同創造者としての自覚、異文化コミュニケーション、チームワーク能力

18では他者を通して「人の本質」に触れ、この19では、それに基づいて本質的なコミュニケーションを試みます。

10は社会的立場、9は自己の本質を表すことから、それは社会的立場と自己の本質という、本来なら両立しにくいものを両立させたコミュニケーションとなります。これは、異文化を理解しようとするときに役立つコミュニケーションのあり方と考えてもよいでしょう。

19の10の位と1の位を足すと10となり、さらにその各位を足すと1です。

1には「主体性を示す」という意味があり、2回目に登場する「足して1になる数」である10は社会的な立場を示していました。そして、その3回目の登場となる19は、弁証法でいう《合》にあたることから、「個人としての主体性」と「社会的立場としての主体性」がここで出会うことになります。

3回目の登場ということ自体に創造性という象意があることから、19は、個人と社会の対立を超えた創造的な社会参画を意味することになるでしょう。それは、社会の共同創造者としての自覚にもつながります。

タロットの大アルカナ19番「太陽」には、陽光の下で二人の子どもが遊ぶ様子が描かれており、この二人は月と太陽と見なせます。月の周期に基づく太陰暦と太陽の周期に基づく太陽暦は約19年周期で同期するため、これが19番目のカードである「太陽」に関係すると考えられるからです。

ここにおいて、19という数は、月に象徴される「個人」と、太陽に象徴される「社会」とを結びつけるものとなっています。

第18調波でも触れた通り、哲学者の和辻哲郎氏は、人間には「個人」と「社会」の二面性があり、その対立を弁証法的に統一することで真の主体性が確立されると考えていました。

【図3-23】「太陽」

18の段階では「個人」と「社会」という二極の間で揺れながら、その両方を探求していましたが、この19ではいよいよ統合がもたらされ、「真の主体性」が現れてきます。それを象徴するのが、「太陽」のカードにおける、天に燦然と輝く太陽の姿です。
　一方の子どもは「個人」であり、「小さな私＝自我」といってよいでしょう。これは通常考えるところの主体です。そして、もう一方の子どもは「社会」です。これは「社会における私」であり、他者から客体として見られることを意識した存在です。
　そして、「太陽」のカードにおける太陽は、その両者を見通しのよい天の高所から明るく照らす意識の光であり、和辻氏のいう「真の主体性」を表します。
　筆者は、この「太陽＝真の主体性」をヘリオセントリック（太陽中心）のホロスコープにおける太陽であると考えます。
　通常の占星術で用いられるのは、ジオセントリック（地球中心）のホロスコープであり、そこにおける ☉太陽は地球の自転や公転を反映したものにほかなりません。つまり、その正体は「太陽に擬装した地球」であり、「太陽」のカードにおいては、「社会における私」を象徴する側の子どもとして描かれます。
　それに対し、ヘリオセントリックの ☉太陽は不動であり、天文学における太陽と一致します。これは和辻氏のいう「真の主体性」を象徴するものであり、「太陽」のカードにおける太陽の姿は、それを象徴しているのだと思われます。
　10からの流れは、個人と社会との折り合いのつけ方がテーマとなり、時に個人が社会に従属（10、12、14）し、時に個人が社会に反抗（11、13）し、そして、社会に打ちのめされる場面（16）もありました。
　その試行錯誤も19でようやく終焉を迎え、社会の共同創造者としての自覚とともに「真の主体性」が目覚めてくるということでしょう。
　以上を踏まえた上で考えると、ハーモニクス占星術における第19調波は、「社会参画による自己実現」や「社会の共同創造者としての自覚」、さらに、「異文化コミュニケーション」とそれによる「チームワーク能力」などを表すことになります。
　第19調波に発芽天体を持つ人は、主体的に社会の一員としての役目を果たそうとするはずです。

第20調波の象意 | 集団の代表者として主張・鼓舞する能力、当事者全員が合意できるビジョンをもたらす能力

　10から19までは、個人がその所属する社会とのかかわり方を模索することがテーマでした。その次の段階となる20からの流れでは、19までの流れで確立された「真の主体性」（第18調波・19調波の項目を参照）を通じて、新たな別の社会とのかかわり方を模索していくことになります。

　これを、自分の所属する会社が他社とかかわることにたとえてみましょう。20の1の位は0ですが、これは自社で決定したことをそれ以上変更しないという意味です。自社のスタンスを固めないことには、それを対外的に示せず、他社と話ができないので、そうするのです。

　つまり、20には「ほかの社会集団に対して自分が所属する社会集団の立場を明確に示す」という象意があるといえます。

　10では個人の社会的立場を明確に示したのに対し、20では所属する社会集団の立場を明確に示します。なお、ここでいう社会集団のサイズは、小は家族から大は国家までとさまざまです。

　そのように、社会集団としての立場を明確に示すとき、人は個人の枠を超えた心強さを感じることになるでしょう。

　スポーツの国際試合のときに選手が国家斉唱するのは、その心強さを得るためかもしれません。国という社会集団の代表としての立場を明確に示すことで、やる気が鼓舞されて最大限の力が引き出されるのです。

　2を「目的意識」、0を「潜在的可能性」と考えたときには、目的意識を明確にして潜在能力を引き出すという意味となり、これもまた、社会的集団としての立場を明示して力を引き出すことに関係してきます。

　10の位と1の位を足すと2となることから、この数の主要なテーマは「目的意識」となります。「足して2となる数」としては3番目なので、目的意識（2）の明確化による高揚（3）を意味するといえるでしょう。

　同じく「足して2となる数」の2ならびに11と比較すると、2は「他者から目的意識を与えられる」、11は「他者へ目的意識を与える」、そして、20は「自他ともに最善の目的を見いだす」という象意の違いとなります。

20は5×4でもあることから、自分らしさ（5）を形にする（4）ことや、論理的（4）な自己主張（5）などに関係してきます。つまり、自分が「こうありたい」と思うところを言葉や行動で表現するのです。

また、4には「制限・困難を乗り越える」という象意もあるため、相互理解の難しい相手に、こちらのスタンスをうまく伝えることにも関係するでしょう。

タロットの大アルカナ20番「審判」では、天使が吹き鳴らすラッパの音によって死者が復活しています。これは、音＝言葉の力による鼓舞を表しており、先ほどのたとえのように、スポーツ選手が国家斉唱で鼓舞されることにも似ています。

天使は高所にいて広い視野を持つことから、これは下界にいる3人が共通して同意できる「高次の視点」と考えてよいでしょう。この絵柄は、「複数の人間で一致した意見をメガホンを通して広く世間に伝えている状況」にも見えることから、社会運動などにも関係の深いカードかもしれません。

その声を聞いた人の中から、いったんは「押し殺して」しまった社会への不満や疑問などを「復活」させる人も出てくるでしょう。それは、このカードで死者の復活として描かれています。

以上を踏まえた上で考えると、ハーモニクス占星術における第20調波は、「集団の代表者として主張・鼓舞する能力」や、「当事者全員が合意できるビジョンをもたらす能力」などを表すことになります。

第20調波に発芽天体を持つ人は、必然的に集団のリーダーにすえられることが多いでしょう。多くは演説にも長けており、言葉の力によって人々を元気づけて新たな希望を与えられる人だといえます。

なお、この能力は自分自身を鼓舞することにも使えます。意気消沈したときには、自らのスタンスを再定義して明確なビジョンとして言語化し、それを自分に言い聞かせることで再起へのパワーを得られるのです。

【図3－24】「審判」

第21調波の象意　一定したスタンスと自己刷新の両立、厳しい環境を突破する発想の創出

　20からの数の流れでは、社会的に確立された自己が、ほかの社会とのかかわり方を模索していくことがテーマとなります。そこで21とは、そのようなかかわりにおける「新たな自己」（1）の誕生を意味することになるでしょう。

　これを会社でたとえるなら、二つの会社の提携に伴って自社の内部に新たな事業部が生まれるようなものだといえます。

　10の位と1の位を足すと3。これは「足して3となる数」としては3度目の登場であり、弁証法でいう《合》(ジンテーゼ)にあたります。《正》(テーゼ)の3は「夢見る高揚感」、《反》(アンチテーゼ)の12は「その夢を着地させて実現へ向かうこと」でしたから、この21は、「着地したところからさらに高く飛び上がること」を意味することになるでしょう。

　それは、夢の実現が新たな夢を生み出すということであり、21を7×3と考えた場合にもほぼ同じ意味となります。

　タロットの大アルカナ21番「世界」では、花輪の中に女性がいて、その周りを固定宮の象徴が取り囲んでいます（ここではワシを蠍座と考えてください）。つまり、固定宮のグランドクロスが形成されているのです。

　グランドクロスのアスペクトは通常、重苦しい状況を生み出しますが、花輪で守られた女性はそれにかまわず軽やかな様子を見せています。

　ここでは、この花輪を卵と考えてもよいでしょう。宇宙が卵から生まれたとする「宇宙卵」の神話は世界各地に見られ、その未顕現の宇宙は数字の0と考えることができます。その中にいる女性は1という数で象徴され、いつでも生まれることのできる状態にあります。

　さらに、よく見てみると、花輪の上下にはレムニスケート（∞）が隠されています。

　第8調波で説明したように、レムニスケートには円滑化や均一化、そして変換の働きがあることから、この花輪は完全には閉じておらず、上下のレムニスケートは外部環境からの影響を最適化して取り込む働きをしているこ

とがわかります。つまり、厳しい外部環境から女性を守りつつ、必要な影響はきちんと取り入れているのです。

その意味で、この女性は外部環境から独立した「個」であると同時に、外部環境に呼応して形成された存在であるといえます。これは、先ほどの会社のたとえでいう「新たな事業部」のようなものです。

ところで、このカードに描かれた固定宮のシンボルは、『旧約聖書』に登場する「神の戦車（マカバ）」の四つの顔にも一致しています。つまり、この花輪は「神の戦車」の操縦席、あるいは客室ということになるでしょう。

【図3-25】「世界」

カバラ（ユダヤ教神秘主義派）の修行者は、その「神の戦車」に乗って異世界を探訪するそうです。「神の戦車」の形は星型正八面体だという人もいます。また、これはUFOも連想させます。

実際に星型正八面体やUFOに乗って異世界へ行ったという人の話も耳にしますが、その実際のところは、本来なら明瞭な意識を保っていられない意識領域においても、その「神の戦車」に守られて意識を失わずにすんだ、ということを意味しているのでしょう。

そのような旅は人に「自己の新生」をもたらしますが、神秘的ではない日常的な経験の中でもそれは起こりえます。つまり、厳しい環境の中にさらされつつも「個」をしっかりと守り、外部環境からの影響を適切に取り込むことで、新たな自己が形成されるのです。それこそが、このカードの意味するところです。

大アルカナの最後となる「世界」で形成される「宇宙卵」とは、ここまでの流れの集大成です。そして、この卵が割れたときに、ステップアップした次の世界が始まります。

以上を踏まえた上で考えると、ハーモニクス占星術における第21調波は、「一定したスタンスと自己刷新の両立」や「厳しい環境を突破する発想の創出」などを表すことになります。

この調波に発芽天体があると、第20調波と同様に集団のリーダーの立場

に就きやすいでしょう。ただし、所属する社会集団に受容されやすいビジョンを提示する第20調波とは異なり、第21調波ではより大きな視野から、斬新さと安定感を兼ね備えたビジョンを提示することになります。

集団のサバイバルにおいては特にその才能を発揮し、困難を突破する「次の一手」を考案することになるでしょう。

また、個人的には、目からウロコの落ちるような体験によるアイデンティティの刷新を人生のどこかの段階で経験します。満年齢調波として考えると、21歳時にそれが起きる可能性が高いはずです。

それは、表向きには大きな出来事ではないようでも、本人にとっては人生観を大きく変える体験となります。

ここで説明した、10〜21までの調波の象意についてまとめたので参考にしてください（【表3－4】）。

【表3－4】10〜21までの調波の意味

調波数	象意
第10調波	社会に示す自分像、社会的立場、公私の区別をつける
第11調波	常識に囚われない発想・発言、ツッコミ力、斬新さ
第12調波	TPOに応じたストレスのない社会適応、創作活動
第13調波	常識に囚われない行動力、捨てる・リセットする力、ゼロから再出発する力
第14調波	理想の実現のための地道な努力、継続力
第15調波	カリスマ的指導力、交渉力、社会における自己実現力
第16調波	衝撃的な出来事を契機とした価値観の逆転
第17調波	世界の雰囲気から未来への展望を見いだして伝達する
第18調波	縁に導かれ体で感じて行動する姿勢、実験的な人間関係を通して人の本質を見いだす、陶酔による自己変革
第19調波	社会参画による自己実現、社会の共同創造者としての自覚、異文化コミュニケーション、チームワーク能力
第20調波	集団の代表者として主張・鼓舞する能力、当事者全員が合意できるビジョンをもたらす能力
第21調波	一定したスタンスと自己刷新の両立、厳しい環境を突破する発想の創出

第22調波以降の調波数について

　22以降の調波数についても、ここまでと同じようなロジックでその意味するところを推定できます。
　まず、10の位は「大テーマ」を表すと考え、数の象意からその意味するところを推定します。
　たとえば、第20調波〜第29調波は異なる背景を持つ社会集団とのかかわりを、第30調波〜第39調波は社会性に創造性が加わってくるプロセスを、第40調波〜第49調波はそれまで培ってきた社会性を具体的な形にすることを、それぞれ表すことになります。
　さらに、第50調波〜第59調波は人生観の確立と目下の者への伝達を、第60調波〜第69調波は物事の調整約として世の中へ貢献したり、人と人とを結んだりする役割を、第70調波〜第79調波は人生経験からエッセンスを抽出することを、第80調波〜第89調波は集団の長としての働きを、第90調波〜第99調波は社会経験を踏まえた人生の本質への目覚めを、表すことになるでしょう。
　一方、1の位の数は各「大テーマ」における具体的な取り組み方を示しています。各数の意味はこれまで説明してきた通りです。
　次に、乗算（掛け算）で導ける調波数を同一の系統として考えることもできます。たとえば、5の倍数の10、15、20、25、30、35、40……などをすべて「5の系統の調波数」と見なし、第5調波のテーマを拡張したものとして考えます。
　そのときに、×2となる調波数を「元の調波の性質を手段として用いる」、×3となる調波数を「元の調波の性質を創造的に用いて強める」、×4となる調波数を「元の調波の性質を明確な形にする」、あるいは「元の調波における制限や困難な点を克服する」というように考えます。
　このとき、2系統、3系統、4系統は基本的なものとして除外し、5系統〜9系統のそれぞれの系統で検討するとよいでしょう。
　30（5×6）、35（5×7）、42（6×7）といった、二つの系統が交わる調波数は特に重視します。なお、素数にかんしては、それまでにない新たな性質がそこで登場するものと見なします。

さらに、数秘占術で行うように、調波数の10の位と1の位を足して、一桁になるまで繰り返しその計算を行うことによっても、その意味を推定できます。
　たとえば、「足して5になる数」には、5、14、23、32、41などがありますが、このうち最初の5を弁証法でいう《正(テーゼ)》とし、14を《反(アンチテーゼ)》、23を《合(ジンテーゼ)》と見なすことができます。
　これらは、基本的に5という調波数が示すテーマを引き継ぎますが、《反(アンチテーゼ)》にあたる14ではその働き方のベクトルが反転し、《合(ジンテーゼ)》では、《正(テーゼ)》の立場と《反(アンチテーゼ)》の立場を臨機応変に使いこなして創造的な成果を得ることになります。
　それ以降の「足して5になる数」、つまり32以降にかんしては、《合(ジンテーゼ)》にあたる23を新たな《正(テーゼ)》と見なし、それに対する《反(アンチテーゼ)》としての32、そして、《合(ジンテーゼ)》としての41……という形で進んでいくので、これは少々複雑です。
　そこで、いったん《合(ジンテーゼ)》まで達した「足して〇になる数」の系統にかんしては、単にその数の系統にあることのみ考慮に入れ、あとは乗算の系統や、10の位と1の位の象意を参考にして調波数の象意を推定したほうがよいでしょう。
　ここで説明した方法によって、理論的にはどのような調波数であっても、その象意を推定することが可能です。これを満年齢調波として考えると、年齢ごとの「あるべき生き方」を示す物差しとして使うこともできます。
　しかし、実践的には22以降の調波数の象意を精緻(せいち)に定めることは不要であり、乗算の系統のみを意識しておくだけで十分だと考えます。

第4章 ハーモニクス占星術解読法

1 調波チャート解読の基礎

テーマ別に読むべき調波チャートを定めることで的確な解読が可能になる

　ハーモニクス占星術の解読法は二つに大別されます。一つは知りたい分野に対応する調波数のチャートを読むこと。もう一つは特定の年齢に起きることを知るために満年齢調波のチャートを読むことです。

　たとえば、リーダーシップがある人かどうか、そのリーダーシップがどういう性質のものなのかを知るには、それと直接に関係する第8調波を検討します。リーダーシップについては、カリスマ性と関係する第15調波、集団の代表者の素質と関係する第20調波なども見るとよいのですが、まずは一桁調波を優先しましょう。

【表4−1】テーマ別の検討すべき調波数

分野	調波数
対人関係	5、**6**、8、11、12、15、**18**、**19**
恋愛・結婚	5、6、**7**、**9**、13、15、18
家庭	**6**、9、10、12、**14**、19、20
金銭関係	**8**、14、15
知的能力	**4**、5、**9**、11、17、19
仕事全般	**10**
・被雇用タイプ	**6**、**12**、14、19
・起業タイプ	5、8、**10**、11、13、14、**15**、20
・フリーランス	**10**、**11**、12、13、14、17、**18**、21

主要なテーマごとに検討すべき調波数を表にまとめてみました。太字は特に重視すべき調波数です（【表4－1】）。
　ただし、これはあくまでも参考であって、ここに挙げたすべての調波数を検討する必要はありません。実際には、質問内容に応じて一つか二つの調波数を検討すれば十分です。発芽天体のある調波を優先的に検討します。
　たとえば、結婚生活における浮気が問題であれば、第13調波を見るとよいかもしれません。そこに際立った特徴があれば、その人は浮気によって結婚生活の再構築を図ろうとしていることがわかります。そこで、浮気を繰り返させないためには、意図的に結婚生活の再構築を図るとよい、ということになるわけです。
　同様に、会社員で何度も自主退職してしまう人の場合でも、第13調波を見てみるとよいのです。そこに特徴があれば、その退職の真意は「再構築」にあり、頻繁な退職を避けるには、常にそのような再構築が要される仕事か就業スタイルを選択すればよい、ということになります。具体的には部署の移動が容易であったり、地方出張が多かったりする職場がよいでしょう。
　なお、この表には登場しませんが、第16調波も非常に重要です。この調波に特徴があると、破産、離婚、事故、大病など、人生に大きな激変の起こる可能性があるため、人生における大問題を扱うときには必ずチェックしておきたい調波だといえます。
　基本的な考え方としては、個人的な問題については一桁調波を中心にし、社会生活にかんしては第10調波以降も併せて重視することになります。

人生で起きてくることはただの偶然ではなく
クモの巣のような整然とした法則性によって結びつけられている

　特定の年齢に起きることを知る、あるいは過去の出来事の背景にある深い意味を知るには満年齢調波を検討します。
　すでに何度か説明しましたが、満年齢調波とは、10歳のときのことを知るには第10調波を、20歳のときのことを知るには第20調波を、というように、その満年齢と同じ調波数を検討するという手法です。
　満年齢調波の検討で大切なのは、その年齢の時期におけるプログレスや

トランジットからの影響とどう組み合わせて解読するか、ということでしょう。

「何が起きるか」ということは主にプログレスに表れ、その「詳細なタイミングや周囲の状況」はトランジットに表れ、そして、満年齢調波にはその出来事の「人生における意義」が主に表れると考えてください。

プログレスに際立った特徴がなく満年齢調波にだけ特徴がある場合には、具体的な出来事は起きないけれど、その調波チャートが象徴する内的な変化が起きるということを意味します。

その満年齢調波を検討するときに参考になるのは、その調波と同一系統の一桁調波の満年齢における印象的な出来事です。

たとえば、28という数は「7×4」と表現できることから、4歳のときの第4調波に関係する出来事と、7歳のときの第7調波に関係する出来事が、28歳の満年齢調波を解読する参考になります。

たとえば、その人が4歳のときに迷子になって自力で帰ってきたのなら、「困難を解決しようとするときに自力でそれに取り組む」という性質をそこで得たのかもしれません。また、7歳のときに「戦隊ヒーロー」の真似をして高いところから飛び降りてケガをしたのなら、「夢はかなうものではない」という教訓をそこで得たのかもしれません。

そのような情報は、28歳の満年齢調波チャートを解読するときの参考になり、その人が夢の実現にかんして迷っているのであれば、4歳と7歳のときの出来事がその人らしい解決策を自ずと示してくれるでしょう。

ネイタルチャートと調波チャートの関係を重視することは言うまでもありませんが、そのような形でも重要な示唆を受けられるということは覚えておいてください。

ただ現実的には、小さな子どものときの記憶が曖昧な人も多いので、その場合、10歳以降の年齢で考えてもよいでしょう。たとえば、28歳であれば、その半分の14歳のときのことを思い出してみます。

28は14に対して×2となる数ですから、14歳のときにコツコツと取り組んできた物事を現実社会へ投げかけて、その実現を図るのが28歳ということになります。ですから、28歳時のことを知るには14歳のときの出来事が参考になるわけです。

このように考えていくと、それぞれの年齢で起きる出来事が動的かつ立体的に関係していることがわかります。そして、人生で起きてくることはただの偶然ではなく、クモの巣のような整然とした法則性によって結びつけられていることに気づかされるでしょう。それこそがハーモニクス占星術の醍醐味です。

満年齢調波には、起きる出来事そのものではなく、その年齢時に起きてくる出来事の人生における意義が主に表れます。それは、先に述べた通りです。ただし、発芽天体のハウスやネイタルチャートとのアスペクトなどから、ある程度は何が起きてくるのかを推測できます。

また、特定の満年齢調波で現れた発芽天体は、その年齢時においてその人に付け加えられる新たな特性を表していると考えることもできます。ネイタルチャートに表れている生来の性質にその新たな特性が加わるのです。

その新たな特性は、基本的に消えたり変わったりすることはありませんが、その年齢に対して×2となる年齢のときに発芽天体が現れた場合には、以前の特性は発展的に解消され、その発芽天体が示す新たな特性へ変化していきます。

以上が、満年齢調波の基本的な考え方となります。

調波チャートにおける発芽天体とネイタルチャート上の感受点とのアスペクトを中心に解読する

それでは、調波チャートの基本的な読み方について解説します。

すでに説明した通り、すべての基本はネイタルチャートであり、そこに調波チャートを重ねて読み解いていくことになります。チャートを重ねるときにはサイン（黄道度数）をぴったりと一致させます。

調波チャートにおける発芽天体とネイタルチャート上の感受点とのアスペクトが重要なポイントとなり、発芽天体の位置するハウス（ネイタルチャート上のハウス）、それから、発芽天体のサインなども参考にします。

以下、細かいポイントについて箇条書きで説明しましょう。

■調波チャートで用いる感受点は基本10天体とする

　本書のやり方において調波チャートで用いるのは、☽月、☿水星、♀金星、☉太陽、♂火星、♃木星、♄土星、♅天王星、♆海王星、♇冥王星とし、ASC、MC、☊ドラゴンヘッド、☋ドラゴンテールなどの感受点は用いません。

　後者を用いないのは、実体のない感受点はハーモニー（調波）を奏でることはない、という理由からです。

　また、ASCやMCは出生時間のわずかな違いで度数が違ってくるため、調波数が大きくなると、その誤差は無視できないものとなり、それもこの感受点を用いない理由となります。

　なお、代表的な小惑星にかんしては用いることがあります。これについては、次章で触れます。

■調波チャートにおける発芽天体とネイタルチャートの関係を中心に読む

　調波チャートとネイタルチャートを重ね合わせ、前者の発芽天体と後者の各感受点との関係を中心にホロスコープを読んでいく――これがハーモニクス占星術の基本です。

　すでに述べてきた通り、ある調波チャートに発芽天体がある場合、その調波数が象徴する物事を自然に行えたり、そのための能力を得たりします。満年齢調波として見る場合には、その年齢のときに関連する出来事が起きるでしょう。

　それが何なのかということは、発芽している感受点の組み合わせや、それがネイタルチャートの各感受点に対して形成するアスペクト、発芽天体の位置するハウス（重ねているネイタルチャートにおけるハウス）から読み解きます。

　オーブは６度を基本にし、このオーブを狭くすると、より強力な働きをする発芽天体を絞り込めます。たとえば、６度離れて☌０度が成立している発芽天体よりも、３度離れて☌０度が成立している発芽天体のほうがより強力であり、それが存在する調波チャートは、その人の人生で強く作用し

ます。

また、発芽天体からネイタルチャートの感受点へのアスペクトを見る場合にも6度のオーブを基本にし、通常のアスペクトの考え方と同様、より正確にアスペクトするほうが作用も強いと考えます。

ただし、例外的なケースとして、調波チャート上の発芽していない単体の感受点が、ネイタルチャート上の感受点に対してオーブ1度以内でアスペクトしている場合、それが何らかの形で作用することがあります。

■どの調波チャートを見ればよいか？

その人の主な特徴を知りたいなら、一桁調波（第5調波〜第9調波）のうち発芽天体を持つ調波チャートを検討します。

より詳細な特徴を知るには、第10調波〜第21調波で発芽天体を持つものも検討しますが、その多くで発芽している場合はかえって特徴が曖昧になるので、より狭いオーブで発芽している調波チャートだけを検討すればよいでしょう。

また、テーマを絞って調べたい場合は、本章の冒頭で触れたように、調波数ごとの象意を参考にして調波チャートをいくつかピックアップして、そのうち発芽天体を持つものを検討します。

なお、満年齢調波を検討する場合には、その調波数を因数分解したときの調波チャートやその年齢時に実際に起きたことも参考にできます。たとえば、35歳時であれば、第35調波の調波チャートだけでなく、第5調波や第7調波なども参考にできるのです。

■調波チャート上の感受点間のアスペクトも参考に

調波チャートにおける♂0度以外のアスペクトも参考にできます。この場合もオーブは6度に設定します。

アスペクトの象意は、ネイタルチャートにおけるそれとおおよそ同じですが、あくまでもその調波数における働きであることに留意してください。

つまり、その調波数が表すテーマについて、＊60度は「適応可能」、□90

度は「葛藤と困難がある」、△120度は「スムーズに楽しんで取り組める」、☌180度は「それを目標にする」……というふうに読むことになります。

ただ、☌0度とは違って現実の物事を変える力はあまりなく、あくまでも心の中の動きに留まります。そこで、複数のアスペクトが成立している場合は、その調波数の表すテーマにかんして、心の中に複雑な動きがあることを示しているといえます。

それらのアスペクトは、その倍数の調波数において発芽する可能性があることも思い出してください。たとえば、第8調波で☌180度を形成する二つの感受点は×2となる第16調波において発芽する可能性があり、90度であれば×4となる第32調波で発芽する可能性があります。「可能性」と表現したのは、調波数が大きくなっていくにつれ、オーブを外れてアスペクトが成立しないことがあるからです。

そういう意味で、調波チャートにおけるアスペクトを「発芽の胎動」と考えてよいでしょう。ただし、それは実際に発芽するとは限りません。

■感受点のサイン分布の特徴も考慮する

特定サインに感受点が著しく集中している場合、調波数の表すテーマにおいて、そのサインの性質が現れるものとして考慮します。また、各サインの最初の度数（分数表示で0.00度〜0.99度）に感受点がある場合、調波数の表すテーマにおいて、そのサインの性質が強調されると考えてください。

調波チャート上のサインにかんしては、アディーが「CFMN」という区分を提唱しています。サインをいくつかのエリア（度数域）に分けたものですが、アディーの行ったような統計研究にはよくても、実際の鑑定にはあまり役立たないという印象があります。

また、サインの扱いが占星術の概念を逸脱しすぎている印象もあるため、本書では、この「CFMN」については扱いません。

■サビアンシンボルも適用可能

サビアン占星術の体系では、黄道360度のそれぞれに象徴的なシンボル

（詩文）と象意があてがわれています。これをサビアンシンボルといい、通常はネイタルチャートやプログレスチャート上の感受点の解釈に用いますが、それと同様に、調波チャート上の発芽天体の解釈にも適用可能です。

　時にシンボルがそのまま具現化していることがあり驚かされますが、常にそうなるわけではなく、また、1度ずれただけで象意が変わってしまうので、調波チャートでは使いにくいということもあります。

　そこで、サビアンシンボルについては、適用可能ではあるけれど参考程度に留めておいたほうがよい、ということになりそうです。

2 発芽天体の象意 45 パターン

　それでは、ハーモニクス占星術における発芽天体の象意を、感受点の組み合わせ別に解説しましょう。

【☽月】♂【☿水星】　｜　共感力

　調波数が象徴する分野に共感力を与える発芽天体です。これを「空気を読む」能力と考えてもよいでしょう。
　他者の感情への理解力が高いので、他者の相談に乗ったり、人間関係の機微をとらえたりすることに向きますが、ネイタルチャートの感受点に対してハードアスペクトとなる場合は、他者の感情に過敏に反応しすぎてストレスを生むこともあります。

【☽月】♂【♀金星】　｜　人に愛される

　調波数が象徴する分野に親しみやすいキュートさを与える発芽天体です。人に愛される「ゆるい」キャラクターもその一つの表れ。そのキャラクターによって温和な人間関係を築き、特に女性や子どもとの関係を良好に築けます。
　また、この発芽天体は愛情に満ちた幸福な家庭生活にも関係し、男性の場合、この組み合わせの発芽天体が存在する満年齢調波の年齢において、そのような生活を実現してくれる女性との出会いが期待できます。
　ただし、ネイタルチャートの感受点に対してハードアスペクトとなる場合、安穏とした性格や幸福な家庭生活が、別の分野の足を引っ張ることになるでしょう。

【☽月】☌【☉太陽】　　｜裏表のない生き方

　調波数が象徴する分野に「公私の協調」を与える発芽天体です。家庭生活と社会生活との間に摩擦が生じにくく、夫婦関係や親子関係も良好となるでしょう。

　裏表のない生き方を志向するため、満年齢調波にこの発芽天体があれば、好きなことを仕事にしたり、自営業や自由業など公私を協調させやすい仕事に就いたりします。

　ただし、ネイタルチャートの感受点に対してハードアスペクトとなる場合、裏表のない生き方が、その人本来のあり方との間で葛藤を起こすことになります。

【☽月】☌【♂火星】　　｜競争心

　調波数が象徴する分野に気合や競争心、威勢のよい下町的なキャラクターを与えます。生活面での自活力として表れることもあり、その場合、活気のある日常生活となるでしょう。

　ただし、ネイタルチャートの感受点に対してハードアスペクトとなる場合、行き過ぎた競争心がトラブルを引き起こしたり、ケガを招いたりするでしょう。

【☽月】☌【♃木星】　　｜楽天的

　調波数が象徴する分野に楽天的な感情や幸福感、善良な性質を与える発芽天体です。ストレスを感じにくくなり、男性の場合、母親や妻の援助を受けやすい傾向として表れます。

　満年齢調波でこの発芽天体がある場合は、その年齢のときに家族や友人と良い関係を結んだり、のびのびとした日常生活を送ったりするでしょう。

　ただし、ネイタルチャートの感受点に対してハードアスペクトとなる場合、楽天的すぎて無計画になったり生活がだらしなくなったりします。

【☽月】☌【♄土星】　｜　落ち着き

　調波数が象徴する分野に落ち着きや感情の抑制をもたらす発芽天体です。着実に落ち着いて物事に取り組む能力や、日常生活を自己管理する能力として表れ、ネイタルチャートの感受点とうまく連携すると、有能で仕事のできる人となるでしょう。

　さらに、分相応というものを知り、責任感と規律を重んじる性質をその人に与えますが、ネイタルチャートの感受点に対してハードアスペクトとなる場合は、引っ込み思案な性格や憂鬱(ゆううつ)な感情、それから体調の悪化などに振り回されることが多くなります。

【☽月】☌【♅天王星】　｜　自由奔放

　調波数が象徴する分野に自由奔放さをもたらす発芽天体です。囚われのない生活を志向し、自由のない生活環境には我慢なりません。そのため、満年齢調波にこの発芽天体があると、それまでなじんでいた生活環境から離れる傾向となり、その時期に一人暮らしや都会暮らしに踏み切ることになりやすいでしょう。

　ネイタルチャートの感受点に対してハードアスペクトとなる場合は、自由奔放さを求める性向が行き過ぎてしまい、周囲からエキセントリックな変人と思われて孤独に追いやられることがあります。

【☽月】☌【♆海王星】　｜　夢見がち

　調波数が象徴する分野に夢見みがちな性質をもたらす発芽天体です。夢や空想、暗示的に見える出来事や占いなどに日常生活が左右されがちであり、他者の目には、漂うように生きている夢見がちな人と映るでしょう。

　他者の感情を敏感に察するため人に優しく接するようになり、また、ある種の霊感を発揮する人もいます。

　ただし、ネイタルチャートの感受点に対してハードアスペクトとなる場合は、他者の感情へ過剰に反応しすぎたり、霊感でキャッチした情報に振り回

されたりしてしまうでしょう。さらに、不穏な世相などに心を動揺させたり、アルコールやドラッグに依存したりする傾向として表れることもあります。

【☽月】☌【♇冥王星】　｜　強烈な感情

　調波数が象徴する分野に強烈な感情をもたらす、あるいはそのような感情を求める志向を与える発芽天体です。安心感を求める☽月に対して、♇冥王星が限度を超えるように迫る組み合わせであり、強烈な感情や限界を超える体験がなければ満足できないという表れ方をすることもあります。

　物事に対して強烈な取り組み方をし、また、何度失敗してもくじけないメンタルの強さを発揮しますが、ネイタルチャートの感受点に対してハードアスペクトとなる場合は、その強烈さや諦めの悪さがマイナスに働いてしまうでしょう。

【☿水星】☌【♀金星】　｜　美的感覚

　調波数が象徴する分野に多彩な表現力を与える発芽天体です。洗練された美的感覚や言語能力、または対人能力として表れることもあるでしょう。

　関心のアンテナをさまざまに張り巡らせて楽しみを探すことが得意な「趣味人」にもなりやすいのですが、ネイタルチャートの感受点に対してハードアスペクトとなる場合は、その言語能力や対人能力、あるいは趣味人ぶりが中身のない空虚なものとなり、生き方に軽薄さを加えることになるでしょう。

【☿水星】☌【☉太陽】　｜　専門知識

　調波数が象徴する分野において、専門知識や職人的スキルをもたらす発芽天体です。応用性がない「専門バカ」になりやすい傾向もありますが、特定の分野においては器用で物分りの早い性質として表れるでしょう。

　また、この発芽天体は、自己を知り、それに基づいて自分自身をうまく操縦することにも使えます。ただし、ネイタルチャートの感受点に対してハー

ドアスペクトとなる場合は、自分を思い通りに操縦しようとして自意識過剰となり、かえって自然体でいられなくなるでしょう。また、知識や技術に走りすぎてしまい、感情面や情緒面を無視してしまうこともあります。

【☿水星】♂【♂火星】　｜　決断力

　調波数が象徴する分野に集中的な思考力や決断力、または、反射神経の良さや素早い行動力を与える発芽天体です。
　この発芽天体は仕事などをてきぱきこなすことに特に使いやすく、**機械を扱うこと**にも関係します。また、雄弁に自己を主張できますが、ネイタルチャートの感受点に対してハードアスペクトとなる場合は、失言や暴言、せっかちな行動などがトラブルを起こすことになるでしょう。

【☿水星】♂【♃木星】　｜　学ぶ意欲

　調波数が象徴する分野に「学ぶ意欲」を与える発芽天体です。常識感覚にも関係し、楽観的で温厚、かつ柔軟な考え方ができるため、人当たりも良く誰とでも問題なく付き合えます。
　ただし、ネイタルチャートの感受点に対してハードアスペクトとなる場合は、関心が広がりすぎて物事への取り組みに集中力を欠いてしまったり、無難な考え方をしすぎて冒険ができなくなったりしてしまいます。

【☿水星】♂【♄土星】　｜　職人技

　調波数が象徴する分野に職人的な技能や合理的な思考力を与える発芽天体です。要領の良さや機転の利いたところはありませんが、物事にじっくり取り組むことで、確実な技能や安定した思考力を得ることができるでしょう。
　慎重に物事を考えるので失敗が少ない傾向となりますが、ネイタルチャートの感受点に対してハードアスペクトとなる場合は、慎重すぎて決断が遅れてしまったり、ある種の劣等感として表れたりすることがあります。

【☿水星】♂【♅天王星】　│　斬新な発想

　調波数が象徴する分野に斬新な発想や直感を与える発芽天体。新奇な物事や最新技術、科学的なことに関心が向かい、また、それを得意とします。
　論理的に物事を考え、すべての問題にはそれを解決する技術もあるのだと信じますが、ネイタルチャートの感受点に対してハードアスペクトとなる場合は、その志向が人間味のない冷徹さとして表れることになり、周囲からある種の変人として見られることになるでしょう。

【☿水星】♂【♆海王星】　│　想像力

　調波数が象徴する分野に豊かな想像力を与える発芽天体です。芸術的な表現力や他者の心理を敏感に察知することに優れ、流行の先読み能力としてそれが発揮されることもあります。まれに、ある種の予知能力として表れることもあるでしょう。
　ただし、ネイタルチャートの感受点に対してハードアスペクトとなる場合は、世相や他者の感情、あるいは不穏な直感に振り回されやすいでしょう。

【☿水星】♂【♇冥王星】　│　洞察力

　調波数が象徴する分野に洞察力を与える発芽天体です。研究、調査、分析、戦略にかんする才能として表れることが多く、会話でも相手の本音を鋭く見抜いて説得力ある言葉を発するでしょう。
　徹底した探究心を発揮しますが、ネイタルチャートの感受点に対してハードアスペクトとなる場合は、それが行き過ぎて極端な考えに走ったり、持説にこだわりすぎてトラブルを招いたりしてしまいがちです。

【♀金星】♂【☉太陽】　│　社交的

　調波数が象徴する分野に社交的な対人スキルやチャーミングさを与える発芽天体です。自己演出力に秀で、女性なら自分をより華やかに、男性な

ら自分をより堂々と見せることになるでしょう。

　愛されることへの欲求や異性に愛されやすい性質として表れることも多く、ネイタルチャートの感受点に対してハードアスペクトとなる場合は、それが行き過ぎて恋愛依存となったり、快楽主義的な生き方に溺れたりしてしまいがちです。

【♀金星】♂【♂火星】　｜　熱中

　調波数が象徴する分野において熱中する性質を与える発芽天体です。情熱的な恋愛へ向かうことも多く、性的なアピール力として表れることも。ただし、恋愛対象は人だけでなく、趣味や仕事への熱中として表れることも少なくありません。何に熱中することになるかは、ネイタルチャートとの関係から判断します。

　この発芽天体は永久機関的にパワーを生み出しますが、ネイタルチャートの感受点に対してハードアスペクトとなる場合は、そのパワーが暴走して冷静さを失ってしまい、さまざまなトラブルを引き起こすことになります。

【♀金星】♂【♃木星】　｜　華やかさ

　調波数が象徴する分野に華やかな社交性や堂々とした魅力を与える発芽天体です。その魅力は「セレブな雰囲気」と言い換えてもよいでしょう。

　恋愛の好展開や多彩な趣味、お金にかんする良い出来事などにも関係しますが、ネイタルチャートの感受点に対してハードアスペクトとなる場合は、浪費や悪趣味なほどの虚飾癖として表れ、その人の本来のあり方をかき乱すことになりがちです。

【♀金星】♂【♄土星】　｜　誠実な対人姿勢

　調波数が象徴する分野に控えめで誠実な対人姿勢をもたらす発芽天体です。虚飾を排する姿勢やストイックな金銭感覚に関係するほか、伝統的な趣味や芸事を意味することもあります。

満年齢調波でこの発芽天体がある場合、恋愛面での進展は望めませんが、以前から付き合いのある相手がいる場合は、安定した関係を維持できます。
　この発芽天体がネイタルチャートの感受点に対してハードアスペクトとなる場合は、慎重な姿勢が行き過ぎてしまい、さまざまな可能性の芽を片っ端から摘んでしまうことになりがちです。

【♀金星】♂【♅天王星】　｜　冴えた感性

　調波数が象徴する分野に冴えた感性を与える発芽天体です。偏見を持たず何に対しても公平に関心を持とうとしますが、それが周囲にはかえって風変わりな印象を与えることがあります。
　また、ライトな人間関係を好み、恋愛でも友情と恋の中間のような関係を求めるでしょう。ただし、ネイタルチャートの感受点に対してハードアスペクトとなる場合は、そのような姿勢がトラブルの原因となりがちです。

【♀金星】♂【♆海王星】　｜　ロマンチスト

　調波数が象徴する分野にロマンチックで幻想的な美的感覚を与える発芽天体です。芸術に取り組む人に対しては才能の輝きを与え、恋する人に対してはロマンチックかつエロチックな空想を与えるでしょう。
　ただし、ネイタルチャートの感受点に対してハードアスペクトとなる場合は、夢想的な性質が行き過ぎて、生き方がルーズで逃避的になったり、理想と現実のギャップに苦しめられたりします。

【♀金星】♂【♇冥王星】　｜　真実の愛への渇望

　調波数が象徴する分野に「真実の愛」「究極の愛」への渇望を与える発芽天体です。恋愛においては、恋する相手を「地上に降りてきた神」のように崇拝すると同時に、強烈なセックスアピールを覚えます。
　恋する相手は人に限らず、趣味事や仕事かもしれません。ともかく、その対象を崇拝するがごとく求め、それと一体化しようとします。また、異端

的なまでに強烈な美意識を表すこともあります。

　ただし、ネイタルチャートの感受点に対してハードアスペクトとなる場合は、その渇望が行き過ぎて、ある種ストーカー的な愛、あるいは支配的で暴力的な愛となってしまうでしょう。

【☉太陽】♂【♂火星】　｜　パワフルに生きる

　調波数が象徴する分野に、目標を実行へ移す力を与える発芽天体です。その力は、人生をパワフルかつ前向きに生きていく意欲、活力となるでしょう。

　満年齢調波にある場合、その年齢時は社会的成功をかけた積極的な行動をとるのに適した年となり、女性では、そのような男性と出会う可能性も。

　ただし、ネイタルチャートの感受点に対してハードアスペクトとなる場合は、やる気ばかりが空回りしたり、過剰な攻撃性として表れたりしてしまいがちです。

【☉太陽】♂【♃木星】　｜　社会的成功

　調波数が象徴する分野に楽天的で健康的な自己肯定感を与える発芽天体です。この肯定感は福を招く力となり、結果的に社会的成功をもたらすでしょう。

　満年齢調波にこの発芽天体を持つときは、その年齢時に昇進や昇給を果たしたり、人脈に恵まれて大きな仕事を手にしたりします。また、女性では経済的な力を持つ男性との縁が考えられます。

　ただし、ネイタルチャートの感受点に対してハードアスペクトとなる場合は、楽天性が行き過ぎて人生の道を踏み外したり、他者から尊大と見られるような態度をとったりしてしまいがちです。

【☉太陽】♂【♄土星】　｜　堅実な人生観

　調波数が象徴する分野へ、社会に適合した堅実な人生観を与える発芽天体です。その人生観は父親の影響であることが多く、先祖代々の職業を継

承するケースも考えられます。

満年齢調波にこの発芽天体を持つときは、誠実で根気強く物事に取り組みやすく、他者、特に年長者の信頼を受けることになるでしょう。女性の場合、年長の配偶者を選ぶ傾向も出てきます。

ただし、ネイタルチャートの感受点に対してハードアスペクトとなる場合は、堅物さが行き過ぎて人生の楽しみを知らず、苦悩の多い生き方となりがちです。

【☉太陽】☌【♅天王星】 | 個性的な生き方

調波数が象徴する分野へ、個性的な生き方へ向かおうとする姿勢を与える発芽天体です。他者からの影響や支援を受けることを好まず、独立独歩の生き方を志向しますが、それがかえって周囲には魅力的に映り、集団の長になることを求められることもあるでしょう。

ただし、ネイタルチャートの感受点に対してハードアスペクトとなる場合は、独立志向が強すぎて過剰に反逆的になったり、社会通念を無視したエキセントリックな行動へつながったりして、本来の人生のルートを外れてしまいがちです。

【☉太陽】☌【♆海王星】 | 夢想的な人生観

調波数が象徴する分野へ夢想的な人生観を与える発芽天体です。また、他者への同情心や放浪癖、芸術的センスなどの形で表れることもあります。

満年齢調波でこの発芽天体がある場合、その年齢時に不思議な幸運に恵まれたり、周囲からチヤホヤされたりする体験を持つでしょう。また、人によっては占いなどによって人生の舵取りをしようとする傾向も見られます。

ただし、ネイタルチャートの感受点に対してハードアスペクトとなる場合は、他者への同情心がアダとなって自らの人生を踏み外してしまったり、夢想を求めてアルコールやドラッグ、依存的恋愛などへハマったりする傾向が出てきます。

【☉太陽】♂【♇冥王星】　｜　限界への挑戦

　調波数が象徴する分野へ、限界に挑戦するダイナミックな生き方への志向を与える発芽天体です。強固な意志を持ち、改革者としてある種のカリスマ性を発揮することもあるでしょう。

　ただし、ネイタルチャートの感受点に対してハードアスペクトとなる場合は、人生の方向性を根底からくつがえす出来事が起きて、本来の人生の経路に破綻（はたん）がもたらされます。まれに、その衝撃がプラスに働いて「神がかったカリスマ性」を発揮することもあります。

【♂火星】♂【♃木星】　｜　野心家

　調波数が象徴する分野へチャレンジ精神や企画力を与える発芽天体です。満年齢調波でこれがある場合は、この年齢時に起業など大胆で新しい試みに取り組むことになるでしょう。また、勝負強さを与える発芽天体でもあり、投機事やスポーツの試合などに関係することもあります。

　ただし、ネイタルチャートの感受点に対してハードアスペクトとなる場合は、ノリの良さだけで突っ走って、手痛い失敗をしてしまいがちです。

【♂火星】♂【♄土星】　｜　タフさ

　調波数が象徴する分野へ、集中的な努力を継続する「タフさ」を与える発芽天体です。現実的な実務能力として発揮されることが多く、特に仕事には有効に使えるでしょう。

　ただし、ネイタルチャートの感受点に対してハードアスペクトとなる場合は、頑固な性質として表れやすく、その頑固さゆえに本来のやる気がかえって削がれたり、他者とのトラブルを招いたりします。

【♂火星】♂【♅天王星】　｜　多数派へ迎合しない

　調波数が象徴する分野に、多数派へ迎合しない性質をもたらす発芽天体

です。自己責任において物事を即断即決できる環境を求めますが、自分がリーダー格に就いた場合はチームワークも厭（いと）いません。満年齢調波にこの発芽天体があると、パソコンなど電気機器に関係する出来事が起きやすいでしょう。

ネイタルチャートの感受点に対してハードアスペクトとなる場合は、即断即決の姿勢が行き過ぎて、せっかちでキレやすいキャラクターとして表れることも少なくありません。

【♂火星】♂【♆海王星】　　行動的な夢想家

調波数が象徴する分野へ陶酔的な熱狂を与える発芽天体です。これがネイタルチャートの感受点へイージーアスペクトとなる場合、その感受点が潜在的に持つ願望が実現するでしょう。

満年齢調波にこの発芽天体がある年齢時には、思いついたことへ手当たり次第に手を出す傾向が表れ、ある種のツキに恵まれて、それらが次々とうまくいくことがあります。

ただし、ネイタルチャートの感受点に対してハードアスペクトとなる場合は、虚栄心や自信過剰の傾向として表れたり、アルコールやドラッグに耽溺して人生の本来の道筋を外れたりしてしまいがちです。

【♂火星】♂【♇冥王星】　　強力な底力

調波数が象徴する分野へ強力な底力や復活力を与える発芽天体です。ピンチのときほど気合いが入る傾向となりますが、自分に邪魔な存在に対しては攻撃性として発揮されるため、リーダーシップを発揮する一方で敵も多くなるでしょう。

ネイタルチャートの感受点に対してハードアスペクトとなる場合は特に攻撃性が強まり、実際に暴力をふるったり、ある種の権力を持つ人なら「強権発動」といえるような行動をとったりします。また、女性では、暴力的な男性とのかかわりが問題となりがちです。

【♃木星】☌【♄土星】　　社会的発展性

　調波数が象徴する分野へ、地道な努力に見合うだけの社会的発展性を与える発芽天体です。誠実に物事に取り組むことで、地味ではあれ、小さな幸運に恵まれ続けるでしょう。また、教育者の才能として表れることもあります。
　ただし、ネイタルチャートの感受点に対してハードアスペクトとなる場合は、社会的常識や他者からの指導・援助を意識しすぎて、自分自身の自然体を見失ってしまいがちです。

【♃木星】☌【♅天王星】　　刷新

　調波数が象徴する分野へ刷新と新規発展を与える発芽天体です。具体的には、起業精神や海外とのビジネス、独創的なアイデアなどの形で表れ、何らかの分野で先駆者となる可能性もあるでしょう。
　ただし、ネイタルチャートの感受点に対してハードアスペクトとなる場合は、後先考えない楽天的すぎる行動となって表れ、その行動によって人生の道筋を多少踏み外してしまうことになりがちです。

【♃木星】☌【♆海王星】　　理想主義

　調波数が象徴する分野へ博愛主義や理想主義への志向を与える発芽天体です。具体的には世直し願望やユートピア願望、社会的弱者への慈愛的寛容、ナチュラル志向、スピリチュアリティへの関心などの形で表れることが多いでしょう。
　ただし、ネイタルチャートの感受点に対してハードアスペクトとなる場合は、行き過ぎた理想主義が現実の生活を侵食したり、それまでの人間関係を破壊したりします。また、破産や倒産、詐欺被害を招くこともあります。

【♃木星】♂【♇冥王星】　｜　権力

　調波数が象徴する分野へ威風堂々としたキャラクターや権力を与える発芽天体です。出世・昇進の機会に恵まれ、何らかの組織のトップに立つこともあるでしょう。多くの場合、この人が得ることになる権力は血筋的な背景を持ちます。

　ただし、ネイタルチャートの感受点に対してハードアスペクトとなる場合は、威風堂々を通り越して傲慢となり、権力を振りかざした傍若無人な行動で他者の怒りをかってしまうことがあります。それにより、自分自身の本来の人生の道筋からも外れてしまいがちです。

【♄土星】♂【♅天王星】　｜　理論的で几帳面

　調波数が象徴する分野へ、物事を理論的かつ几帳面に扱う性質を与えます。具体的には科学や数学、経理への適性、計画的に物事を遂行する姿勢として表れるでしょう。

　ただし、ネイタルチャートの感受点に対してハードアスペクトとなる場合は、融通の利かない頑固さとして表れ、自分や他者を規則でがんじがらめにしてしまいがちです。また、それに伴い、人間的な欲求を否定する傾向も表れてきます。

【♄土星】♂【♆海王星】　｜　柔軟なルール意識

　調波数が象徴する分野へ柔軟なルール意識を与える発芽天体です。具体的には、理想に合わせてルールを改定したり、柔軟性のあるルール適用を行ったりする能力として表れ、新しい考え方を生み出したり、契約を伴う駆け引きや調停に才能を見せたりするでしょう。

　ただし、ネイタルチャートの感受点に対してハードアスペクトとなる場合は、優柔不断な姿勢や社会に対する失望、不安感として表れてしまいがちです。

【♄土星】♂【♇冥王星】　｜　強固な持久力

　調波数が象徴する分野へ強固な持久力や安定性を与える発芽天体です。その性質は物事のハードルが高いほど強く発揮され、たとえ失敗しても何度でも再起することになるでしょう。
　ただし、ネイタルチャートの感受点に対してハードアスペクトとなる場合は、ある種の鈍感さとして表れるほか、権力者への怒りや過激な革命思想として表れることもあります。

【♅天王星】♂【♆海王星】　｜　芸術的センス

　調波数が象徴する分野へ発想力やイメージ力を与える発芽天体です。具体的には芸術や創作全般へのセンスとして表れます。♅天王星は先端技術を表すので、インターネットの世界やゲーム、映像制作などの分野の才能として発揮されることも少なくありません。
　ただし、ネイタルチャートの感受点に対してハードアスペクトとなる場合

	☽月	☿水星	♀金星	☉太陽
☽月				
☿水星	共感力			
♀金星	人に愛される	美的感覚		
☉太陽	裏表のない生き方	専門知識	社交的	
♂火星	競争心	決断力	熱中	パワフルに生きる
♃木星	楽天的	学ぶ意欲	華やかさ	社会的成功
♄土星	落ち着き	職人技	誠実な対人姿勢	堅実な人生観
♅天王星	自由奔放	斬新な発想	冴えた感性	個性的な生き方
♆海王星	夢見がち	想像力	ロマンチスト	夢想的な人生観
♇冥王星	強烈な感情	洞察力	真実の愛への渇望	限界への挑戦

は、革新的すぎる発想や、それに伴う感情の起伏に振り回されがちです。

【♅天王星】☌【♇冥王星】　｜　革命

　調波数が象徴する分野へ、革命や改革への志向を与える発芽天体です。多くの場合、それは社会改革への意志として表れ、個人の自由を尊重する社会作りへ強い関心を向けることになります。

　ただし、ネイタルチャートの感受点に対してハードアスペクトとなる場合は、ある種の破壊衝動として表れやすくなり、安定した生活をあえて壊してみたり、天災や戦乱を待望する姿勢をもたらしたりするでしょう。

【♆海王星】☌【♇冥王星】　｜　スピリチュアル志向

　調波数が象徴する分野へある種のスピリチュアル志向を与えます。具体的には、現実の息苦しさを突破するために、癒し、輪廻転生、ユートピア志向といった霊的なファンタジーを利用することになるでしょう。

　ただし、ネイタルチャートの感受点に対してハードアスペクトとなる場合は、現実逃避的になりすぎたり、終末論的な悲観に囚われたりして、本来あるべき人生のルートを逸脱してしまいがちです。

♂火星	♃木星	♄土星	♅天王星	♆海王星
野心家				
タフさ	社会的発展性			
多数派へ迎合しない	刷新	理論的で几帳面		
行動的な夢想家	理想主義	柔軟なルール意識	芸術的センス	
強力な底力	権力	強固な持久力	革命	スピリチュアル志向

3 調波チャート解読の実際

ケーススタディ①　筆者の場合

それでは、調波チャートを実際に解読してみたいと思います。手始めは筆者のチャートから。まずは、複数の調波チャートからおおまかな特徴を読み取る方法として、第5調波以降の一桁調波における発芽天体の有無とその組み合わせのみで検討してみましょう。

筆者の場合、一桁の調波数と発芽天体の組み合わせは以下のようになります。

第5調波	【♄土星】♂【♆海王星】
第6調波	【♂火星】♂【♅天王星】♂【♆海王星】
第7調波	なし
第8調波	【♂火星】♂【♃木星】♂【♆海王星】
第9調波	【♂火星】♂【♅天王星】

ハーモニクス占星術では、これだけの情報から、この人物の性質についてある程度の情報を得ることができます。

たとえば、第5調波の象意は「自分らしい生き方」や「自己主張」、「勝負強さ」であり、♄土星 ♂ ♆海王星の組み合わせは「柔軟なルール意識」を意味しますから、そこから、この人は他者に流されず自分らしい生き方をしようとするときに、ルールの解釈を自己流に変えたり、あるいはルールをあえて破ったりするということがわかります。

第5調波は満年齢調波でいうと5歳時に対応しており、そのころを思い返してみると、確かに筆者はある種のルール破りをしていました。詳しい内容は書きませんが、その行為と結果は筆者の脳裏に焼き付き、「他者に迷

惑をかけなければ人は常識に囚われず自由に生きてよい」という人生観として刻み込まれたように思えます。

　また、第5調波はプレゼンテーション能力にも関係しており、占星術の本を書くようなときにも、♄土星 ☌ ♆海王星の性質が発揮されているようです。つまり、占星術のオーソドックスなルール＝理論をそのまま書くのではなく、どこか自己流をそこに入れ込もうとするのです。

　占星術理論の大原則さえ外さなければ、時代や個人の要請に応じて自由に解釈の幅を広げてよい、というのが占星術に対する私の理解であり、それは第5調波の♄土星 ☌ ♆海王星に由来しているといえます。

第6調波に表れる特徴から環境適応能力を読み解く

　次に第6調波を見てみましょう。

　この調波数には「環境適応能力」や「空気を読む」、「社会生活における成長力」という象意があり、♂火星 ☌ ♅天王星には「多数派へ迎合しない」、♂火星 ☌ ♆海王星には「行動的な夢想家」、♅天王星 ☌ ♆海王星には「芸術的センス」という意味があります。

　さて、ここで解釈が難しいのは、環境に適応しようというときに「多数派へ迎合しない」とは、どういうことかという点です。一見、矛盾しているように思えますが、要は集団における「異端派」としての席に収まることで、普通とは違った形でその集団に受け入れられるということでしょう。

　中学生時代の学生生活は環境適応能力が最も試される時期であり、集団へ適応できないとイジメられたり、のけ者にされたりするものです。

　そのころ筆者は、小難しい隠秘学（オカルティズム）の本を授業中に隠れて読むような中学生でしたが、変人度が高かったためか、かえって「イジメられっ子」のカテゴリーには収まらず、同じクラスの不良少年たちが不安そうに「幽霊って本当にいるのかな」と聞きにくるような状況でした。これは、「多数派へ迎合しない」ことによる環境適応の一例といえるでしょう。

　また、社会生活における成長力という点では、「多数派へ迎合しない」や「行動的な夢想家」、「芸術的センス」などの象意はもっとわかりやすく表れ

ています。

　現在、私は西洋占星術や隠秘学、神秘主義などの執筆を仕事として行っていますが、そのことはそれらの象意に重なるでしょう。つまり、一見すると一般的ではないことに見えても、社会的に成長したいなら、その方向をもっと推進すべきなのです。

　なお、第6調波は満年齢調波では6歳時に対応しますが、思い返すと6歳のときの筆者は仏教哲学へおぼろげな関心を寄せていました。自分を取り巻く環境を、一般的ではないやり方でとらえようとしていたのです。

　現代人にとって仏教はどこかカビ臭い宗教かもしれませんが、子どものころの筆者は、「多数派へ迎合しない行動的な哲学」として仏教をとらえていました。

　6の倍数の満年齢調波でもこれらの発芽天体は再登場しており、そのときには主に「芸術センス」の部分が強調されています。たとえば12歳のときに筆者は小説や漫画などの創作に関心を寄せ、18歳のときには詩作に取り組んでいました。

　これが第6調波の倍数系統の調波で登場するのは、筆者がそれらの創作を職業にして社会的成功を手に入れようとしていたことに関係しています。

「望む現実を引き寄せる方法」を知るには第8調波を読み解けばよい

　さて、第7調波には発芽天体はありませんから、筆者は「夢」や「理想像」、「芸術的才能」を持ち合わせていないということになります。

　これは、第6調波に「芸術センス」を意味する♅天王星♂♆海王星があることと矛盾するように思えますが、要は「芸術センスを通じて社会適応をしようとするが、芸術表現欲求が特にあるわけではない」ということです。筆者にとって芸術センスとはあくまでも道具でしかないのです。

　第7調波は「心に秘める理想像」を表すので、そこに発芽天体がないということは、たとえその人が表現力に長けていても、表現したい何かを心に秘めているわけではない、ということを意味します。絵描きでいえば、似顔絵描きにはなれても、芸術家にはなれないということです。

なお、第7調波に発芽天体がない場合でも、他者や社会の要請、あるいは状況に応じて、そのつど「夢」や「理想像」を持つことはあるでしょう。しかし、それは外部からの働きかけに応じたものでしかなく、その人の内面からやってくる衝動として人生を大きく左右するものではありません。

　次に第8調波です。この調波数の象意は「物事の円滑な成就」や「リーダーシップ」であり、自己啓発書が説く「引き寄せの法則」にも関係してきます。その手の本では「引き寄せの法則」は誰にでも適用するように書かれていますが、実際には、第8調波に発芽天体のない人が望む現実を引き寄せることは難しいでしょう。

　筆者の場合、この調波には「野心家」を意味する♂火星 ♂ ♃木星、「行動的な夢想家」を意味する♂火星 ♂ ♆海王星、「理想主義」を意味する♃木星 ♂ ♆海王星などの発芽天体があるため、望む現実を引き寄せたいときやリーダー的な立場に立ちたいときには、少し行き過ぎたぐらいの高い理想や夢を掲げ、それに伴って大胆な行動をとることになります。

　逆にいえば、そのような行動をとらないと、望む現実を引き寄せたり、リーダー的な立場になったりできないということです。

　なお、第8調波は満年齢調波では8歳にあたりますが、筆者はこの年齢のときに、変な本を読んで「UFO探知機」を自作しています。今にして思うと、たとえUFOが出現したとしても機能するはずのない代物でしたが、その行動自体は「野心家」や「行動的な夢想家」、「理想主義」といった象意に一致するものであったといえそうです。

**一桁の年齢のときに起きた出来事を思い返して
調波数が象徴する性質を意図的に引き出す**

　第9調波の象意は「本質」や「応用力」、「人生の最終目標」、「結婚」などであり、♂火星 ♂ ♅天王星には「多数派へ迎合しない」という意味があります。

　ここから、この人物が物事の本質をつかみ、それをほかのことに応用しようとするときには、あえて人とは違うやり方をすることがわかります。人真似ではダメということです。また、この人物＝筆者は「多数派へ迎合しな

い何か」を確立することが人生の最終目標となるでしょう。

　第9調波は満年齢調波では9歳にあたりますが、このころ筆者は転校した先で「効率の良い掃除の仕方」を提案したことでクラス全員から総スカンを食らった経験をしています。

　転校早々にそのクラスの掃除の仕方を否定して、新しいやり方を提案するのですから「子ども社会」では嫌われるのも当然ですが、筆者はこのころから、物事の本質を知ろうとするときに、まずそこで常識とされているものを疑い、ゼロから考え直してみる習慣が身についてきたように思えます。

　このように、満年齢調波、特に一桁の年齢にかんしては、その調波数の象意に関係する、記憶に残るような出来事が起きていることが多いものです。それを思い返してみることで、調波数が象徴する性質を意図的に引き出すことができるでしょう。

　ここで見てきたように、ネイタルチャートだけではわかりにくい、その人に秘められた特質を調べるには第5調波〜第9調波を検討することになります。あるいは、手間を惜しまないなら第21調波まで検討してもよいでしょう。チャート作成ソフトの中には、発芽天体を持つ調波数を一瞬で計算してくれるものもあります。

　なお、筆者の場合、第10調波以降、第13調波、第14調波、第15調波、第20調波、第21調波には発芽天体がありません。

　これは、常識に囚われない行動（第13調波）ができないこと、継続力（第14調波）がないこと、カリスマ性（第15調波）がないこと、集団を率いる能力（第20調波）がないこと、困難を乗り切る発想（第21調波）がないこと……などを表すでしょう。

　「常識に囚われない行動ができない」ことは、第9調波で「多数派へ迎合しない」ことに矛盾するように思えますが、第13調波は主に直接の行動にかかわり、第9調波は主に考え方の部分にかかわるのでニュアンスは異なります。つまり、この人物は常識外れの考え方はできても、実際の行動は常識的なのです。

ケーススタディ②　ヴィヴィアン・リー

次に、映画『風と共に去りぬ』の主演女優ヴィヴィアン・リーを例に挙げます。

当時イギリス領であったインドで生まれた彼女は、少女期にインドやイギリスのほかヨーロッパ各地を転々とした後、イギリスの王立演劇学校へ進学。若くして結婚したため学校は退学しましたが、出産後には映画出演を果たし、舞台女優としても脚光を浴びることになります。

その後、小説『風と共に去りぬ』を読んだ彼女は、この作品の映画化が企画されていることを知り、プロデューサーへ積極的に売り込み、見事に役を勝ち取ります。その決定以前から、「私はスカーレット・オハラ（女性主人公）を演じることになる」と公言していたそうですから、かなりの情熱をそこへ注ぎ込んでいたといえるでしょう。

事実、スカーレット・オハラは、「ヴィヴィアン・リーといえばこの役」というぐらいにハマリ役でした。

その一方、プライベートでは、不倫による離婚と不倫相手との再婚。さらに、新たな男性と不倫するなど自由奔放な異性関係を持ち、双極性障害（躁鬱病）にも悩まされています。また、結核も何度か患い、最終的には肺出血で急死。享年53歳でした。

それでは、これを踏まえた上でネイタルチャートを見てみましょう。

質（3区分）は活動サインが五つ、不動が五つ、柔軟が二つ。これは、人とうまくやったり臨機応変にふるまったりすることが若干苦手という印象です。偶数サインと奇数サインは同数なので、内向性と外向性のバランスはとれていると考えます。

ASCは♉牡牛座で支配星の金星は6ハウスにあります。これは、忍耐強い性質を表しており、与えられた仕事をきちんとこなすことにアイデンティティを見いだすことを意味します。6ハウスの☉太陽もその傾向を強化しており、事実、彼女は双極性障害で精神的に苦しいときでもプロとしての職務を全うしたそうです。

一方、MCは♒水瓶座にあり、☽月と♅天王星が重なっています。これは、仕事を通じて大衆（☽）に対して鮮烈な印象（♅）を与えることを意味す

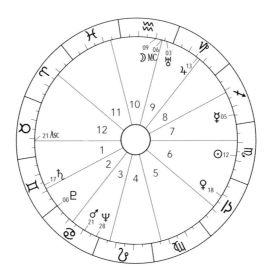

【図4−1】ヴィヴィアン・リー（1913日11月5日17時16分インド・ダージリン生まれ）のネイタルチャート

るでしょう。☽月と♅天王星の組み合わせからは独立した強い女性像がイメージされ、『風と共に去りぬ』のスカーレット・オハラを思わせます。

　MCの支配星が10ハウスにあることは、社会的な成功を確実に手にしようとする野心的な人物であることを示しているでしょう。

　恋多き女性であった彼女の♀金星に注目してみると、♂火星、♃木星と□90度である点にまず目がいきます。これは恋愛中毒ともいえる享楽的な彼女の異性関係として表れています。その一方で♄土星とは△120度。♄土星は2ハウスにあることから、これは彼女が堅実な金銭感覚を持っていたことをうかがわせます。

　なお、☽月と☉太陽は□90度であり、結婚生活に支障が生じることを示しています。また、彼女の双極性障害は♅天王星と♆海王星の☌180度に表れています。この組み合わせのアスペクトの持ち主は、感情の高揚と落ち込みが交互に訪れやすいのです。

芸術家としての可能性は、第7調波における
☿水星絡みの発芽天体の有無で判断する

　女優としての彼女を見るために、まずは第7調波を見てみましょう（【図4－2】）。

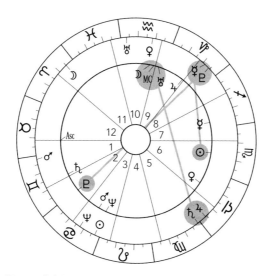

【図4－2】内側はネイタルチャート、外側は第7調波のチャート。

　この調波は「心に秘める理想像」に関係しています。芸術家の場合、☿水星と絡んだ発芽天体があるとその世界で一流になれる可能性が高くなりますが、ヴィヴィアン・リーには、まさに☿水星♂♇冥王星という発芽天体があります。これは、芸術分野における類まれな表現力（☿♂♇）の持ち主ということです。

　この発芽天体は、ネイタルチャートの6ハウスの☉太陽に対して＊60度、2ハウスの♇冥王星に対して♂180度であることから、彼女の仕事（6ハウス）や収入源（2ハウス）に関係することがわかります。

　第7調波では♃木星と♄土星も発芽しています。この組み合わせの発芽天体は努力に見合うだけの社会的発展を与えるものであり、MCに対して

△120度となっていることから、やはり職業に直結するといえます。これは演技に対して真摯に取り組んだ彼女の生き様に関係してくるでしょう。

なお、第7調波を満年齢調波と考えると7歳時にあたり、このころ、彼女は友人に「立派な女優になりたい」と発言していたそうです。

その後、彼女は17歳のころに、その友人が女優デビューしたことを知り、自らも女優になるべく王立演劇学校に入ります。

17歳は第17調波に対応するわけですが、この調波もまた芸術表現に関係しており、彼女の場合、ここにセレブな華やかさを意味する♀金星と♃木星の発芽があって、ネイタルチャートの♀金星△♄土星に絡んで小三角を形成しています。

この発芽天体は♂牡牛座のASCに対しては□90度ですが、これは、友人の女優デビューという事実が、彼女を刺激して行動を起こさせたことに関係するでしょう。

第17調波には、☽月☌☿水星☌♆海王星という発芽天体もあり、これは芸術的表現力や共感力を表しています。これはネイタルチャートの☉太陽には☌0度となりますが、MC、☽月、♅天王星には□90度となり、演技へのこだわりが「映画スター」として彼女を見る世間の目への抵抗感として表れていたことにつながってきます。

『風と共に去りぬ』が公開された26歳時点＝第26調波についても触れておきましょう。

この映画で彼女は、勝気な性格と不屈の精神でアメリカ南北戦争後の混乱を逞しく生き抜いていくスカーレット・オハラを演じていますが、そのキャラクターはそのまま、第26調波の♄土星☌♇冥王星や☉太陽☌♂火星に表れています。♄土星☌♇冥王星は「強固な持久力」を、☉太陽☌♂火星は「パワフルに生きる」という象意があるのです。

それらの発芽天体がネイタルチャートの♀金星に☌0度、⚼180度のアスペクトを形成することで、スカーレット・オハラというヒロイン像（♀）を形成しています。

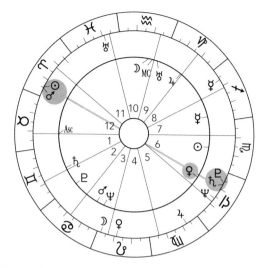

【図4-3】内側はネイタルチャート、外側は第26調波のチャート

ケーススタディ③　　出口なお、出口王仁三郎

　本章の最後に、出口なお（1837年1月22日京都府福知山市生まれ）と出口王仁三郎（1871年8月27日京都府亀岡市生まれ）という二人の宗教的カリスマを例にとり、あえてネイタルチャート抜きで各調波に表れる発芽天体だけを読んでみたいと思います。

　大正期に隆盛を誇った大本教の開祖である出口なおは「お筆先」と呼ばれる自動筆記によるチャネリングにより信者を集め、後に娘婿に迎えた出口王仁三郎の助けを得て、教団を大きく発展させました。

　なおのメッセージは強烈な社会批判と欧米批判を含むものでしたが、王仁三郎のそれは対照的に普遍的な宗教性を説くものであり、最終的には、なおが彼を認める形で、王仁三郎の思想を核にして大本教の教義がまとめられていきます。

　調波上の特徴をはっきり出すために1度のオーブで第5調波～第21調波

を調べてみると、なおは第5調波、第10調波、第15調波、第19調波、第20調波に発芽天体が存在していることがわかります。第19調波を除くと、すべて第5調波の倍数において ☉太陽と ♇冥王星が発芽したものです。この組み合わせには「神がかったカリスマ性」という象意があり、彼女が自己主張（第5調波）をするときには、そのようなカリスマ性を発揮するということを意味します。

　つまり、彼女のお筆先とは、明治から大正にかけての激動期に極貧の生活を強いられてきた一女性の心の叫びとしての自己主張であり、それが多くの人々の心をとらえたということなのでしょう。

　一方、王仁三郎の調波を調べると、第6調波、第7調波、第9調波、第12調波、第14調波、第15調波、第19調波、第21調波に発芽天体があり、大変多彩な才能の持ち主であることがわかります。事実、そうであったようです。

　このうち、3の倍数の調波には、伝統や家業を継承することや実務能力に関係する ☉太陽 ♂♄土星の発芽天体が毎回登場します。第3調波は「創造的な想像力」や「喜び」「楽しみ」に関係していることを考えると、彼は創造的な想像力を発揮しようというときに、伝統を持ち出してくるということになります。

　このことは、彼が大本教へ本格的にかかわる前に伝統宗教をいくつか学んできたことや、婿養子として出口家を継いだことなどに関係しているはずです。また、日本の神々の扮装をして写真に納まるということもやっており、そこにも、第3調波的な遊び心と伝統との融合が見られます。

　このように、ネイタルチャートの解読をすることなしに、各調波に表れる発芽天体を調べるだけでもある程度のことがわかります。しかし、実際の解読ではネイタルチャートをまず読んでから、調波チャートとの関係性を調べていくことになります。

第5章 ハーモニクス占星術の高度な応用

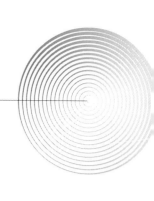

1 応用技法とケーススタディ

ハーモニクス占星術は発展途上の技術
その応用技法は今後実践の中で検討されていく

　ここでは、第4章で解説したハーモニクス占星術の基本から一歩進めた応用的な技法についてまず説明し、それから、ケーススタディを通じて解読の要点を学んでいきましょう。

　ハーモニクスは研究途上の技術であり、その応用には多くのパターンが考えられますが、そこに占いとしての有効性があるか否かは多くの実践者が今後検討していくことになります。

　その意味ではすべてが未知数ともいえますが、それを言っては何も始まりません。そこで、研究途上ではありますが、現在までのところ、筆者が一定の有効性を確認した応用技法をいくつか示したいと思います。

■オーブを加減して大まかな傾向をとらえる

　より狭いオーブで成立する発芽天体ほど影響が強いことから、そのような発芽天体がある調波を調べることで、その人の大まかな傾向をとらえられます。

　これは、手計算では膨大な作業となるのでホロスコープ作成ソフトが必須です。発芽天体が成立する調波を表形式で表示する機能があると便利でしょう。

　オーブ1度の発芽天体を持つ調波の象意は、その人生における最も重要なテーマや能力であり、その次に重要なのがオーブ2度の発芽天体がある調波、その次がオーブ3度の発芽天体がある調波であると考えます。

　そのように、オーブを増していき発芽天体の現れる調波を調べますが、あ

まり多く出てきてもかえって判断に困るので、まずはオーブ３度までの範囲で調べてみます。そのときに、発芽天体が現れないならオーブを広げ、その逆にオーブ３度で発芽天体が多く現れるようならオーブを狭めます。

　発芽天体の成立する調波からその人の大まかな傾向をとらえるときには、まず一桁調波に注目しましょう。狭いオーブで発芽天体が成立する調波の示す性質やテーマがその人生のコアになっている、と考えてください。

　さらに、一桁調波だけでなく、その倍数の調波においても同じ感受点の組み合わせで発芽している場合は、その一桁調波の示す性質やテーマが、倍数の調波に対応する年齢までブレることなく継続することになります。

■複数の調波系統が交わる年齢に注目する

　一桁調波において狭いオーブで発芽天体が現れる場合、その調波のテーマが人生のコアになると述べましたが、複数の一桁調波でそれが起きる場合、複数のコアがあるということになります。

　たとえば、第５調波に発芽天体を持つ人は「個であること」を人生のコアにしますが、同時に第６調波に発芽天体を持つなら事態は複雑になります。第６調波は「集団への適応」がテーマなので、どうしても第５調波との間で葛藤を生じてしまうのです。

　しかし、このような葛藤は複雑な色合いをもたらし、その人だけの個性を形作るともいえます。一つだけのコアを持つ人はシンプルだけど単純ともいえます。複数のコアを持つ人は葛藤を抱えるけれど、ある種の深みを持つと考えればよいでしょう。

　満年齢調波を検討するときは、複数のコアが交わる調波へ特に注目します。たとえば、第５調波と第６調波に狭いオーブの発芽天体がある場合、第５調波の倍数系統と第６調波の倍数系統が一致する第30調波、つまり30歳時に目を向けます。

　おそらく、この年齢のときに「個であること」と「集団への適応」を協調させなければならないような状況となり、葛藤を経て、その協調を成し遂げることになるはずです。その意味で、このような複数の調波系統が交わる年齢はターニングポイントになるといえます。

■一桁調波の発芽天体が倍数系統でオーブを外れる場合

　一桁調波におけるオーブの狭い発芽天体はその人生のコアを示します。しかし、倍数の系統で発芽が解消される場合、満年齢調波に対応する年齢以降、そのコアは現実の世界では実を結ばないでしょう。

　たとえば、第5調波に♂火星と♃木星があるなら、この人は大胆なチャレンジ精神によって「個」を主張することが人生のコアになっています。第10調波、第15調波でもこの発芽が維持されているなら、10歳時と15歳時にそのような行動を実際にとるはずです。

　しかし、第20調波で♂火星と♃木星がオーブを外れて発芽状態が解消された場合、大胆なチャレンジ精神自体はコアとして維持されていても、実際の行動としては現れません。つまり、チャレンジしたいという気持ちはあっても実行できないのです。

　では、倍数の調波系統で異なる組み合わせの発芽天体に切り替わった場合はどうでしょう。

　同じように第5調波に♂火星と♃木星の発芽があり、第20調波でそれが解消され、代わりに♂火星と♄土星の発芽が現れたなら、「個」を主張するときのチャレンジ精神はコアとして残しつつも、実際の行動は地道な努力を重ねるやり方となります。

　つまり、「コアになっている発芽天体」（一桁調波の発芽天体）を動機として、「実際の行動を引き出す発芽天体」（満年齢調波の発芽天体）が示す行動をとるということになります。

■一桁調波に対して×2となる調波では他者の関与に着目する

　一桁調波に対して×2となる調波とは、次ページ上の組み合わせをいいます。

　ハーモニクス占星術において調波数を2倍するというのは、元のチャートを二つに分割して重ね合わせるということです。つまり、自己側と他者側に分割した上でそれを一つにするのです。そこで、調波数に2を掛ける操作は、他者の視点や意向を自らに取り入れて統合することを意味します。

> 第5調波に対して×2となる調波＝第10調波
> 第6調波に対して×2となる調波＝第12調波
> 第7調波に対して×2となる調波＝第14調波
> 第8調波に対して×2となる調波＝第16調波
> 第9調波に対して×2となる調波＝第18調波

　第5調波でいうと、「個」を主張するときに他者の視点を取り入れると第10調波になる、ということ。これは、第10調波に対応する10歳時に、他者とのかかわりの中で「個」の主張の仕方を工夫するということでもあり、第10調波が「社会的立場」を意味するのはそのためです。

　そこで、第10調波を見るときには、「個」と対峙する他者の存在に注目してみます。同様に、第12調波を見るときには、集団へ適応するときに（特定の）他者とどうかかわるかを、第14調波を見るときには、理想の追求における他者の存在（多くはその理想を体現している人物）を、第16調波を見るときには、物事を成就させようとするときに介入してくる他者の存在（多くは妨害者）を、第18調波を見るときには、応用力を身につけようとするときに他者から与えられる不安定な条件に注目するとよいでしょう。

■一桁調波に対して×2となる調波は目的の成就にも関係する

　また、×2となる調波は目的の成就とも関係します。元になる調波のチャートで♂180度関係になっている二つの感受点は、その×2となる調波において発芽するため、元の調波で抱いた目的が×2となる調波で成就すると考えることができます。

　これを逆に考えると、ある調波で形になった物事は、その÷2となる調波にすでにその萌芽が存在していたともいえます。

　つまり、第5調波で抱いた目的は第10調波で成就し、第6調波で抱いた目的は第12調波で成就し、第7調波で抱いた目的は第14調波で成就し、第8調波で抱いた目的は第16調波で成就し、第9調波で抱いた目的は第18調波で成就するということです。

ただ、これは元の調波で♂180度関係にある感受点が×2の調波で発芽している場合の話です。この条件を満たしているときには、それらの調波にかんして、何が目的でどのような形で成就したのかということを考察してみると、年月を超えて連なっていく、出来事のネットワークが見えてきます。

なお、「元の調波」と「×2となる調波」との関係の法則性は、元の調波が一桁調波のときだけでなく、すべての調波で成り立ちます。しかし、調波数が大きくなっていくと、それまでの調波の影響の残存や複数の調波系統の交差があり、「×2」の影響だけを切り出して考えるのは困難です。

ケーススタディ④　アドルフ・ヒトラー

「×2」の影響を考える参考としてアドルフ・ヒトラーのチャートを検討してみましょう（【図5−1】）。

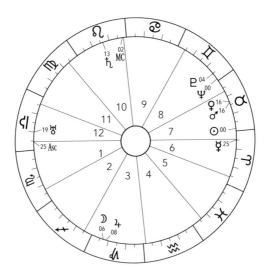

【図5−1】アドルフ・ヒトラー（1889年4月20日18時30分オーストリア・ブラウナウ・アム・イン生まれ）のネイタルチャート。

ここではネイタルチャートの詳細は解説しませんが、全体としては穏和な印象であり、世界に大混乱を引き起こした人物にはとても見えません。第3ハウスにある☽月と♃木星の☌0度は大衆ウケ（☽☌♃）のする演説能力（3ハウス）を意味しますが、カリスマ性とまではいかないでしょう。

　ところが、権力欲求と関係する第8調波と重ねてみると、不穏な雰囲気が漂いはじめます（【図5－2】）。

アドルフ・ヒトラーが8歳時に抱いた目的は
16歳時に別の形で実を結んだ

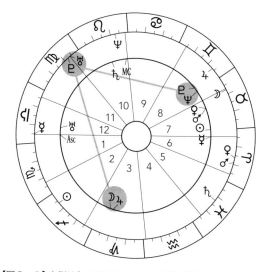

【図5－2】内側はネイタルチャート、外側は第8調波のチャート。

　第8調波の♅天王星と♇冥王星の発芽はある種の革命思想を表します。それが、ヒトラーの大衆受けする演説能力を象徴する☽月と♃木星の☌0度に対して△120度となり、革命を煽るような演説能力と化しています。これが、彼の権力欲求とリンクするのです。

　革命には良い革命もあるかもしれません。しかし、この発芽天体がネイタルチャートのΨ海王星と♇冥王星の☌0度に対して□90度を成すのは実に不穏です。

♆海王星と♇冥王星の☌0度はオカルト的発想を意味しており、8ハウスにあることから、そこがさらに強調されます。オカルトにも無害なものと有害なものがありますが、「精神力（♆）で世を変えられる（♇）」という方向性は危険です。宗教戦争やカルト教団の暴走などはまさにそれですし、ファシズムや全体主義というのも同じことでしょう。

　そこに対して、革命思想と関係する♅天王星と♇冥王星の発芽が□90度を成すと、急進的かつ無謀な世直し思想が生まれます。

　事実、ヒトラーはトゥーレ協会というオカルト結社にかかわっており、後のナチスにもこれが影響しているといいます。

　さて、この第8調波をよく見ると、☉太陽と♃木星のほぼ正確な☍180度があります。これは、第16調波では☌0度となるはずです。つまり、第8調波で抱いた目的（☍）が実を結ぶ（☌）のです（【図5−3】）。

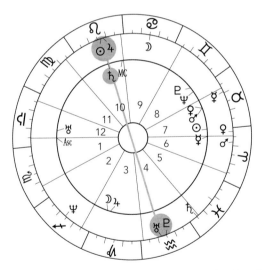

【図5−3】内側はネイタルチャート、外側は第16調波のチャート。

　☉太陽と♃木星の発芽は社会的成功を表し、それが、社会的権威を表す10ハウスの♄土星に重なっています。さらに、革命思想を意味する♅天王星と♇冥王星の発芽が☍180度を成しています。つまり、ある種の革命を目

的（☍）として、彼の社会的権威（10ハウス♄）が大きく高められる（☉☌♃）ということです。

第16調波は、「破壊的な出来事からどう回復するか」ということがテーマになります。ヒトラーの場合、第一次世界大戦で敗北し、戦争賠償金による経済的苦境に苦しんでいたドイツ国民に対して、民族の誇りの回復と経済復興の希望を与えたことで絶大な権力を手にするに至っており、この第16調波の状況がよく表れているといえそうです。

では、第8調波と第16調波を満年齢調波として考えるとどうでしょうか。

ヒトラーは8歳のときに聖歌隊に属し、将来は聖職者になることを望んでいたそうですが、これは第8調波の☉太陽と♃木星の☍180度と関係しているでしょう。♃木星は時として「聖職者」を表すからです。

16歳のときに彼は、成績不振と不品行が原因で自主退学しますが、このころ彼はよく陶酔状態となり「いつの日か自分に委ねられる特殊な運命」について炎のごとき勢いで友人に語りました。また、妹や母親に対して歴史と政治の講義をしていたともいわれます。

第8調波のテーマは、そこに他者の介入（多くは妨害）が加わることを経て、第16調波に引き継がれます。ヒトラーの場合、彼が8歳時に抱いた「聖職者になりたい」という願いは、学業の失敗などを経て、この第16調波＝16歳時において別の形で実を結んだといえるでしょう。

第16調波はタロットの大アルカナ16番「塔」に対応していますが、このカードで塔に落ちる雷は「神がかったインスピレーション」にも関係します。彼の場合、その「神がかり状態」が後に社会的権威を得ることに寄与したことは言うまでもありません。

調波チャートにおける小惑星の発芽は
時に際立った特徴を示すことがある

さて、第4章（207ページ）で、『風と共に去りぬ』の主演女優ヴィヴィアン・リーのチャートをハーモニクス占星術で検討しましたが、小惑星を考慮に入れると、もう少し詳細な情報が得られます。次に、小惑星⚴パラスを表示した第7調波のチャートを示します（【図5－4】）。

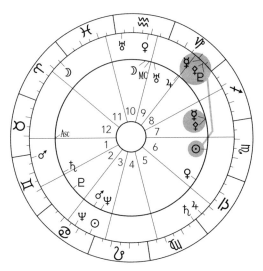

【図5-4】内側はヴィヴィアン・リーのネイタルチャート、外側は第7調波のチャート。

　女優としての彼女は第7調波に表れます。この調波は「心に秘める理想像」に関係していて、芸術家の場合、☿水星に絡んだ発芽天体があるとその世界で一流になれる可能性が高くなるといわれます。

　ヴィヴィアン・リーは、☿水星と♇冥王星の発芽を持ちますが、小惑星を表示すると⚴パラスが☌0度で♇冥王星に重なっていることがわかります。「パラス」という呼称はギリシャ神話に登場する、美しい容姿と甲冑で武装した姿が特徴的な女神パラスにちなんで命名されたもので、その神話上の姿から、男女を超えた中性的な魅力を意味します。

　リーが『風と共に去りぬ』で演じたスカーレットは周囲の目を引き付ける美貌と男勝りのパワーの持ち主であり、まさにこの⚴パラスのような女性です。

　しかも、ネイタルチャートでは、⚴パラスと☿水星が☌0度で重なります。つまり、リーはパラスの申し子のような存在であり、女優としてあのスカーレットを演じたのも頷けます。

　このように、小惑星が調波チャートにおいて発芽する場合、その調波が象徴する分野に小惑星の象意が反映されることがあるので、質問に応じて

検討してみるとよいでしょう。

以下、占星術で用いる代表的な小惑星とその意味を紹介しておきます。

⚵ジュノー	自己主張、(女性の場合)結婚後の生活状況
⚶ベスタ	(主に仕事における)忍耐と献身、天職、潔癖性
⚳セレス	成長力、育てること、家庭的
⚴パラス	中性的魅力、友情的恋愛、芸術感覚、才能
⚷キロン	傷と癒し、コンプレックス、占星術

ケーススタディ ⑤　Aさん（女性）の場合

それでは、これまでのところで解説してきたハーモニクス占星術の手法を、ケーススタディを通して学ぶことにしましょう。

なお、これ以降、ネイタルチャートと調波チャートの両方が登場する場合は、混同を避けるため、前者の感受点の前には「n（ネイタルの意）」の記号を、後者の感受点の前には「h（ハーモニクスの意）」の記号を付けることにします。

最初に登場するAさんは出生時間が不明とのこと。そこで、正午を仮の出生時間と設定し、☉太陽のあるサインを仮に1ハウスとしてホロスコープを作成します（このハウス形式をソーラーサインといいます）。

この場合、ハウスはあまり参考にならず、実際のASCとMCはどのサインにあるかわかりません。また、☽月は2時間で約1度動くので、正午の位置から前後に6度ずつの範囲内にあることになります。

そこで、☽月が♏蠍座に位置する可能性も考え、ほかの天体だけで「2区分・3区分・4区分」の配分を見てみると、奇数サインが三つで偶数サインが六つ。3区分では活動サインが四つ、固定サインが二つ、柔軟サインが三つ。4区分では、火のサインが二つ、地のサインが五つ、風のサインが一つ、水のサインが一つ、となっています。

ここからは、Aさんが理想や情よりも「実」を取るタイプであり、行動力と臨機応変さのバランスのとれた人だということがわかります。ただ、自発

的な行動ではなく、他者や状況からの求めに応じて行動する感じでしょうか。

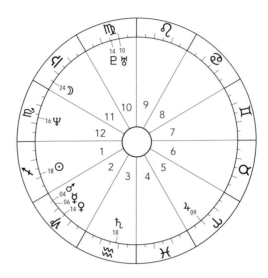

【図5−5】Aさんのネイタルチャート

**困難な出来事によって
人生の方向転換を迫られる**

　次に主要な感受点のサインとアスペクトを見てみます（以下、ネイタルチャート、ならびに、調波チャートの発芽天体とネイタルチャート間のアスペクトのオーブは6度に統一します）。

　まず、☉太陽は♐射手座にあり、自分を高めることに人生の意義を求める人だといえそうです。楽天的でいて向上心に富み、思想や哲学、あるいは占星術に生き方を問うことがあるでしょう。

　☉太陽は♇冥王星と□90度、♄土星と✳60度のアスペクトを作っています。これは誠実な人生（☉✳♄）を歩んでいるところに、困難な出来事が起きて大きな方向転換を強いられる（☉□♇）可能性を示しています。時に自己破壊的な行動を自ら起こすかもしれません。

一方、♄土星は♒水瓶座に位置することから、友人の中にあっても、どこか孤高の存在でありたいと願い、微妙な距離感を保とうとするでしょう。あえて自分自身を孤立させることもありえます。
　この♄土星は♆海王星と□90度。これは、何かが固まりそうになると崩れていく、というパターンを示しており、特に人間関係でその傾向が見られます。
　ほかに特徴のあるアスペクトを見てみると、まず、☿水星と♂火星の☌0度が気になります。これ自体は素早い行動力や集中力を意味しますが、♃木星から□90度のアスペクトを受けていて、甘い判断のままで物事を行動に移す傾向も示しています。
　また、♃木星は♀金星に対しても□90度。これは享楽的な性質を示しており、浪費家になる可能性もあります。ただ、その一方で、誠実な人生観を意味する☉太陽と♄土星の＊60度があるため、享楽的といっても常識的な範囲に留まり、生き方を左右することはありません。
　♀金星は♆海王星から＊60度、♇冥王星と♅天王星から△120度のアスペクトを受けており、大胆でハイセンスでロマンチックな美意識や恋愛観を持つことを示しています。女性としての魅力に溢れた人です。
　しかし、サインは♑山羊座なので、その美意識や恋愛観は古風な色彩を帯びることになり、モラルを逸脱することはないでしょう。
　三つのトランスサタニアン天体とアスペクトを形成するこの♀金星は、Aさんのチャートを読む上で重要な鍵となりそうです。
　なお、ASC、MCの位置、☽月の正確な位置はわからないので、それらと絡むアスペクトはここでは読みません。

第3調波と第7調波が
ネイタルにはない強烈な彩りを与える

　では、どの調波に発芽天体があるか見ていきましょう。
　特徴が強く出ている調波を探るため、まず、オーブ1度以内で発芽しているものを調べてみます。すると、第3調波の倍数の系統で、h♀金星とh♇冥王星による発芽が繰り返し登場することがわかりました。これは、ネイタ

ルチャート上で、h♀金星とhP冥王星がほぼ正確な△120度を成しているということでもあります。

このh♀金星とhP冥王星の発芽は、第18調波を除き、第3調波、第6調波、第9調波、第12調波、第15調波、第21調波……と、3の倍数の系統の調波に出現しています。第18調波もオーブを少し広げるとやはり現れます。

第3調波は、「創造的想像力」や「高揚感」、「生の喜び」を意味します。その系統におけるh♀金星とhP冥王星の発芽は「強烈な美」や「究極の愛」を表し、そのような美や愛がこの人を高揚させ、クリエイティビティを刺激することを示します。おそらく、3歳のころにその原点となる体験があったのでしょう。

もう一つ注目すべきは、第7調波の系統（第14調波、第21調波、第28調波……）に現れるhħ土星とhP冥王星の発芽です。これは第35調波までオーブ1度以内で現れ、ネイタルチャートにおいてħ土星とP冥王星が約51.42度のセプタイル、あるいはその整数倍のアスペクトを成していることを意味します。

第7調波は、「夢」や「理想像」、「芸術的才能」に関係し、その人が「こうなりたい」と憧れる姿を示します。Aさんの場合、そこに「強固な持久力」や「安定性」をもたらすhħ土星とhP冥王星の発芽があることから、「決して諦めない不屈の精神」「極度にストイックなあり方」のようなものを理想としていることがうかがえます。

Aさんによると、第7調波の系統の14歳のころにライバルに負けたくなくて一所懸命に受験勉強に励んだそうです。トップ争いではなく2位争いだったそうですが、熾烈な競争であったことは想像がつきます。

これら、第7調波の系統と第3調波の系統は第21調波で合流します。7×3＝21となるからです。

このことから、第3調波と第7調波がこの人のコアとなっていることがわかります。また、どちらの調波系統にもhP冥王星が登場しており、「強烈な美や愛による高揚」、そして、「ストイックな不屈の精神への憧れ」といった強烈な思いが、ネイタルチャートには描かれていない彩りをAさんに与えていることがうかがえます。

ホロスコープは結局のところ
自分自身を映す鏡でもある

　発芽している調波数を満年齢調波と考え、その年齢に何か心当たりのある出来事がなかったか聞いてみると、15歳と21歳のころに「父親の支配から逃れたい」と葛藤していたそうです。それに関連して、「威張る人、怒鳴る人、声の大きい人は総じて苦手です」とも言います。おそらく、そういう印象を与える父親だったのでしょう。
　ネイタルチャートに第15調波のチャートを重ねてみると、n♅天王星とn♇冥王星の☌0度に、h♂火星とh♆海王星の発芽が重なっています（【図5－6】）。

【図5－6】内側はネイタルチャート、外側は第15調波のチャート。

　もともと♇冥王星は権威的存在として他者に投影されやすい感受点ですが、そこに♅天王星が加わると、かかわる相手を改善してやろうという押しつけがましい存在を示すことになります。これが父親として表れているのでしょう。

このn♇冥王星は☉太陽に□90度のアスペクトを持つので、事あるごとにAさんの生き方に高圧的に介入してくることになります。
　一方、h♂火星とh♆海王星の発芽は思い込みで突っ走る性質を示しており、これが、n♅天王星とn♇冥王星に重なることで、グイグイと自分の考えを押しつけてくる父親像が強まります。
　しかし、ホロスコープは結局のところ自分自身を映す鏡ですから、これはAさん自身の性質でもあるのです。
　それまでおとなしくて親に言いたいことが言えなかったAさんですが、この15歳のころには親の言うことの論理的矛盾を「悪」と決めつけて口応えしたり、その逆に口を利かないといった態度をとったりして反抗したそうです。これは、第15調波の特徴をよく表した行動だといえます。
　一方、第15調波は「交渉力」や「社会における自己実現力」に関係しているので、仕事でのプレゼンや営業、契約事での交渉の場などにおいて、Aさん自身が無自覚に何かを決めつけて、その思い込みのまま事を進めているかもしれません。しかし、これはよい方向に働くと、強い熱意で相手を説得する能力として発揮されます。
　h♀金星とh♇冥王星の発芽にも注目してみましょう。これは、第3調波の倍数の系統で繰り返し出てくる組み合わせです。
　h♀金星とh♇冥王星の発芽は、「真実の愛への渇望」を、第15調波の象徴する「カリスマ的指導力」や「交渉力」、「社会における自己実現力」といったテーマに与えます。
　これは、先ほどのh♂火星とh♆海王星の発芽にも関係してくるでしょう。冷静な視点からいえば、真実の愛といったものは強い思い込みがなければ成り立たないもの。その思い込みは「これが私の愛なんだ！」という押しつけとして表れてくるでしょう。Aさんがどう感じていたかは別として、当の父親はAさんに対する自分の言動を「親の愛」と考えていたのではないでしょうか。
　h♀金星とh♇冥王星の発芽が、社会的発展力を意味するn♃木星に＊60度のアスペクトを成していることから、Aさんが社会でやっていくための教育という意図もあったはずです。
　この発芽天体は単に父親を象徴するだけでなく、Aさん自身の「カリスマ

的指導力」や「交渉力」、「社会における自己実現力」にも影響しており、そのように強い愛情を持てる対象に向けて特に、指導力や交渉力、実現力を発揮することになります。

しかし、逆にいえば、強い愛情や思い入れを持てないことには、指導力や交渉力、実現力を発揮しにくいということでしょう。

この第15調波では発芽天体以外にも、n☿水星にh♄土星がほぼ正確な♂180度、n♂火星にh☉太陽がほぼ正確な♂0度となっています。☿水星は「発言」を、♂火星は「やる気」を、♄土星は「年長者」を、☉太陽は「父親」を表すと考えると、これは、15歳当時のAさんと父親との関係を示したものといえそうです。

☽月は各感受点の影響を吸い込んで心身に統合し、私生活を形作る

それら第3調波と第7調波が合流するのが第21調波です。では、それと関係する21歳のときには何が起きたのでしょうか？

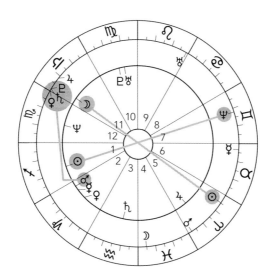

【図5-7】内側はネイタルチャート、外側は第21調波のチャート。

第21調波とネイタルチャートを重ねてみると、h♀金星、h♄土星、h♇冥王星の発芽がn☽月に☌0度で乗っているのが印象的です（【図5－7】）。
　☽月の象意は、身近なもの全般、私生活、自然体、感情、体……などですが、別の言い方をすると、その人の心や体のすべての層をひとまとめにする存在だといえます。約28日で12サインを1周する☽月は、各感受点とアスペクトしながら、それらの影響を吸い込んでいき、私たちが普段身近に感じているところの心身に統合します。その統合されたものが自然体として表れてくるのが、私生活の場というわけです。
　携帯電話やスマホが自宅では充電器につながれるように、人も自宅では☽月につながれます。☽月は「戻ってくる場所」であり、そこが安定しないと人生は苦労の連続となるでしょう。
　Aさんによると、21歳のときには、苦手な人や上司と付き合わなくてはいけないことにストレスを感じていたそうで、これは、h♀金星、h♄土星、h♇冥王星の発芽とn☽月との☌0度に関係すると思われます。
　h♀金星とh♄土星の組み合わせは誠実な人間関係を表し、h♀金星とh♇冥王星の組み合わせは、それを美学といえるレベルにまで徹底させようとするため、これが、n☽月に乗ってくるのは、かなりのストレスでしょう。しかし、☽月の対人的キャパシティを大幅にアップすることにも貢献したはずです。
　先ほど説明したように、☽月は影響を吸い込む天体であり、それは調波における発芽天体も例外ではありません。そこで、☽月はこの21歳のときの体験により、誠実な人間関係の美学を徹底するだけの力を得た、と考えてよいでしょう。
　一方、h♀金星、h♄土星、h♇冥王星の発芽は、n♂火星に＊60度のアスペクトも作っており、これは、「ピンチのときほど安定したやる気を発揮できる」という資質をn♂火星に与えています。h♀金星の働きで、そのピンチを楽しむことすらできそうです。
　Aさん自身は「持久力は今も昔もない」と言いますが、それは、ネイタルチャートのn☉太陽とn♇冥王星が成す□90度の言い分です。n♇冥王星はn☉太陽に対して高いハードルを突き付け、時にそれが高すぎて、自ら人生の道筋をひっくり返したりします。他者より高いハードルを設定するのです

から、この「持久力はない」という自己評価は厳しすぎるものと考えたほうがよさそうです。

　そのほか、n☽月にh☉太陽が☍180度、n☉太陽にh♆海王星が☍180度というアスペクトもあります。これは、私生活（☽）を仕事などの公生活（☉）に合わせること、そして、夢（♆）と現実（☉）との葛藤などを意味するでしょう。

h♃木星とh♆海王星の発芽が亡くなった曾祖母を理想化した

　さて、オーブを広げていくと、一桁調波では第5調波にh♃木星とh♆海王星の発芽天体が見られます。この発芽には「理想主義」や「弱者への慈愛的寛容」、「スピリチュアリティへの関心」などの象意があります（【図5-8】）。

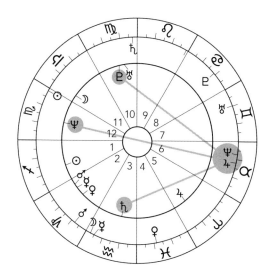

【図5-8】内側はネイタルチャート、外側は第5調波のチャート。
ハウス形式はソーラーサイン法。

第5調波は5歳時の出来事に関係しますが、このときAさんに何が起きたのか聞くと、優しい曾祖母が亡くなったそうです。また、葬儀とその後の家の中の空虚感は現実感のない夢心地のような記憶として残っているとも。曾祖母を失ってから一人でいることが好きになり、今でもそうだといいます。
　ネイタルチャートに第5調波のチャートを重ねてみると、h♃木星とh♆海王星の発芽は、n♄土星に対して□90度、n♇冥王星に△120度、n♆海王星に☌180度のアスペクトをそれぞれ成しています。
　順に見ていきましょう。
　♄土星はお年寄り全般を指すものととらえ、曾祖母を表すと考えます。そのn♄土星に対する発芽天体からの□90度のアスペクトは、曾祖母を失うという体験を示しているでしょう。しかし、発芽天体の象意を考えると、この出来事には「ハードなやり方で曾祖母を理想化する」という側面もありそうです。
　幼少期に身近な誰かと死別した人は、その相手を永遠なる存在として理想化することがあります。たとえば、子ども時代に父親と死別した人が、霊能者になったケースなどがその1例です。その人によると「自分の守護霊は父であり、その父がさまざまなことを教えてくれる」というのです。
　霊能者にならないとしても、死別した相手が心の中に深く刻み込まれ、その人の人生の物差しとなることはよくあります。そのとき、その相手は永遠の存在として胸中に生き続け、その人にある種の安らぎや救いをもたらします。
　Aさんの場合、h♃木星とh♆海王星の発芽はn♄土星に対しては□90度でしたが、n♇冥王星に対しては✱60度でした。これは、♇冥王星が象徴する「死」というものを穏和な形で受け入れることに関係するはずです。「夢心地のような記憶」というのはそういうことでしょう。
　また、n♆海王星に対する☌180度は、曾祖母との死別がスピリチュアリティへの関心を強く促したということかもしれません。後にAさんは占星術やヒーリングへ関心を示すことになりますが、それはこの5歳のときの体験に原点があると考えられます。
　なお、第5調波は「自分らしい生き方」や「自己主張」、「勝負強さ」と関係することから、Aさんが「自分」を前にグイと押し出そうとするときには、

h♃木星とh♆海王星の発芽がもたらす「高尚な理想」や「他者への慈愛」を掲げることになるでしょう。少し意地悪な言い方をすれば、そういった大義名分がなければ、自分を前に押し出せない、自己主張できないということになります。

その自己主張は結果的に、既存のルール（♄）を変えるか、世相（♆）に対抗する（□♂）ことになるでしょう。しかし、権威者（♇）の支持は得られる（△）はずです。

ちなみに、Ａさんに人生を振り返ってもらうと、5の倍数の年齢のときに海外旅行に行っていたそうです。♃木星は♐射手座の支配星ですから、第5調波におけるh♃木星とh♆海王星の発芽がそれに関係していることは十分考えられます。

女性としては割と個性的な旅先を選択していますが、これは第5調波の発芽天体がn♄土星に□90度、n♆海王星に☍180度のアスペクトをとっていることに関係するでしょう。ありきたりな（♄）旅先や、流行の（♆）旅先ではないところへ行きたくなるのです。

h♂火星とh♆海王星の発芽は火事を起こしそれと同時に生き方へ情熱を注ぎこんだ

ほかに気になる出来事がなかったかＡさんに聞くと、32歳のときに実家が火事に遭い、大変ショックを受けたそうです。ただし、第32調波に発芽天体はありません。第31調波にもありませんが、第30調波にはあります。つまり、第30調波の次に発芽天体が出現するのは第33調波であり、この場合、満年齢調波の考え方では、33歳になるまでは第30調波に表れたテーマが継続すると考えます。

そこで、実家の火事にかんして、この第30調波を見てみます。

このチャートで注目したいのが、h♂火星とh♆海王星の発芽です。♂火星には「火」、♆海王星には「漏れる」という象意があることから、♂火星と♆海王星の組み合わせは時に「失火」を意味します（【図5－9】）。

【図5-9】内側はネイタルチャート、外側は第30調波のチャート。

　この発芽天体はn♄土星に☌0度。これは、確かな土台としての実家が火事に遭ったことを意味するでしょう。出生時間不明のため確かなことはわかりませんが、もしかすると、このn♄土星は4ハウスの支配星かもしれません。
　しかし、このことはすでに、ネイタルチャートにおけるn♄土星とn♆海王星の□90度に表れていたともいえます。Aさんの人生では時折の「スクラップ＆ビルド」が必要であり、それが新陳代謝の働きをしているからです。
　この火事はハードな出来事でしたが、Aさんの固まって干からびた生き方（♄）に、ある種の情熱（♂☌♆）を注入したはずです。
　Aさんは33歳のときにマンションを購入したそうですが、これはそこから地続きの流れかもしれません。
　第33調波のチャートをネイタルチャートに重ねると、h☉太陽とh♅天王星の発芽がn♃木星に△120度、h♀金星とh♇冥王星の発芽がn☉太陽に△120度のアスペクトを成しています（【図5-10】）。

【図5−10】内側はネイタルチャート、外側は第33調波のチャート。

　h☉太陽とh♅天王星の発芽は独立独歩の生き方を表し、それが社会的発展性を意味するn♃木星に△120度のアスペクトを成すことはマンション購入に直接関係するはずです。
　さらにそれは、Aさんの生き方に美学を添えるものでもあったはずです。h♀金星とh♇冥王星の発芽がn☉太陽に△120度を成すことがそれを表します。
　Aさんによると、不動産会社とのささいなトラブルを解決したこと、ローン契約を結んだことは大きな自信となり、経済観念も一変したそうです。その「ささいなトラブル」とはおそらく、n☿水星へh♆海王星が♂0度となることに関係するでしょう。
　33という数が「11×3」や「3＋3＝6」、「30＋3」という形で表されることから、第33調波は、「前向きな発言」や「交渉力」、「社会的発展力」「自分に合った環境を作る」といったことに関係してきます。
　33歳のときにAさんがマンションを購入したことは、そのようなテーマにおいて大きな力を与えてくれたはずです。

「占星術」は♅天王星や小惑星⚷キロン
などの感受点と関係する

　さて、Aさんは将来、占いやヒーリングで起業したいと考えていて、起業するのがよいか、どこかの組織に属するのがよいか悩んでいるそうです。そこで、そのことについてハーモニクス占星術で検討してみます。

　まず、ネイタルチャートを見ると、「占星術」を表す♅天王星が☿水星と△120度のアスペクトを成しています。これは、ホロスコープに表された内容をうまく言葉にできる才能を意味するでしょう。Aさんが占星術を主にするなら、良いアスペクトだといえます（【図5-5】）。

　ただし、この☿水星は♂火星と☌0度、♃木星と□90度ですから、少々相談相手を「ノセすぎてしまう」傾向が出てきそうです。たとえば、「やりたいことは思い切ってやっちゃえば？」というようなアドバイスに偏るかもしれません。

　「占星術」は小惑星⚷キロンの象意でもあります。⚷キロンは「傷とその癒し」がテーマであり、ヒーリングなどにも関係してきます。

　Aさんの場合、♓魚座の12度（数え度数）に⚷キロンがあり、♅天王星と☍180度、♀金星と✱60度のアスペクトを作っています。占星術と関係する二つの天体の☍180度は、占星術をどうとらえるかということについての葛藤を意味するでしょう。占星術的なルールを厳密に順守するやり方（♍）と、直感的にイメージを膨らませるやり方（♓）との間で迷っている感じでしょうか（【図5-11】）。

　しかし、その葛藤は♑山羊座の♀金星が調停のアスペクトを作ることで緩和します。♑山羊座の♀金星なので、格式を感じさせる、より見栄えのするやり方を取り入れることで葛藤をうまく調整できるはずです。

　一方、⚷キロンを「傷とその癒し」としてとらえる場合、これは心の最も柔らかいところ（♓）を繊細に癒すようなヒーリングを意味するでしょう。その場合、☍180度で対抗する♍乙女座の♅天王星は、そのヒーリングが高度にテクニカルであることを要求してきます。

　この場合もやはり♑山羊座の♀金星が緩和役です。格式美（♑♀）を伴うヒーリングを指向するか、骨格（♑）へのアプローチやエステ要素（♀）を

絡めることなどを考えたほうがよいでしょう。

　自分で起業するか、組織に属するかという点については、n☉太陽とn♇冥王星の □90度が、組織の権威者（♇）との対立を意味するため、あまり組織向きではないといえます。ただ、このアスペクトだと、自分で開業した場合でも路線変更を余儀なくされるケースがありそうです。

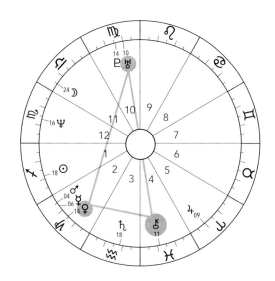

【図5−11】⚷キロン、♀金星、♅天王星による調停のアスペクト。

占い・ヒーリングでの開業に活用できる調波を検討する

　以上、ネイタルチャートを検討した範囲では、「占いやヒーリングでの開業」をストレートには勧めることはできません。

　しかし、ネイタルチャートはその人の基本的なリソース（資源）を示すものではあっても、すべての可能性を示すものではありません。そこで、開発可能な資質、あるいはこれまでの人生で開発され、利用可能となっている資質を知るためにハーモニクス占星術を併用してみます。

　まず、起業について使えそうな調波を探します。ここでは、以下の調波

を候補として挙げました。

第5調波	【♃木星】☌【♆海王星】
第9調波	【♀金星】☌【♇冥王星】
第15調波	【♀金星】☌【♇冥王星】【♂火星】☌【♆海王星】
第16調波	【☿水星】☌【♇冥王星】【♄土星】☌【⚷キロン】
第18調波	【♀金星】☌【♇冥王星】【☉太陽】☌【♄土星】
第19調波	【♀金星】☌【⚷キロン】【☿水星】☌【☉太陽】
第21調波	【♀金星】☌【♄土星】☌【♇冥王星】

Ａさんの場合、オーブ１度で、「カリスマ性」と関係する第15調波にｈ♀金星とｈ♇冥王星の発芽が現れ、オーブを広げていくとｈ♂火星とｈ♆海王星の発芽も現れます（【図５－６】）。

ここから、自分独自の美学を徹底すること（♀☌♇）や、強い情熱で押し切っていくパワー（♂☌♆）によって、カリスマ性を開発できることがわかります。逆にいえば、そこまで思えることでなければ、カリスマ性を発揮できないわけです。そのカリスマ性は、占いやヒーリングでの開業にかんして有益に働く資質といえるでしょう。

また、オーブを６度まで広げていくと、「勝負強さ」に関係する第５調波にｈ♃木星とｈ♆海王星の発芽が現れます。この調波もまた開業を成功させるには欠かせない資質です。♃木星と♆海王星の組み合わせは理想主義を表しますから、妥協せず理想を追求する姿勢が成功の秘訣ということになります（【図５－８】）。

次に、占いやヒーリングそのものに使えそうな調波を探します。ここでは、⚷キロンも重視しましょう。

まず、「物事の本質をとらえる能力」と関係する第９調波にｈ♀金星とｈ♇冥王星の発芽があります。これは何度も説明しているように、「強烈な美学」を表す組み合わせであり、Ａさんは、さまざまな物事の中に本質的な美を見いだすことを得意とするでしょう。占いやヒーリングのセッションでは、相手の内面にある美を引き出すことを得意とするはずです。

次に、h☿水星とh♇冥王星の発芽のほか、h♄土星とh⚷キロンの発芽を持つ第16調波に注目してみます。これは、「トラウマ的出来事による価値観の逆転」を表す調波であり、占いやヒーリングにおいては、相談者が過去のトラウマ的体験を前向きに受け入れられるよう導く能力と考えてよいでしょう。

その場合、h☿水星とh♇冥王星の発芽は「洞察力による導き」を、h♄土星とh⚷キロンの発芽は「コンプレックスの癒し」と考えることができます。

それから、いわゆる霊能力などに関係する第18調波には、「強烈な美学」を意味するh♀金星とh♇冥王星の発芽と、「誠実なブレない生き方」を意味するh☉太陽とh♄土星の発芽があります。

第18調波は、無意識からの波に揺さぶられるような危うい面を持ちますが、h☉太陽とh♄土星の発芽はそこに安定を与えてくれそうです。

また、無意識から湧き上がってくるイメージには美的なものもあればグロテスクなものもありますが、h♀金星とh♇冥王星の発芽はそこから美しいものをピックアップすることを得意とするでしょう。ただし、この美意識は独自すぎて、ほかの人を不快にするものを拾ってくることもあります。占い鑑定を行う場合には、その部分に注意して言葉を選ぶ必要がありそうです。

さらに、「コミュニケーション能力」に関係する第19調波もまた開業に必要なスキルです。この調波には、h♀金星とh⚷キロンの発芽、h☿水星とh☉太陽の発芽があり、エステティック的な要素（♀☌⚷）、専門技術（☿☌☉）が顧客獲得に有利に働くことを示しています。

第19調波はチームワークなど組織順応力も意味することから、これは組織に属した場合の可能性を示しているかもしれません。

最後に第21調波を検討します。開業とは自分の場を作ることであり、その意味でこの調波に関係してきます。

すでに見てきた通り第21調波では、n☽月に対して、h♀金星とh♄土星とh♇冥王星の発芽が☌0度で重なり、そのほか、n☽月に対してh☉太陽が☍180度を、n☉太陽に対してh♆海王星が☍180度を成すアスペクトがあります（【図5−7】）。

ここから、開業にあたっては、自分の美学を体現した仕事（♀☌♄☌♇）へ私生活（☽）のすべてを投じる覚悟が必要だとわかります。しかしそれで

第5章　ハーモニクス占星術の高度な応用

もなお、夢と現実との葛藤（☉☌Ψ）は避けられないでしょう。

さて、以上のことからAさんにはどのようにアドバイスすべきでしょうか。

情報量が多くて判断に困るかもしれませんが、やはり、オーブ１度で繰り返し現れるh♀金星とh☉太陽の発芽を重視し、「開業するならどこまでも理想や美学を追求すること」を勧めたいと思います。逆にいえば、自分の理想を中途半端に妥協してしまうと、ネイタルチャートにおける不安定要素（☉□♇）のせいで頓挫してしまう可能性があるということです。

組織に属することを選択するのなら、「美容絡みの専門技術を習得できるところを選ぶ」というアドバイスになります。しっかりした技術を身につけられるのであれば、成果を挙げられる可能性が高まります。

ただ、組織に属する場合、第３調波の系統で強く出ているh♀金星とh♇冥王星の発芽が示す「強烈な美学」の部分での妥協は避けられず、Aさん自身の中にどこか不満が残りそうです。

ケーススタディ⑥　Bさん（女性）の場合

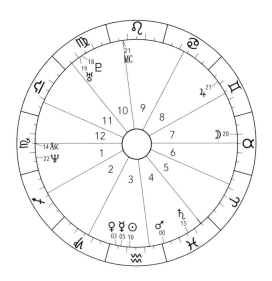

【図5－12】Bさんのネイタルチャート

240

Bさんのネイタルチャートは、奇数サインの感受点が五つで偶数サインが七つ。3区分では、固定サインが七つで柔軟サインが五つ、活動サインはありません。また、4区分では、火のサインが一つで地のサインが三つ、風のサインは四つ、水のサインは四つ……という配分になっています。

　ここから、Bさんはバランスのとれた知性と感情に基づき、現実主義的な観点から周囲の状況を受け入れつつ、調整役として立ち回れる人であることがわかります。活動サイン、火のサインが少ないので一見すると発言力のない人に見えますが、実際には縁の下の力持ち的な立場から複雑な人間関係をこなせる人だといえます。

　次に主要な感受点を見てみます。

　まず、ASCは♏蠍座にあり、その支配星は10ハウスにあります。ここから、Bさんは、仕事に対して深い探求心と集中力を持続できる人だとわかります。また、人懐っこく、いったんかかわった相手と深い絆を結ぼうとする傾向もあり、特に仕事を介して知り合った人とそのような関係になるでしょう。

　MCは♌獅子座でその支配星は3ハウス。ここからは、安定したコミュニケーション力で人を元気づけたり、リーダーシップをとったりするような仕事が向いていることがわかります。

　☽月は7ハウス♉牡牛座にあり、私生活が配偶者など身近な人の影響を受けやすい反面、マイペースを崩さないところもあってうまくバランスがとれそうです。

　この☽月は♆海王星と☌180度。これは、他者によって生活環境が不安定になることを意味しますが、♆海王星は1ハウスにあり、Bさん自身がどこかでそれを受け入れているようにも見えます。

　また、☽月は♄土星とは＊60度、♇冥王星、♅天王星とは△120度ですから、他者に生活が翻弄されつつも、さっぱりとした人間関係のあり方（☽△♅）を保つことにより、規律正しい生活を維持（☽＊♄）できるでしょう。また、心身のタフさ（☽△♇）もそれに一役買います。

　Bさんによると、自宅は自由奔放な友人たちが勝手気ままに出入りしており、時には気づかないうちに入り込んで、リビングなどで朝まで寝ている人もいるのだとか。まさに、♆海王星と☽月が☌180度の世界です。しかし、

その話をするBさんはどこか楽しげであり、その混沌を受け入れているように見えます。

ネイタルチャートから読み取れる
人を元気づけることが好きな人物像

　さて、次に3ハウス ♒水瓶座にある ☉太陽です。ここからは、流行り廃りに関係なく、いつでもどこでも通用するような知識やスキル、資格などの取得を人生の主目的とすることがわかります。一見すると変わったことに関心を示すように見えても、後になってそれが役立つ場面があるでしょう。つまり、先見性があるということです。

　☉太陽は、☿水星、♀金星と ♂0度であり、専門的知識の持ち主（☿♂☉）であると同時に、愛されるキャラクター（♀♂☉）の持ち主だとわかります。楽しいことが好きで、多少、享楽的かもしれません。ただし、☉太陽は ♏蠍座のASCと □90度なので、人間関係のしがらみが人生の方針とぶつかることもありそうです。

　人生の規範意識を表す ♄土星は4ハウス ♓魚座。どうやら、Bさんは「人は家族や地域コミュニティに尽くすべきだ」という感覚の持ち主のようです。いったん「仲間」と見なした人に対して自己犠牲的に尽くす傾向があるでしょう。

　♄土星はASCとは △120度、☽月とは ✻60度であり、これはBさんが自由奔放な友人たちとうまく付き合う助けとなっているようです。その一方で、♄土星は ♅天王星ならびに ♇冥王星とは ☍180度。ここからは、Bさんは、個人の自由を尊重する社会へと世の中が変わっていくことを望んでいるように見えます。

　以上のように、このネイタルチャートからは、人懐っこく、人を元気づけることが好きで、仲間に対して献身的で、周囲から翻弄されることもどこかで楽しむ余裕とタフさを持つ人物像が浮かび上がってきます。

　さらに、Bさんは個人の自由ということにも関心が強く、それをサポートする具体的なスキルを身につけることへ照準を合わせて人生を創造していくと思われます。

ノーアスペクトの無防備な♂火星を
発芽天体がカバーする

　では、どの調波に発芽天体があるか見ていきましょう。
　まず、第5調波から第21調波までの範囲で、オーブ1度以内で発芽している調波を調べると、第11調波にh♂火星とh♆海王星の発芽が（【図5－13】）、第18調波にh♂火星とh☉太陽の発芽が見られます（【図5－14】）。

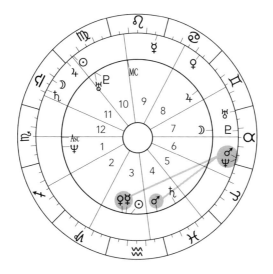

【図5-13】内側はネイタルチャート、外側は第11調波のチャート。

　第11調波は、「常識に囚われない発想や発言」や「ツッコミ力」、「斬新さ」などを意味します。h♂火星とh♆海王星の発芽は「行動的な夢想家」「願望実現力」「虚栄心」「自信過剰」などを表しますから、Bさんは人をハッとさせるような表現力で自分の夢を語る才があるといえそうです。
　さて、ネイタルチャートでn♂火星はノーアスペクトとなっており、これは他者から理由なき（あるいは不条理な）攻撃を受ける要因となります。♂火星は能動的な行動力という象意を持ちますが、これがアスペクトを持たず宙ぶらりんになっていると、乱暴な他者から何かと目を付けられやすい

のです。

　これは、不良っぽい人は歩いているだけで、ほかの不良から絡まれるようなもの。Bさん自身は決して攻撃的な人物ではありませんが、このn♂火星が攻撃的な♂火星を持つ人をどうしても刺激してしまいます。

　しかし、第11調波のh♂火星とh♆海王星の発芽がこのn♂火星に＊60度のアスペクトをとることで、Bさんが物をはっきり言うときには乱暴者は絡んでこないという表れになります。h♂火星とh♆海王星の発芽がn♂火星をカバーするからです。

　これまで説明してきたように、第11調波は11歳のときの体験と関係しています。Bさんの場合、学校のクラスの「ご意見箱」を巡る、ある騒動が印象に残っているそうです。

　Bさんが正義感から、あるクラスメイトに対し、「別のクラスメイトがあなたのことを嫌っているから、もうその子に構わないでほしい」という意見を書いたところ、その（前者の）クラスメイトの親を巻き込んだ騒動になりました。

　Bさんの訴えは正論だったため、とがめられることはなかったのですが、Bさんが守ろうとしたクラスメイトは傷つく結果となったそうです。

　この出来事から、Bさんは「大人を冷やかに見下す生意気さ」（本人談）を持つようになり、人間の愚かさを知りました。また、普段はおとなしそうにしている自分が、ある種の「ラスボス」になりえたことに対して、漠然とした自信や自負が生まれたといいます。

　h♂火星とh♆海王星の発芽は「行動的な夢想家」を意味すると先に説明しましたが、♆海王星には「理想」という象意もあり、これを「行動的な理想家」と考えることもできます。Bさんの「ご意見箱」への投書はまさにそのような行動でした。

　またおそらく、11歳のときのこの体験により、Bさんは正論をはっきり主張することが結果的に自分自身を守るということも学んだでしょう。

　ネイタルチャートのn☿水星とn♀金星の♂0度は子どものような素直な感受性を意味しますが、h♂火星とh♆海王星がそこに□90度でアスペクトすると、その子どもらしさを「行動的な理想家」が変革しようとします。Bさんが「大人を冷やかに見下す生意気さ」を持つようになったのも無理はあ

りません。

□90度というハードアスペクトの影響下、一連の騒動というハードな形でそれは起こりました。

h☉太陽とh♂火星の発芽が
サークル活動への情熱を支えた

次に、第18調波にあるh☉太陽とh♂火星の発芽を見てみましょう(【図5－14】)。

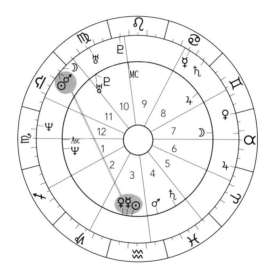

【図5－14】内側はネイタルチャート、外側は第18調波のチャート。

第18調波は、「縁に導かれる生き方」や「実験的な人間関係により人の本質を見いだすこと」、「陶酔による自己変革」などを意味しており、ここにh♂火星とh☉太陽の発芽があるのは、Bさんがそのような環境下で意欲的に目標へ取り組むことを示します。

また、オーブを広げると、この発芽にh☽月も加わってくることから、h♂火星とh☉太陽の組み合わせが示すその意欲に心身もついてきてくれるは

ずです。

　それは社会的な成功を求めるときにも役立つでしょう。♂火星はASCと6ハウスの支配星、☉太陽はMCの支配星であることを考えると、自分のやりたいこと（ASC）と義務（6ハウス）、そして社会的立場（MC）を一致させるときに役立つ資質ということになります。

　第18調波は、縁や陶酔に流されてみたり、変わった人間関係に影響されたりと、自らを不安定な状態に置くことで自己変革していく能力を意味しますが、ここに、h☉太陽とh♂火星の発芽を持つBさんは、外部に影響されつつも狙いの定まった行動をとれる人だといえます。不安定な状況にも動じない人です。

　18歳のとき、Bさんは大学の合唱サークルに入っていたそうですが、これは11ハウスに位置するh☉太陽とh♂火星の発芽に関係するでしょう。11ハウスの象意の一つにサークル活動があるからです。

　その合唱サークルは仲間意識が強く、毎年冬に行われるコンサートに向けて過密な練習スケジュールが組まれていたそうです。当時、Bさんはサークル活動に入り浸っていて、「妹的キャラ」として可愛がられたとも。

　選曲はミサ曲が多く、ラテン語の歌を通じてキリスト教の雰囲気をたっぷり味わったといいます。Bさんによると、後に西洋系の占いを学ぶときに、このころの経験が役立ったとのこと。

　第18調波が「実験的な人間関係」や「陶酔による自己変革」を意味し、h☉太陽とh♂火星の発芽が「意欲的に目標へ取り組むこと」を意味することを考えると、コンサートへ向け一致団結してミサ曲の練習に取り組むその姿は、調波チャートの特徴がはっきり表れたものだといえそうです。

　ネイタルチャートに重ねてみると、h☉太陽とh♂火星の発芽はn☿水星、n♀金星, n☉太陽の♂0度に対し△120度のアスペクトを成しています。☿水星、♀金星、☉太陽の組み合わせは享楽的な生き方になりがちと書きましたが、表現を変えると、人生を楽しくする能力の持ち主であるともいえます。

　h☉太陽とh♂火星からの△120度のアスペクトは、目標を定めてパワフルにそこへ取り組む性質を与え、n☿水星、n♀金星、n☉太陽に対して「自ら人生を楽しくすることに取り組む」ことを促すでしょう。そしてその分、グルメやファッションや旅行など表面的なことにお金を浪費するといった

享楽性は薄まります。

　Bさんによると、18歳からの4年間は、「人間は生き生きと生きるべきだ」「『どうせ自分なんか』と言っている人は『どうせの人生』を歩んでしまう」といったことを誰かれかまわず啓蒙(けいもう)していたそうです。その背後には理由のない確信があり、その後の人生の「座右の銘」になっているのだとか。これはまさに、h☉太陽とh♂火星の発芽がそう言わせたものでしょう。

　最近は「人生、楽しくなくっちゃ」とよりライトな言い方になったそうですが、こちらはn☿水星、n♀金星、n☉太陽のほうにウエイトのある表現です。

　このことからも、18歳時の経験はBさんの人生において、大きなターニングポイントになっているといえそうです。

　なお、この第18調波は、2倍した第36調波に影響する可能性があります。つまり、18歳時の体験が36歳時に影響するということですが、Bさんの場合、36歳のときに占星術の勉強を本格的に始めたそうですから、まさしく18歳時の経験が影響しているようです。その第36調波にもh♂火星とh☉太陽の発芽があります。

**h☽月とh♂火星の発芽が
繰り返し出現して防御力となる**

　次にオーブを2度まで広げていくと、第9調波でh☽月とh♂火星の発芽が見られます(【図5-15】)。

　☽月と♂火星の組み合わせは感情の興奮として表れることもありますが、♂0度で重なる場合は元気さや感情面でのタフさを示すものと考えてよいでしょう。女性の場合、男勝りの性格を示すこともありますが、Bさんの場合、ネイタルチャートの8ハウスの位置にくるので、「表面的にはおとなしくみえるけれど、実は鋼のハートを持っている」という感じになるでしょうか。

　9歳のころのことを聞くと、学校のクラスが「おませな子グループ」と「奥手な子グループ」の二つに分かれていて、Bさんは「奥手」の側にいたそうです。「おませ」側は「奥手」側にちょっかいを出してくることがあり、その

【図5－15】内側はネイタルチャート、外側は第9調波のチャート。

ときは面倒くさいなと感じたそうですが、基本的に脅威ではなかったといいます。

　第9調波のチャートとネイタルチャートを重ねてみると、h☽月とh♂火星の発芽は8ハウスに位置することがわかります。これは「奥手」ということに関係しますが、おとなしい一方で、ある種の「ニラミ」を利かせているようにも見えます。おそらく、「おませ」側にはBさんが手ごわい存在に感じられていたはずで、「奥手」側の脅威となるほど絡んでこなかったのは、Bさんがそこにいたからかもしれません。

　ネイタルチャートのn♂火星はノーアスペクトで、これを持つ人は他者から攻撃を受けやすいと先に説明しましたが、第11調波において、h♂火星とh♆海王星の発芽が＊60度でその♂火星をカバーしたのと同様、この第9調波でも発芽天体によってカバーがなされています。

　いずれもh♂火星絡みの発芽がイージーアスペクトでn♂火星に影響を与えていることから、Bさんを攻撃しようとする人は、少し深く彼女のことを知ったときに自分から退散していくことになるでしょう。

第9調波には「本質」、第11調波には「ツッコミ」という象意があるので、Bさんの本質に触れた人やBさんからツッコミを入れられた人は、それ以上争わず退散することになります。ネイタルチャートのn♂火星はもともと攻撃性を持たないので、Bさんからすると「戦わずして勝つ」という感じです。
　この「戦わずして勝つ」はBさんの本質であり、人生の底流として存在し続けます。そこで、生き方に迷ったとき、「自分が何かブレているな」と感じるとき、状況に惑わされるようなときは、「戦わずして勝つ」に戻ってみると、自己の中心を取り戻せるでしょう。
　第9調波で現れるh☽月とh♂火星の発芽は、オーブ3度で第27調波（第9調波の3倍）に、オーブ4度で第18調波（第9調波の2倍）にも現れます。
　Bさんによると、27歳時は転職後の職場に慣れて元気を取り戻してきたころであり、初の海外旅行も経験しています。元気を取り戻したのはh☽月とh♂火星の影響でしょう。さらに、ここへh♀金星も♂0度で重なっており、楽しい経験により心身にエネルギーがチャージされることが示されています。
　面白いのは、そこでも発芽天体がネイタルチャートのn♂火星に＊60度のアスペクトをとっていることです。一見、打たれ弱い感じでも肝心なときに防御力を発揮するので、結果的にひどい目には遭わないという感じでしょうか。
　18歳のときの調波については、すでに説明した通りです。

第16調波は「自分に不要なもの」を
弾く働きをすることがある

　さらに、オーブを3度まで広げていくと、第8調波にh♀金星とh♇冥王星の発芽が現れます。第8調波は「物事の円滑な成就」や「リーダーシップ」を表しており、h♀金星とh♇冥王星の発芽が表す「強烈な美意識」や「強烈な熱中」によって、この調波特有の性質が発揮されることになります。
　8歳のときには、そこまで印象深い経験はないそうですが、2倍の16歳のときには、いろいろな体験をしたそうです。第8調波にあったh♀金星とh♇冥王星の発芽は、第16調波にもオーブ5度で現れます（【図5－16】）。

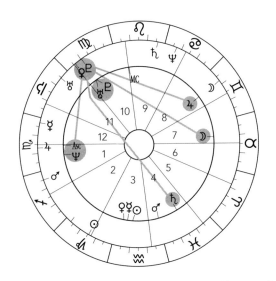

【図5－16】内側はネイタルチャート、外側は第16調波のチャート。

　第16調波のh♀金星とh♇冥王星の発芽は、n♅天王星とn♇冥王星の☌0度に対してぴったり重なり、nASCとn♆海王星の☌0度に対して＊60度のアスペクトを、n☽月に対して△120度のアスペクトを、n♃木星に対して□90度のアスペクトを、n♄土星に対して⚹180度のアスペクトをとっています。このアスペクトの多彩さからも、「いろいろな体験」をしたことがうかがえます。

　第16調波の象意は「衝撃的な出来事を契機とした価値観の逆転」であり、Bさんの場合、そこに「強烈な美意識」や「強烈な熱中」が関係してくることになります。

　16歳時の印象深い出来事として、Bさんは親友から絶交されたことを挙げました。親友はオシャレに関心がありBさんと繁華街へ遊びに行きたがるのに対し、Bさんはインドア派で「図書館のほうが楽しい」という感じだったので、彼女の遊びの誘いをいつも断っていたら、絶交されてしまったそうです。

　これは、親密な関係性を意味する8ハウスのn♃木星にh♀金星とh♇冥王星の発芽が□90度のアスペクトを成していることに関係するでしょう。

16歳の女の子の関心事としては、その親友のほうが一般的であり、どちらかというとBさんのほうが個性的です。それはBさん独自の美学といってもよく、h♀金星とh♇冥王星の組み合わせとして表れています。それが遊びと関係する5ハウスの支配星でもある♃木星にハードアスペクトをとるのは、親密な人との遊びにかんして手痛い体験があることを意味します。
　しかし、第16調波の出来事は、遭遇するさまざまなトラブルを、人生を変えるきっかけとして前向きに使うことに関係しているので、これもまた、Bさんにとって必要な体験だったようです。
　ネイタルチャートとの組み合わせで、もう一つ現れるハードアスペクトが、発芽天体とn♄土星の☍180度です。n♄土星は3ハウスの支配星であり4ハウスに位置します。
　心当たりを聞いてみると、16歳のころ、Bさんはなぜかクラスの男子たちを一方的に毛嫌いしていたそうです。
　友人は11ハウスにあたりますが、クラスメイト程度の関係なら3ハウスがそれを表すことがあります。その支配星のn♄土星に対して、h♀金星とh♇冥王星の発芽が☍180度のアスペクトをとっていることは、おそらく、男子を毛嫌いしたことにつながっているはずです。
　Bさんが男子を嫌ったのは、その美学（♀☌♇）ゆえのことでしょう。
　美学ということでいえば、このころBさんは海外の小説、特にヘルマン・ヘッセなどのドイツ文学を好んで読んでいたそうです。
　文学、特に海外のそれは9ハウスに関係します。その支配星の☽月に対し、h♀金星とh♇冥王星は△120度のアスペクトを成しています。ヘッセの小説は16歳の読み物としては大変高尚に思えますが、h♀金星とh♇冥王星のもたらす「強烈な美学」の表れと考えると納得がいきます。
　さらにこの時期、Bさんは不条理なストーリーのヨーロッパ映画に関心を注いでいます。これは、nASCとn♆海王星に対して、h♀金星とh♇冥王星が＊60度のアスペクトを成していることに関係するでしょう。
　不条理劇とは人間の深い心理に訴えかけるものであり、それは♏蠍座に関係してきます。また、映画は感受点では♆海王星に対応します。
　さて、第8調波をシンプルに表現するなら「人気運」と言ってもよいでしょう。言い換えると、自分に必要なものを周囲の環境から引き寄せる能力のこ

とですが、2倍の第16調波では方向性が反転して、自分に不要なものを弾いたりします。

　Bさんが、親友から絶交されたり、クラスの男子を一方的に嫌ったりしたのはそのためでしょう。その関係は、Bさんの美意識に適わなかったので、必要なかったのです。

　さらに、第8調波の3倍にあたる第24調波では、自分に必要なものを引き寄せたり弾いたりして、望む現実を創造していきます。

　聞くと、Bさんは、24歳になる少し前に退職し、新しい会社に入社したそうです。初めての一人暮らしも開始しますが、その後、上司が変わったころから自信を喪失し、会社に行くのがつらくなったとか。

　その24歳時に対応する第24調波にはh♂火星とh♄土星の発芽があり、タフな実務能力がこの年に育成されることが示されています。その意味では、自信喪失というのも、タフさを練り上げていくために必要な試練だといえそうです。

　そもそも、初めから自信がない人はそれを喪失することもありません。Bさんは自分でも、「タフな実務能力」をそれなりに自覚していたはずです。

　なお、第8調波の倍数の系統ということで考えると、第16調波まであったh♀金星とh♇冥王星の発芽は第24調波ではなくなり、h♂火星とh♄土星の発芽がそれに取って代わります。これは、現実の創造の仕方が「美学」（♀♂♇）から「実務」（♂♂♄）へシフトしたということでしょう。

h♅天王星とh♇冥王星の発芽は
時に破壊的な出来事を引き起こす

　さて、一桁調波では、オーブを広げていくと第5調波にも発芽天体が現れます。オーブ4度でh♀金星とh♆海王星が発芽、オーブ5度でh♅天王星とh♇冥王星が発芽しているのです（【図5－17】）。

　h♀金星とh♆海王星には「夢想的」という象意が、h♅天王星とh♇冥王星には「革命」や「改革」といった象意があり、また、第5調波は「個」をどのように主張していくか、それにより、人生の道をどのように切り開いていくか、ということに関係しています。

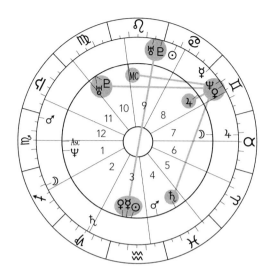

【図5－17】内側はネイタルチャート、外側は第5調波のチャート。

　そこからBさんは、個人としての力を発揮して人生を切り開いていくときに、「革命」という言葉に象徴される大きな変化を起こすことがわかります。そして、それはある種「夢想的」な姿勢で行われるでしょう。
　5歳時のことを聞くと、足やノドに火傷を負う体験をし、そのことで家族から何かと目にかけてもらえるようになったそうです。
　おそらく、その火傷はh♅天王星とh♇冥王星の発芽が、n☿水星、n♀金星、n☉太陽に♂180度のアスペクトをとることに関係するはずです。h♅天王星とh♇冥王星の発芽がネイタルチャートの感受点に対してハードアスペクトをとる場合、それまでの状況を一変させる破壊的な出来事が起きやすいからです。
　この体験は表面的にはネガティブなものですが、生き方をダイナミックに変える思い切りの良さにもつながっており、人生の岐路に立たされたときに役立つ資質となってきます。もしくは、生き方を変えようとするとき、あえて、ネガティブな状況を引き寄せるという働きとなります。
　ただ、♅天王星と♇冥王星の♂0度はネイタルチャートにもあり、Bさんのもとからの資質でもあります。そこで、5歳時のこの体験は、そこをさ

らに強化するものと考えればよいでしょう。
　一方、h♀金星とh♆海王星の発芽はネイタルチャートの感受点にハードアスペクトを成しており、理想と現実のギャップから逃避的な生き方に流れやすい性質を表しています。
　これは一見するとマイナスの性質に思えますが、n♅天王星とn♇冥王星の♂0度やn♄土星などのシビアな天体に絡んでいくため、読みの甘さ（♀♂♆）から手痛い体験をする一方で、そのストレスからうまく逃避しつつ適応していくことも意味します。
　この発芽天体はnMCには＊60度ですから、その適応力を「社会でうまくやっていく資質」として活用できるでしょう。また、n♃木星に対する♂0度は、親密な相手からの保護（8ハウス♃）を夢見るような甘さ（♀♂♆）として感じとり、そこをストレスからの逃避先にすることを示しています。
　これは、Bさんが火傷の出来事の後、家族から目をかけてもらえるようになったことに関係しているでしょう。その火傷の後、「桃缶」を食べさせてもらったことが鮮やかな記憶として残っているそうですが、これは、h♀金星とh♆海王星の発芽の与える「夢見るような甘さ」の印象と重なります。
　このケースのように、何ということのない日常の一コマが鮮明な記憶として残っている場合、それは満年齢調波のテーマと重なっていることがあります。

**周囲の状況は自らの必要に
応じて創造している**

　第5調波の倍数の系統を見てみると、第25調波にh♃木星とh♇冥王星の発芽（＝出世・昇進）が、第40調波にh♀金星とh♂火星の発芽（＝熱中）とh♅天王星とh♆海王星の発芽（＝革新的な発想）が、第45調波にh♆海王星とh♇冥王星の発芽（＝スピリチュアル志向）が見られます。
　各年齢時の状況について聞くと、25歳と40歳のとき、Bさんは職業上の悩みに直面した後、それを乗り越えるという体験をしており、45歳のときには、仕事に関係する新たな試みを始めています。その試みは、一般的には多少夢想的ともいえるものです。

5の倍数の系統の調波に、第5調波が何らかの形で影響を及ぼし続けると考えるなら、Bさんは生き方を変えようとするときに、ハードな状況（♅☌♇）を自ら招いているともいえます。
　困難な状況に対処するために生き方を変えること。
　その逆に、生き方を変えるために困難な状況を招くこと。
　この両者は意味が大きく違いますが、チャートには同じ形で表れます。つまり、コインの表と裏のようなものです。ただ、人生で起きてくる出来事を前向きに活用したいなら、後者の考え方、つまり「周囲の状況は自らの必要に応じて創造しているのだ」という考え方をとったほうがよいでしょう。

ネイタルチャートのMCに対する
ハードアスペクトは職業上の葛藤を生む

　さて、Bさんに、印象深い出来事のあった年齢について聞いてみたところ、28歳のとき、それまで交際していた男性との結婚を諦めて、「結婚しないでも自分を養っていけるようになりたい」と強く願ったことを第一に挙げました。
　背景には男女関係の複雑な事情があったようですが、それは置いておいて、ここで注目したいのは「自分を養う」という点です。これは、第28調波にh☉太陽とh♅天王星の発芽が見られることに関係するでしょう。この組み合わせの発芽は独立独歩の生き方を意味しているからです。
　第28調波のチャートをネイタルチャートに重ねてみると、発芽天体がn☽月に☌0度で重なっており、他者に依存しない私生活を求めることが示されています。一方、1ハウスのn♆海王星に対しては☍180度。これは、縁に導かれて直観的に生きようとする本来の性質が、他者に頼る方向に流れていかないよう釘を刺す働きとなっています（【図5－18】）。
　なお、ネイタルチャートでは、n♅天王星とn♇冥王星の☌0度がn♄土星に対して☍180度を成し、「安定した状況をひっくり返したくなる」という、ある種の破壊衝動が示されていますが、h☉太陽とh♅天王星の発芽はそこに調停のアスペクトをとり、その衝動を緩和しています。
　28という数は14の2倍であること、そして、第14調波に「理想実現のた

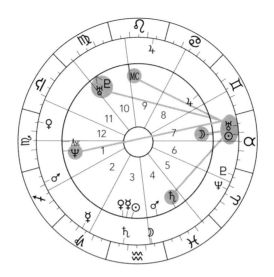

【図5－18】内側はネイタルチャート、外側は第28調波のチャート。

めの地道な努力」という意味があることを考えると、第28調波では、そのような努力が現実的に実を結ぶと考えてよいでしょう。

　つまり、Ｂさんの求める独立独歩の生き方は、地道な努力を通じて、28歳のころ現実になるということです。

　ただし、この発芽天体は nMC に対しては □90度。これは、仕事を優先すれば独立独歩の生き方が成らず、独立独歩を優先すれば納得できるような仕事ができないということを意味するでしょう。具体的には、自分のこだわりを優先した形で自主独立の道を歩むと、仕事としては十分な収入を得にくいということになりそうです。

　Ｂさんが自分の力で生きていこうというときには、そこが葛藤を生むことになります。

火のサインが少ないのは「冒険しない人」
しかし、安全装置があれば冒険できる

　以上を踏まえた上で、Ｂさんからの質問を検討してみましょう。

Bさんはこれまで会社勤めやバイトのかたわら、占いやカウンセリングの学びを深め、一般の仕事と並行して、占いを業として行ってきたそうです。
　しかし、それだけでは十分な収入とならず、経済的には同居するパートナーに依存せざるをえない状況。最近は、バイト先の職場がなくなることになり、収入が不安定になりそうなことから、改めて、これまで学んだ占いの知識を生かして収入を得ようと考えています。
　そこでBさんが悩んでいるのは、営業が不得意だということ。
　この10年間、人から声をかけられた仕事、プラス、バイトという形でやってきて、今回バイト先がなくなるということで初めて「仕事を取りに行く」という強い気持ちと行動力が湧いてきたそうです。48歳時のことです。
　その気持ちは再びいつ湧いてくるのか。そして、占いを仕事として確立する突破口はあるのか——それが、Bさんの目下の悩みです。
　では、それについてハーモニクス占星術で検討してみましょう。
　まず、すべての基本となるネイタルチャートを見てみます。
　主要な感受点の3区分、4区分のバランスを見ると、活動サインの感受点がなく、火のサインは一つだけ。これは、一言でいうと「冒険しない人」です。冒険しているように見えても、どこかに安全装置をつけているのです。
　しかし、これは「冒険的なこと」ができないという意味ではありません。遊園地のアトラクションと同じで、「冒険的なこと」をしたいなら、事前に安全装置や避難経路を確保しておけば、安心してそれができます。
　次に仕事ということでMCを見てみます。
　MCは♌獅子座でその支配星の☉太陽は3ハウス。冒頭でも説明しましたが、これは安定したコミュニケーション力により、人を元気づけたり、リーダーシップをとったりする仕事に向いているということです。Bさんが目指している仕事はまさにこれに当てはまるでしょう。
　☉太陽は3ハウスにあり、また、☿水星と♂0度ですから、専門的知識を身につけることを人生の目的とします。その専門的知識は仕事に関係してくるはずで、これまでBさんが、占いやカウンセリングの勉強に熱心に取り組んできたことに関係します。
　ASCは♏蠍座で、これは人から声がかかったところで仕事をしてきたことに関係するでしょう。このASCは☉太陽とは□90度。人の縁で動こう

とするASCと、スキルを生かしたい☉太陽がここで対立しています。

　加えて、営業力という意味で♂火星を見てみると、ノーアスペクトであるため具体的な行動に結び付きにくいといえます。ただ、4ハウスにあることを考えると、地縁的なコミュニティなど、身近なところへのアプローチが有効に働く可能性はあります。

　ここまでのところをまとめると、Bさんはスキル面では申し分がなさそうですが、営業力と冒険心に欠けていて、自営的な方向へ大きな一歩を踏み出せない、ということがいえそうです。

第8調波の発芽天体は
「営業力」に直結する

　次に、調波チャートを検討してみましょう。
　第5調波から第21調波までの範囲で、オーブ1度以内で発芽しているのは、第11調波と第18調波であり、これが、Bさんの中で最も働きの強い調波だといえます。しかし、どちらも営業力には直結しなさそうな調波です。
　たとえば、「常識に囚われない発想や発言」や「斬新さ」に関係する第11調波は、占いやカウンセリングそのものには有益に使えそうですが、営業力には直結しにくいでしょう。また、「縁に導かれる生き方」と関係する第18調波は、知り合いから仕事を紹介してもらうことにはつながりそうですが、やはり、能動的に仕事を取りに行くことには使えなさそうです。
　では、営業力に直結するのは、どの調波か？
　Bさんが48歳のときに「仕事を取りに行く」ことを強く意識したことを考えると、第8調波とその倍数の系統がその候補となるでしょう。
　第8調波は「物事の円滑な成就」「リーダーシップ」を表しており、言い換えれば、自分が欲する状況や人脈を引き寄せる能力のこと。仕事では営業力に直結してきます。
　Bさんの場合、第8調波にあるh♀金星とh♇冥王星の発芽が表す「強烈な美意識」や「強烈な熱中」が、営業力に直結してきます。つまり、自分が本当に好きでこだわっているところを強烈に、しかも魅力的に打ち出すことが、結果的に望む仕事を得るという結果を引き寄せるのです。

第48調波を見てみると、「タフな実務能力」を意味するhd♂火星とh♄土星の発芽があり、それが、n☿水星、n♀金星、n☉太陽に＊60度のアスペクトを成しています。これは、人生を自分で切り開くときに、現実を見据えたタフで地道な取り組みができるということです（【図5－19】）。

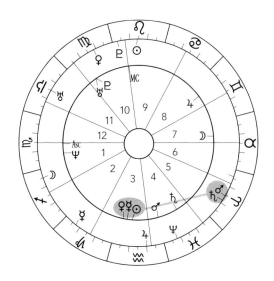

【図5－19】内側はネイタルチャート、外側は第48調波のチャート。

　逆にいうと、そのような取り組みをしたときに人生の道筋が切り開かれ、望む仕事を得るという結果が引き寄せられることになります。
　第8調波の系統で第48調波の次にくるのは第56調波。満年齢調波でいうと56歳にあたりますが、さすがにそこまで悠長に待てないでしょうから、この48歳時のやる気を意識的に持続させていく必要がありそうです。hd♂火星とh♄土星という組み合わせでいうと、そのような持続的な取り組みは可能なはずです。

ネイタルチャートに示されている
「押しの弱さ」を補う調波を検討する

　次に占い師としての営業力ということから第5調波も検討します。
　占い師は個人営業であるだけでなく、いかに個性を打ち出すかという点が重要なので、第5調波が関係してくるのです。
　改めて第5調波を見てみると、h♀金星とhΨ海王星の発芽があり、これがnMCに＊60度のアスペクトを成しています。h♀金星とhΨ海王星の組み合わせには「幻想的な美的感覚」という意味がありますが、ここでは「華美さ」と考えてもよいでしょう（【図5－17】）。
　つまり、Bさんが個性を打ち出すときに「華美さ」を演出することで、それが仕事上のメリットに直結するということです。
　Bさんが「自分から仕事を取りに行く」ことを強く意識した48歳のとき、初めてプロのメイクを体験し、自分の顔の変化に驚いたそうですが、占い師として個性を打ち出すことを考えたとき、そのメイク体験はよいタイミングだったといえます。
　華美な演出はメイクだけでなく、自分の名刺やウェブサイトなどでも同じことです。もし、そういったことが照れくさいとしても、その照れは脇に置いておくべきでしょう。
　ところで、営業力という点で気になるのは、n♂火星のノーアスペクトです。これは、押しの弱さや営業力の欠如として表れるので、ここを補う調波を意識的に活用したいところです。
　先ほど、第11調波は営業力には直結しないと述べましたが、この調波におけるh♂火星とhΨ海王星の発芽はn♂火星に対して＊60度のアスペクトを成していることから「営業力を補う調波」ということになりそうです（【図5－13】）。
　そこで、調波と発芽天体の象意から考えて、自分の理想を斬新な表現で積極的に発信する（＝第11調波）ことを勧めたいと思います。具体的にはネットなどを活用し、占いにかんするこだわりや理想（♂ ♂ Ψ）を発信します。11歳のときの「ご意見箱」の出来事のように正論をはっきり主張することがポイントです。

この第11調波と同様、第9調波でも発芽天体がn♂火星にイージーアスペクトを成しています。第9調波と発芽天体（h☽月とh♂火星）の象意から考えると、姉御肌のキャラクター（☽♂♂）として本音（＝第9調波）をズバリと発言することが営業力につながりそうです。

ハーモニクス占星術で
開拓すべき資質が明らかになる

　最後に、ネイタルチャートと調波チャートからわかったことをまとめてみます。

- 事前に安全が確認できないと冒険できないので、まず、収入源を確保するとよい。複数の収入源があればなおよい。
- 占いの仕事は向いている。
- やる気が起きるのを待つのではなく、48歳時のやる気を意図的に持続させる。
- 生まれつきの営業力の弱さを補う必要がある。
- それにはまず、諦めない持続的な取り組みが必要。
- メイク、名刺、ウェブサイトなどで華美な演出を心掛ける。
- 正論をズバリ物申す姉御的キャラクターを生かす。
- ネットなどを介した積極的な発信はプラスに働き、突破口を開いてくれる可能性がある。

　――ハーモニクス占星術は「可能性の占星術」です。
　自らの内に潜む可能性を開拓し、育て、現実を変える力にしていくときに、調波チャートはその開拓すべき資質を教えてくれます。
　Bさんの場合、それは第5調波、第8調波、第9調波、第11調波でした。それら各調波に関係する年齢時の出来事やそこで学んだことを思い出すと、大きなヒントを得られることがあります。
　なお、この質問の後、Bさんは安定した収入源の確保のため、ある大手企業の厳しい研修を受けることになりました。そこで勤勉に業務スキルを

身につけ、収入を安定させていく一方で、ネットでは姉御肌キャラで「人生楽しもう教」(Bさん談)の啓蒙活動を楽しみながらやっていこうと考えているそうです。

また、この鑑定で触れた「諦めない持続的な取り組み」という方法論は、「固定サインの多い自分にぴったり」という感想もいただいています。

ケーススタディ⑦　Cさん(女性)の場合

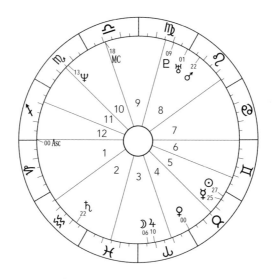

【図5-20】Cさんのネイタルチャート

Cさんのネイタルチャートは、奇数サインが五つで偶数サインが七つ。3区分では活動サインが四つで固定サインが六つ、柔軟サインが二つとなっています。また、4区分では、火のサインが三つ、地のサインが六つ、風のサインが二つ、水のサインが一つという配分です。

ここから、Cさんは現実に足をつけて物事にじっくり取り組む姿勢の持ち主だとわかります。水のサインが一つだけなので、情に引きずられない、さっぱりした性格といえます。

次に主要な感受点を見てみます。

まず、ASCですが、♑山羊座に入ったばかりのところにあり、出産の瞬間（占星術における「出生時間」は産声を上げた瞬間です）と医師の記録にタイムラグが生じうることを考えると♑山羊座ではなく♐射手座である可能性もあります。計算上、出生時間が4分ずれると、ASCは1度ずれることになります。

ここでは、Cさんが「学ぶ意欲」の高い人であることから、ASCを♐射手座と仮定して話を進めていきます（チャートは♑山羊座のままです）。

ASCが♐射手座であれば、その支配星は3ハウス。ここから、Cさんはオープンかつ快活な性格で、学びの意欲が高く、他者とのコミュニケーションを通じて自己を表現していく傾向があるといえます。また、このASCは♀金星、♅天王星とグランドトラインを成すことから、Cさんの行動は基本的にクールで緻密な美意識に基づいているといえそうです。

MCは♎天秤座でその支配星は4ハウス。ここから、社交性や美的センスを生かした職業に適性があり、地元に根を下ろしたビジネス、あるいは自宅と仕事場が同一か近接した仕事スタイルが向いているといえるでしょう。仕事と家庭の調和が重要テーマとなります。

☽月は3ハウス♈牡羊座にあり、♃木星と☌0度。楽天的なキャラクターでストレスを感じにくく、にぎやかでありつつも穏和な日常生活を送れる人です。☽月と♃木星の☌0度は、子どもに対して優しく包容的であること、また周囲の人に対してもそのようにふるまうことを意味します。

Cさんは私のセミナーに何度か来ていただいていて、そのたびにお菓子の差し入れがありましたが、そのこともこの☽月と♃木星の☌0度に関係するでしょう。

☉太陽は5ハウス♉牡牛座にあり、☿水星と☌0度。ここから、五感の喜びを楽しみつくし、遊び、創造し、自己表現することに人生の価値を感じる人だといえます。☿水星が☉太陽に先行しているのは、その人生の目的のため情報をいち早く収集できることを意味します。☿水星は手先の働きにも関係しているため、職人的な技能を身につけやすい人でもあるでしょう。

ただ、この☉太陽は♂火星と♄土星から□90度のアスペクトを受けてTスクエアとなっています。これは固定サインのTスクエアであり、「人生

を冒険しよう」という気持ちと「慎重に生きよう」という気持ちとの間で板挟みになって、なかなか人生の方針が定まらないことを意味します。その一方で、♅天王星との□90度のアスペクトにより、突然、人生の方針が変わるような出来事が起きてくるのです。

　人生の規律意識を表す♄土星は2ハウス♒水瓶座。♄土星は、先に述べたように、☉太陽へ慎重さを与えており、主に堅実な経済感覚として表れます。ただし、「お金がなくなってもいいように、初めからお金を持たない」といった複雑な表れ方をすることも。お金にかんして、禅語にいう「無一物、無尽蔵（何も持たないということは、無尽蔵に持っていることと同じである）」という、達観したような考え方をする傾向も見られるでしょう。

　以上、このネイタルチャートからは、☉太陽や♄土星が表す人生観の部分では多少複雑なところがあるものの、☽月の部分が安定していて、全体的には危ういところのない人物像が推測されます。

偶数の系統の調波は
対人姿勢と関係する

　では、どの調波に発芽天体があるのか見てみましょう。

　まず、第5調波から順にオーブ1度以内で発芽している調波を見ていくと、一桁調波だけでも第6調波、第7調波、第8調波に発芽天体があることがわかります。これは、「環境に適応する能力」（第6調波）、「理想を追求する姿勢」（第7調波）、「リーダーシップ」（第8調波）などを発揮できるということです。

　調波チャートに表れている資質なので、これらは自然に発揮されるのではなく、状況に応じて意図的に使える能力と考えればよいでしょう。

　まず第6調波から見ていきますが、その前にネイタルチャートを改めて見てみると、n♂火星とn♄土星の正確な☍180度があり、これは、対人姿勢と関係する偶数の系統の調波において、h♂火星とh♄土星の発芽として繰り返し登場してきます。

　n♂火星とn♄土星の☍180度は「仕事人間」といったような表れ方をして、無理をしすぎた反動で気分が滅入ることもありますが、他者がかかわ

る場面では、タフさを維持して高い実務能力を発揮するでしょう。そして、この二つの天体による発芽は第6調波にも現れます(【図5－21】)。

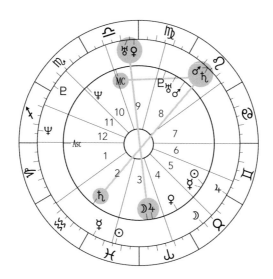

【図5－21】内側はネイタルチャート、外側は第6調波のチャート。

　第6調波は「周囲の環境へ適応する能力」を示し、そのまま社会における適応力にも関係してくるため、Cさんは社会生活の中で仕事などへ集中的に努力を注ぎ続けるタフさを持つ人物だといえるでしょう。h♂火星とh♄土星の発芽が職業と関係するnMCに＊60度のアスペクトを成すことは、それをさらに裏打ちしています。

　実際、Cさんは、職場での残業の連続や失敗や意見の食い違いなどにめげることなく、不退転の決意で立ち向かってきたそうです。ただ、胃かいようを体験したことで、頑張りが行き過ぎると体調に影響することを学んだとも。

　その病気は、h♂火星とh♄土星の発芽が、健康と関係する6ハウス支配星のn☿水星に対し□90度のアスペクトを成すことに関係するでしょう。

　h♂火星とh♄土星の発芽は2ハウスのn♄土星に対し♂180度のアスペクトも作っていますが、これは、Cさんにもともと備わっている「堅実に資

産を形成していこう」（2ハウス♄）という姿勢を、強く後押しするものとして働くはずです。社会への適応を考えたとき、そこのところを強く意識させられるのです。

この第6調波には、オーブを4度まで広げると、h♀金星とh♅天王星の発芽も現れます。これは、ライトな人間関係を表す組み合わせであり、社会に適応するときに有効に働きます。

ただし、ネイタルチャート上のn☽月とn♃木星に対し☍180度のアスペクトを成しているため、人間関係において、「優しく包容的な接し方」（☽☌♃）と「クールでさっぱりした接し方」（♀☌♅）が混在することになり、かかわる人を混乱させることもあるでしょう。

h♂火星とh♄土星の発芽は偶数の系統で繰り返し現れ、「リーダーシップ」や「カリスマ性」と関連する第8調波ではn☉太陽に重なってきます。これは、地道な努力を心掛けた生き方により、周囲の人々から慕われてリーダー的な役割につくことを意味しています。

h☽月とh☉太陽の発芽が要求する
「裏表のない生き方」を他者にも求める

第6調波、第8調波を検討したので、次に第7調波を見てみます。

第7調波は理想の追求と関係し、h☽月とh☉太陽の発芽は「裏表のない生き方」という象意を持つことから、Cさんは公私を分けない生き方を理想とするでしょう。具体的には自営業や自由業など、プライベートと仕事が表裏一体となった仕事を好むことになります（【図5－22】）。

また、裏表を作らないという点では、人に対してお世辞やおべっかを振りまかなければならない状況を好まないはずです。そういう状況は誰しも好まないものですが、Cさんは特にそれを避けたいと思うでしょう。

Cさんに7歳時のことを聞くと、仲のよい女の子がCさんの言うことを真似してくることに怒っていた記憶があるそうです。真似をされることよりも、オリジナリティのなさに腹が立ったのだとか。この怒りはh☽月とh☉太陽の発芽に関係するはずです。

「裏表のなさ」とは率直な自分を公に表現することでもあり、Cさんはそ

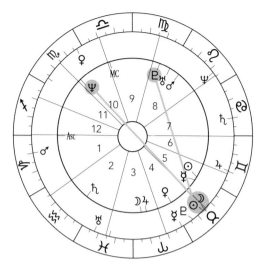

【図5-22】内側はネイタルチャート、外側は第7調波のチャート。

の女の子に、真似ではなく率直な自分自身を表現してほしかったのでしょう。これはまた、Cさん自身もそのような生き方を理想とすることを意味します。

　h☽月とh☉太陽の発芽はnΨ海王星に対して☍180度。このnΨ海王星は11ハウスにあり、友人関係における理想像を表しますから、「裏表のない生き方」という理想を親しい友人にも強く要求することになります。

　そのような要求は、心の底から信頼しあえる深い関係を結ぶときには有益に働くでしょう。それは、h☽月とh☉太陽の発芽が8ハウスにあるnP冥王星に△120度のアスペクトを成していることに表れています。

h☽月とh☉太陽の発芽には
男女関係の「裏表」をなくす働きもある

　このh☽月とh☉太陽の発芽は7の倍数の系統の調波で繰り返し登場し、そのつど、Cさんは「裏表のない生き方」を試みたり、「公私を一致させる行動」をとったりしています。

たとえば、14歳のときにはテニス友達の女の子にモテたそうです。Ｃさん自身は「自分が女性らしくない細身のプロポーションだったからではないか」と分析しますが、h☽月とh☉太陽の発芽が効いているとすれば、裏表のない、さっぱりしたあり方が「男子的」に見えたことが主な理由なのでしょう。

　また、21歳のときには、親に負担をかけず経済的に自立したいと強く思い、28歳のときには、友人の「のびのびとした生活」を見て心底うらやましいと思ったそうですが、これらもまた、h☽月とh☉太陽の発芽に関係しています。人に気を遣わなくてもよい生活を理想にするということです。

　その後、42歳のときには、離婚を前提として子ども二人を連れて別居に踏み切ったそうですが、これもやはりh☽月とh☉太陽の発芽に関係するでしょう。

　☽月を妻、☉太陽を夫と考えた場合、h☽月とh☉太陽の発芽は基本的に、妻と夫が気持ちを一つにすることを意味します。しかし、「気持ちを一つにできない」ということを相互に確認し合い、各々が相手に気を遣わなくてもよい生活を選択するという形で表れることもあるのです。

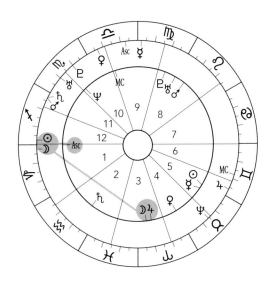

【図5－23】内側はネイタルチャート、外側は第42調波のチャート。

第42調波を見てみると、h☽月とh☉太陽の発芽がnASCに重なっています。これは、自分らしい人生を裏表のなく生きるという決意表明にも見える配置です。しかし、この発芽天体はn☽月とn♃木星に対しては□90度ですから、日常生活、そしてお子さんにとっては大きな変動となったはずです（【図5-23】）。

　なお、Cさんとは別の方（女性）のチャートですが、やはり満年齢調波でh☽月とh☉太陽の発芽がnASCに重なったときに、長年同棲してきた男性と別れたというケースがありました。

　☽月を女性天体の代表格、☉太陽を男性天体の代表格と考えるなら、h☽月とh☉太陽の発芽には、男女関係における「裏表」をなくそうとする働きもあるといえそうです。

☽月を含む3天体以上の発芽は
その働きに強い実感が伴われる

　一桁調波では、オーブを4度まで広げていくと、第5調波にh☽月、h♅天王星、h♆海王星という組み合わせの発芽天体が現れます（【図5-24】）。

　h♅天王星とh♆海王星の発芽は、集合無意識の世界に漂う曖昧模糊としたイメージを明確にとらえることに関係しており、たとえるなら、自然界に生起する一瞬の美をカメラのシャッターで切り取るような感じです。

　具体的には、芸術や創作のセンス（特に映像系）、革新的発想、ゲームやインターネット分野の才能といった形で表れます。

　また、人によっては、「（いわゆる）霊的なものが感じられる」とか「直感的に人の考えがわかってしまう」といった表れ方もあるでしょう。

　そして、この発芽に☽月が加わると、h♅天王星とh♆海王星がキャッチしたものが、より手ごたえのある形で実感されることになります。

　5歳時のことをCさんに聞くと、お遊戯が嫌いだった記憶があるとのこと。お遊戯の動きが同じことの繰り返しで退屈極まりなかったそうです。

　h☽月、h♅天王星、h♆海王星の発芽を芸術や創作のセンスと見なすなら、ただ教えられた動きを繰り返すだけのお遊戯に楽しさを見いだせないのも仕方ありません。

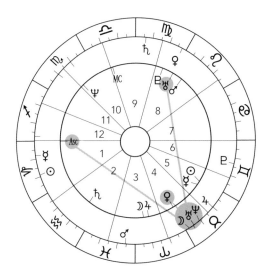

【図5−24】内側はネイタルチャート、外側は第5調波のチャート。

　この発芽は、ネイタルチャート上のnASC、n♀金星、n♅天王星によるグランドトラインに対して、☌0度ならびに△120度のアスペクトで絡んでおり、「クールで緻密な美意識に基づく行動」（ASC☌♀☌♅）を強化するものであることがわかります。
　第5調波の発芽ということを考えると、自分らしい生き方をしようというときに、この発芽とネイタルチャートのグランドトラインに表れた、「シャープな美意識」や「直感」で判断することになるでしょう。
　この発芽天体はネイタルチャート上の感受点とハードアスペクトを成していないので、その判断を下すときに葛藤はありません。お遊戯が嫌いというのも「退屈」という程度であり、葛藤にはなっていないはずです。むしろ、他者とは違う自分の美意識を明確に認識する助けになったのではないでしょうか。

h☽月とh♀金星の発芽による 「愛されキャラ」がどう生きてくるか

　この第5調波の倍数の系統を見ていくと、第15調波にオーブ2度でh☽月とh♀金星の発芽が現れます（【図5－25】）。

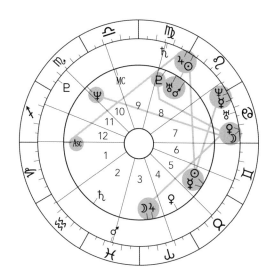

【図5－25】内側はネイタルチャート、外側は第15調波のチャート。

　第15調波には、「カリスマ的指導力」や「交渉力」、「社会における自己実現力」などの象意があります。第5調波における「自分らしさ」をどう発展させるかということが、第15調波に表れると考えてもよいでしょう。
　一方、h☽月とh♀金星の発芽には、「人に愛されるキャラクター」や「いい意味でも悪い意味でもゆるい」、「安穏とした生活」、「女性、子どもとのよい関係」などといった象意があります。
　この発芽は11ハウスのn♆海王星に△120度のアスペクトを成すことから、主に友人との関係で発揮され、第15調波ということを考えると、そのことにより、友人のネットワークにおける中心人物になりやすいといえます。
　Cさんに聞くと、子どもや女性との関係はかなり良好で、お子さんの友

人やその母親から慕われることも多いそうです。ママ友サークルを立ち上げたこともあるといいますが、おそらく中心人物としてサークルの求心力となっていたのではないでしょうか。

このh☽月とh♀金星の発芽がn☽月とn♃木星の♂0度に対して□90度を成しているのは、時として親しい他者に甘くなりすぎてしまうことを示しています。また、n♇冥王星に＊60度を成しているのは、この発芽天体が深い人間関係の形成に一役買うことを意味します。つまり、Cさんが誰かと深い人間関係を結ぶときには、h☽月とh♀金星が表すような穏やかなアプローチを心掛ける必要があるということです。

**発芽天体の多彩さは
手段の多彩さを意味する**

この第15調波は、オーブを広げていくとh☿水星とh♆海王星、h☉太陽とh♃木星という組み合わせの発芽天体も現れます。

このような発芽天体の多彩さは、その調波のテーマにおいて多彩な手段があることを意味します。第15調波でいうと、いろいろな相手や状況において指導力や交渉力を発揮できるということです。Cさんの場合、ネイタルチャートにおける7ハウスと8ハウスの位置に発芽天体が集中しているので、それは主に対人関係において発揮されるでしょう。

まずh☿水星とh♆海王星の発芽ですが、これは他者の心理を深いところまで察知することに関係しており、5ハウスのn☿水星、n☉太陽に対し＊60度のアスペクトを成すことから、主に子どもとの関係における指導力の発揮とかかわってきそうです。

おそらく、Cさんは子どもの気持ちを察するのが上手で、押さえつけたり、なだめすかしたりすることなく、自然な形で言うことを聞かせられるのではないでしょうか。

5ハウスは子どもだけでなく娯楽やイベントにも関係しており、そのような状況で、皆の雰囲気を察してうまく場を取り仕切ることにも才を発揮するはずです。

一方、h☉太陽とh♃木星の発芽は健康的な自己肯定感を与え、福を招く

力となります。第15調波ということを考えると、その自己肯定感が人を引き寄せる魅力となり、結果的に社会的成功を招くことになるでしょう。

　この発芽天体は、nASC、n♂火星とn♅天王星の♂0度、n☿水星とn☉太陽の♂0度に対しそれぞれアスペクトしています。これはいずれも、自己肯定感から衝動的な行動を起こすことを示唆しており、特にn☉太陽への□90度は、自分でもびっくりするような大胆すぎる行動を意味します。

　Cさんによると、15歳のときに友人が私立の高校に進学することを聞いて、「みんなと同じよりも、そっちのほうがカッコいい」と衝動的に思い、それまでの進路を変えたそうです。後から考えると、なぜそんなことを思ってしまったのかまったくわからないそうですが、これこそまさに、h☉太陽とh♃木星の発芽のなせる業(わざ)でしょう。

　この発芽天体のn☉太陽への□90度は、下手をすると人生の道を踏み外しかねない作用となるので、これからの満年齢調波でそれがある人は物事の決定に慎重さが必要です。

**ネガティブに見える出来事が
隠された資質を開花させることがある**

　第5調波〜第21調波には、ほかにいくつか発芽天体が見られますが、中でもCさんの印象深い体験とリンクしているのが第11調波です。ここではオーブ3度でh♄土星とh♇冥王星が発芽しています（【図5−26】）。

　第11調波を満年齢調波と考えると、11歳のときの出来事がこれに関係することになります。

　Cさんによると、11歳のときに家族が中古で購入して引っ越した家がすごく嫌だったそうです。一歩足を踏み入れた瞬間にその佇(たたず)まいに違和感があり、間取りの悪さからとても住みにくかったといいます。父方の祖母が連れてきた霊能者からは「（家相的に）この家はひどい」とまで言われたとのこと。

　実際、Cさんはずっとこの家が嫌だと思っていて、13段の階段も不吉に感じ、いつも一段飛ばしで使っていたそうです。

　その引っ越しから20年後、家を建て替えるときには父母だけが住む家に

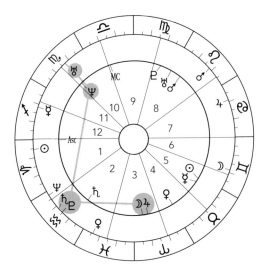

【図5−26】内側はネイタルチャート、外側は第11調波のチャート。

なっていましたが、父親に言われてCさんが間取りの指示を担当することに。Cさんの考えた間取りについて霊能者に相談したところ、玄関の向きを変えただけでほかは「良い」というお墨つきをもらい、無事に改築できたといいます。

第11調波は「常識に囚われない発想や発言」や「ツッコミ力」、「斬新さ」を表し、h♄土星とh♇冥王星の発芽はそこへ強固な持久力や安定性、忍耐強さを与えます。これは、自分が「これは違う」とか「これはおかしい」と思ったことは、それが人から見て奇異に見える主張であっても、粘り強く主張し続けられるということです。

第11調波はタロットの大アルカナ11番「力」にも関係しています。「力」のカードでは女性がライオンの口を開いて制しており、コントロールの難しい力（ライオンが象徴）を理性（女性が象徴）が制している図式です。これはCさんの第11調波＝11歳時に起きたことにリンクしてきます。つまり、得体の知れない不吉さというコントロールの難しい恐怖を理性によって忍耐強く克服したのです。

日常生活は☽月が表しますが、h♄土星とh♇冥王星の発芽はn☽月に対

して ＊60度となっており、Ｃさん本来の安穏とした生活姿勢を守っています。逆にいえば、コントロールの難しい感情や感覚に襲われたときにも、安穏さを守っていられるスキルを身につけるために、11歳時のこの出来事が起きたのだと考えてもよいでしょう。

　ｈ♄土星とｈ♇冥王星の発芽はｎ♆海王星に対しては□90度を成しており、これは、安定した物事を根底からひっくり返すような働きとなります。不吉さを感じる家へ引っ越すハメになったのは、こちらのほうが作用したのでしょう。

　しかし、Ｃさんはその困難を耐え忍び、結果的には快適な家に改築するという形で乗り越えました。これは、ネイタルチャートと調波チャート上の発芽天体とのハードアスペクトを最善の形で昇華した好例だといえます。

　なお、発芽天体ではありませんが、第11調波におけるｈ♅天王星はｎ♆海王星へ正確に♂0度を成しているので、これも考慮しておきましょう。

　♆海王星をモヤのかかったようなイメージだとすると、♅天王星はフラッシュをたいて、明確な像として写真に収めるようなもの。

　さらに、この二つの天体の位置する蠍座14度のサビアンシンボル「仕事をしている電話接続士」が自分にとって必要なものとつながる能力と関係することを加味して判断すると、これはある種の直感力や霊感として表れると思われます。

　Ｃさんのケースでいうと、引っ越した家に感じた違和感がそれに関係しているでしょう。また、その感性は、改築時にＣさんが間取りを考えるときにも生かされたはずです。

　なお、Ｃさんによると、「コントロールの難しい感情や感覚に襲われたときにも、安穏さを守っていられるスキルを身につけるために、11歳時のこの出来事が起きた」という見方は実にしっくりくるそうです。

　そして、そのスキルは実家の建て直しのときにも有益に働いたようです。

　実は、実家の建て直しは、母親が手術を受けることになったことがきっかけだといいます。父親が「新しい家」を計画することで物事の刷新と不安の払拭を図ったのです。Ｃさんは妊娠中だったこともあり、最初は反対したそうですが、結果的に間取りの指示にかかわることになりました。

　厳しい状況の中、落ち着いた行動をとれたのは、11歳のときの経験が生

かされたということでしょう。そのスキルを与えてくれた家を改装するという形で、20年越しのテーマが完結したと考えることもできます。

第17調波の系統の第51調波は
未来への展望を自ら創造する

では、以上を踏まえた上でCさんからの質問を検討してみましょう。

Cさんは51歳のときに再婚され、これまでの「がむしゃらに頑張る」という人生に一区切りがつきました。肩の力が抜け気持ちが楽になり、「頑張る生き方」を手放しつつあるそうです。まだ、ほかの人からは「頑張りすぎ」と見られることもあるそうですが、ともかく、生き方を大きく転換しつつあることは間違いありません。

そこで、この変化とこれからについて、「占星術的にはどうですか？」というご質問です。これはタイミングがはっきりしていることですから、やはり再婚時の第51調波を見るべきでしょう（【図5－27】）。

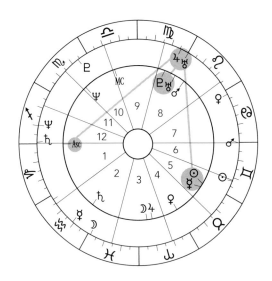

【図5－27】内側はネイタルチャート、外側は第51調波のチャート。

第51調波にはh♃木星とh♅天王星の発芽があります。これは「刷新」を表しており、調波数が象徴する分野へ「刷新」と「新規発展」を与える発芽天体です。第51調波は第17調波の系統（17×3）ですから、未来への展望を自ら創造する調波といえ、「刷新」というテーマとも相性が良さそうです。

　この発芽はnASCに△120度を成すことから、これからＣさんの行動パターンが再婚で始まった新生活に合わせた形で大きく刷新されそうです。

　サビアンシンボルを見ると、h♅天王星の度数は、生き方や考え方をはっきりさせることに関係する「男の頭」というシンボル、h♇冥王星の度数は、日常を遊びで彩ることに関係する「メリーゴーランド」というシンボルですから、「これからは楽しく生きる」ことをモットーにして人生を刷新していくのかもしれません。

　事実、Ｃさんは再婚後、夫婦であちこち旅行に行ったり、互いの友人や家族とも親しく交際したりしているそうです。

　また、8ハウスのn♅天王星やn♇冥王星に重なることから、人間関係のあり方にも刷新が成されます。

　n♅天王星は友人を表し、11ハウスの支配星であるn♇冥王星もまた友人を表しますから、親しい友人とともに何かビジネスを始めるといった展開も考えられるでしょう。発芽天体のサビアンシンボルを考慮すると、楽しくできるビジネスということになります。

　ただ、この発芽天体はn☉太陽に対して□90度を成しており、h♃木星とh♅天王星の発芽による刷新の勢いが行き過ぎることがあります。

　特に女性のホロスコープではn☉太陽が夫を意味することがあり、それに対する□90度は、夫の意に沿わないか、後になって自分自身が「行き過ぎてしまった」とか「やり過ぎてしまった」と後悔する行動をとる可能性を示唆しているので、友人との楽しい関係には夫との慎重な意見調整が図られるべきです。

　なお、この鑑定について、Ｃさんからは「太陽が夫とすると、再生した太陽（再婚）を生かすような貴重なアドバイスをいただけて喜んでいます」という感想が寄せられています。

ケーススタディ⑧　Dさん（男性）の場合

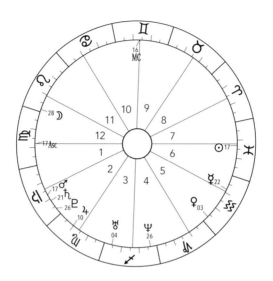

【図5－28】Dさんのネイタルチャート

　Dさんのネイタルチャートは、奇数サインの感受点が九つで偶数サインが三つ。3区分では、活動サインが三つで固定サインが四つ、柔軟サインが五つ。また、4区分では、火のサインが三つで地のサインが一つ、風のサインは六つ、水のサインは二つ……という配分になっています。

　ここからは、Dさんは切れ味のよい知性と行動力により、物事の調整役として活躍できる人だとわかります。

　主要な感受点を見ると、まずASCは♍乙女座にあり、与えられた役割を果たすことを第一の行動基準とする傾向が読み取れます。潔癖性であり、自分にも他者にも厳しい人といえるでしょう。支配星の☿水星が6ハウスにあるのは、いわゆる「仕事人間」ということ。仕事をきちんとこなすことが、何よりも自尊心を高めます。

　MCは♊双子座で、その支配星の☿水星はやはり6ハウス。ここから、情報や言葉を扱う仕事、具体的にはマスコミ系やマーケティング、コンサル

ティングなどの業種に適性があるといえ、地道に忍耐強く仕事へ取り組む傾向も確認できます。ただし、ワーカホリック（仕事中毒）的になりすぎて体調を崩すことがあるので注意が必要です。

　☽月は12ハウス♌獅子座にあり、仕事人間の一方で童心を隠し持っていることが示されています。仕事や日常生活など現実世界に疲れたときには小説や映画などの世界に没入することで心をリフレッシュさせるとよいでしょう。

　この☽月は♆海王星と△120度のアスペクトを成し、他者に対して同情的で優しい性格を表します。しかし、☽月は12ハウスという他者からは目立ちにくい場所にあるので、実際の行動に反映されることはそう多くありません。

　また、☽月は♇冥王星とは＊60度でもあり、これはいったん何かに集中すると容易に諦めない意志力として表れます。

　次に、☉太陽を見てみましょう。☉太陽は7ハウス♓魚座にあり、身近な人物の意向により人生を方向づけていく傾向が見られます。かかわる相手によって人生の方針が左右されやすいので、主体性をしっかり持つよう心掛けてバランスをとっていく必要があります。

　ただ、これは他者の意向に応えられる能力としてうまく伸ばしていくこともできるはずです。その場合、どういう相手とかかわるかということが重要なポイントになってきます。

　アスペクトを見てみると、この☉太陽は♂火星とは⚻150度、MCとは□90度を成すことから、人生の方針と仕事がマッチしない（☉□MC）とか、生きがいを感じられない（☉⚻♂）といった傾向が見られるかもしれません。

　人生の規範意識を示す♄土星は2ハウス♎天秤座。ここから、堅実な経済観念の持ち主であることが推測されます。まじめにコツコツ働いてお金を蓄財していける人です。ただ、資産や年収の大小で人を判断するようなところもあります。

　2ハウスでは、この♄土星に加えて♂火星と♇冥王星がオーブ範囲（オーブ6度）で近接しており、一つのグループを形成しています。これは2ハウスが強調された状態であり、主に経済的なことについて、いろいろな出来事があったり、自らの姿勢が変わったりしながら、最終的にスタンスが定ま

ります。
　シンプルにいうと、♂火星は強い物欲や投機への関心を、♄土星は堅実な経済感覚と蓄財志向を示すでしょう。また、♇冥王星は金銭感覚の振り幅の大きさを意味しており、大金を得たり、その逆に大金を失ったりという極端な金銭体験の可能性を示唆しています。
　ただ、この♄土星を中心とする2ハウスの天体は、MCや6ハウス☿水星との間でグランドトラインを形成することから、誠実な仕事姿勢と職人的技能の積み重ねによって着実にキャリアを高めていくことは間違いありません。風サインのグランドトラインなので、頭の切れる人、あるいは情報通の人として信頼を集めることになるでしょう。
　以上のように、このネイタルチャートからは職業人としての堅実さや誠実さ、それから、知的能力の高さと他者の期待に応じようとする姿勢などが読み取れます。資産形成への意欲と関心も高く、少し波乱万丈な展開もありそうですが、♄土星が無茶をさせないので（たとえば株などで）大火傷をすることはないと思われます。

第7調波に発芽天体が多いのは
「人生の理想」を明確に持つことを意味する

　では、どの調波に発芽天体があるか見ていきましょう。
　第5調波から第21調波までの範囲で、オーブ1度以内で発芽している調波を探すと、まず第7調波にh☉太陽とh♅天王星、そしてh♀金星とh♄土星の発芽が見られます（【図5－29】）。
　第7調波は「この人生で実現したい理想」に関係しており、h☉太陽とh♅天王星の発芽は「独立独歩の生き方」を、h♀金星とh♃土星の発芽は「誠実な対人姿勢」と「堅実な金銭感覚」を示しています。つまり、Dさんはそのような生き方を理想にする傾向があるということです。
　また、オーブを広げていくと、h☿水星とh♃木星の発芽も現れます。これは「柔軟な考え方や人当りの良さ」、あるいは「学ぶ意欲」とも関係します。
　では、これをネイタルチャートに重ねてみます。
　まず、h☉太陽とh♅天王星の発芽はn♆海王星に対して♂0度。4ハ

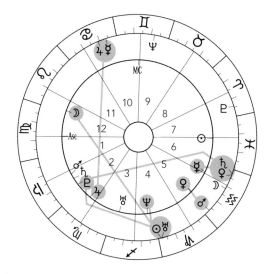

【図5-29】内側はネイタルチャート、外側は第7調波のチャート。

ウスのnΨ海王星は家庭環境の不安定さを意味しますが、h☉太陽とh♅天王星は独立独歩の生き方でそれを乗り越えようとします。年齢を重ねると自らが家庭の長、あるいは家庭的な絆で結びついたグループの代表としてリーダーシップを発揮しようとするでしょう。それを理想として生きるのです。

また、h☉太陽とh♅天王星の発芽は、n♇冥王星に対して＊60度、n☾月に対して△120度を成しています。これは、独立独歩の生き方の実現のために「稼ぎ力」をとことん高めようという姿勢（2ハウス♇）と、人に優しくあるために（12ハウス☾）強く生きようという姿勢を表すものでしょう。

次にh♀金星とh♄土星の発芽ですが、こちらは6ハウスのn☿水星に♂0度で重なっています。6ハウスのn☿水星は緻密で知的な仕事ぶりを意味しており、h♀金星とh♄土星の発芽はそこへ誠実な対人姿勢を加えるでしょう。つまり、人から頼まれた仕事を着実かつスマートにこなすことを理想とするのです。

この発芽天体は2ハウスのn♇冥王星に対しては△120度を成し、やはり「稼ぎ力」を高めようとすることに関係しています。しっかり稼ぐけれど節

約も欠かさない、というところを目指すのです。

　一方、もう一つの発芽天体であるh☿水星とh♃木星は、3ハウスのn♃木星に△120度のアスペクトを成しています。3ハウスのn♃木星は博識さと穏和なコミュニケーションを意味しており、h☿水星とh♃木星の発芽からのアスペクトはそのもともとの性質を強化するといえそうです。

　さて、チャートをよく見ると、発芽天体のほか、h♂火星がn♀金星へ正確に☌0度で重なっています。こういう場合、発芽していなくても何らかの影響があると見なします。

　5ハウスのn♀金星は通常、「恋に恋する」ことや「子どもから好かれやすいキャラクター」などを意味しますが、Dさんの場合、このn♀金星は2ハウスの支配星でもあることから、資産の投資運用を表すものとして考えてもよいでしょう。5ハウスは投資にも関係するのです。

　そのn♀金星にh♂火星が重なるのは、そういった投資を楽しんで要領よくこなすことを意味します。第7調波のh♂火星ですから、それを理想にするということになります。

　n♀金星とh♂火星のサビアンシンボルは「インドのヒーラー」というもので、既存の社会的システムの中に「歯車」として組み込まれることなく生活の糧を得ることを意味しています。Dさんのネイタルチャートには職業人としての堅実さや誠実さを見て取れますが、その一方で、「歯車」の地位を脱して自由に生きたいという理想を隠し持っているようです。

　このように第7調波に三つも発芽天体があったり、単体の調波天体がネイタル天体に正確に重なったりするのは、Dさんが具体的な人生の理想像を持っていることを意味します。

　この理想は、タロット大アルカナの7番「戦車」の馬のように、人生を駆動させる動力として働くことでしょう。

　この第7調波と直結する7歳時の出来事をDさんに聞くと、卒業生へ向けた答辞を行ったことで、初めて人にほめられるという体験があったのだとか。そしてそれにより、「前に出ることが重要」ということを学び、そこから人生が変わっていったという実感があるそうです。

　この出来事を踏まえた上で改めて第7調波の分析を読み返してみると、現実とリンクするところが多いと感じられます。7歳のときに投資や「稼ぎ

力」を意識したわけではないとしても、このときの体験が後々にそのような方向性を生んだのだと考えられます。

h♀金星とh♄土星の発芽による
「ストイックさ」は時に可能性の芽を摘む

さて、第7調波のh☉太陽、h♅天王星の発芽と、h♀金星、h♄土星の発芽は、7の2倍の第14調波と、7の3倍の第21調波にも繰り返し現れます。

まず、第14調波から見ていきましょう。第14調波は「理想の実現のための地道な努力」を表すことから、h☉太陽とh♅天王星の発芽は、「独立独歩の生き方の実現のための努力」を、h♀金星とh♄土星の発芽は「誠実な人間関係を形成する努力」を意味すると考えてよいでしょう（【図5−30】）。

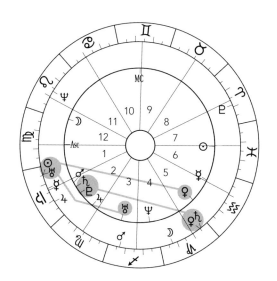

【図5−30】内側はネイタルチャート、外側は第14調波のチャート。

h☉太陽とh♅天王星の発芽は、n♀金星に△120度のアスペクトを成しています。さきほど述べたように、n♀金星が資産の投資運用を表すと考えるなら、それを志向するのは、まさに「独立独歩の生き方の実現」のためと

いえるでしょう。そのために努力できる人です。

また、この発芽天体は3ハウスn♅天王星には＊60度を成します。n♅天王星は「斬新な知性の働き」や「最新情報に通じていること」を意味しており、それに対するこのアスペクトは「独立独歩の生き方」のために、そのような知性を継続的に磨いていくことを意味します。

一方、h♀金星とh♄土星の発芽は、2ハウスのn♄土星とn♇冥王星に対して□90度のアスペクトを成します。h♀金星とh♄土星の発芽は「ストイックさ」を表しており、これがネイタルチャートの感受点にハードアスペクトとなる場合、ストイックすぎて可能性の目を摘んでしまいます。

この場合、2ハウスに在室する感受点へのアスペクトですから、お金や「所有すること」にかんしてストイックすぎる姿勢をとることになるでしょう。

Dさんに14歳時のことを聞くと、「道」と「強さ」を探していたところ、一つの答えとして武士道に出会ったそうです。そして、大切な人を守る強さを手に入れるために剣道を始めたのだとか。これは、第14調波の性質を如実に反映したエピソードだといえます。

「就職留年」という手痛い体験の意義を
満年齢調波のチャートから読み解く

次に第21調波を見てみます。第21調波は「厳しい環境を突破する発想の創出」と関係します。ここでいう「厳しい環境」とは八方ふさがり的な状況のこと。この調波に発芽天体のある人は、そのような状況に負けず、事態をうまく乗り切る能力を持つことになります。

つまり、危機管理能力の高い人であり、必然的に集団のリーダーの立場に就きやすいといえるでしょう。

この調波において、「独立独歩の生き方」を意味するh☉太陽とh♅天王星の発芽は、3ハウスn♃木星に対して△120度を成しています。3ハウスのn♃木星は博識さと穏和なコミュニケーションを表しますが、ある種の孤高性にも関係するこの発芽天体とうまく連携し、穏和なだけではないコミュニケーション能力を形成していくはずです。それにより危機を乗り越える

のです(【図5-31】)。

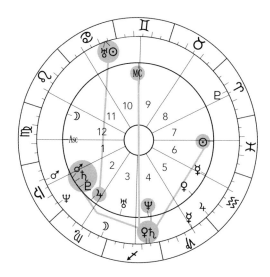

【図5-31】内側はネイタルチャート、外側は第21調波のチャート。

　一方、h♀金星とh♄土星の発芽はネイタルチャートとの間に多くのアスペクトを成します。
　まず、最も強く働くのは4ハウスのn♆海王星との☌0度。これは、家庭的な絆で結びついたグループへの帰属意識を誠実に維持し、それを危機的状況の突破に役立てることを意味しています。
　それから、nMCへの☍180度がその次に強く働きます。これは、誠実な人間関係のあり方が仕事に影響することを表しますが、慎重すぎてせっかくの可能性を摘んでしまう可能性もあります。
　Dさんは21歳時に就職留年したそうですが、それは、このアスペクトによる行動ではないでしょうか。n☉太陽への□90度のアスペクトも同様の影響を与えたかもしれません。
　ただ、この発芽天体は2ハウスのn♂火星、n♄土星、n♇冥王星に対しては＊60度を成し、経済面についての複雑な姿勢を、ストイックに制御することで危機を乗り切ろうとすることを示しています。

285

就職留年というのは手痛い経験だったかもしれませんが、その後の職業経験や人生目標の定め方、経済観念や集団への帰属意識のあり方などについて、多くの気づきを与えてくれたのではないでしょうか。

h♂火星とh♃木星の発芽は「勝負強さ」を与え
スポーツ競技に関係することも多い

　引き続き、オーブ１度以内で発芽している調波を探してみると、第16調波にh♂火星とh♃木星の発芽が見られます。さらに、オーブを４度まで広げると、h♅天王星とh♆海王星の発芽も現れます（【図５－32】）。

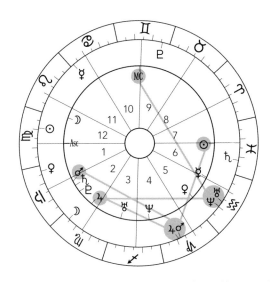

【図５－32】内側はネイタルチャート、外側は第16調波のチャート。

　第16調波は、「衝撃的なマイナスの出来事を逆手に取り、生き方を大きく変える能力」を意味しています。
　h♂火星とh♃木星の発芽は「チャレンジ精神や勝負強さ」を、h♅天王星とh♆海王星の発芽は「芸術的センス」や「夢のある冴えた発想」を意味することから、衝撃的な出来事が起きたとき、普段堅実なＤさんも、そのよう

な方向へ生き方をダイナミックに変えることになるでしょう。

　具体的に見ていくと、まず、h♂火星とh♃木星の発芽は2ハウスのn♂火星に対して□90度、7ハウスのn☉太陽と3ハウスのn♃木星に対してそれぞれ＊60度のアスペクトを成しています。

　16歳のとき、柔道部に在籍していたDさんはチームを強くしようとしていたそうですが、2ハウスのn♂火星を「積極的に何かをゲットしようとする力」として考え、また、7ハウスのn☉太陽を「かかわる人を通じてもたらされる目標」として、3ハウスのn♃木星を「他者の意見を安易に否定せず、うまくまとめていく能力」として考えてみると、h♂火星とh♃木星の発芽がそこへアスペクトすることはまさに、その16歳時の出来事に符合することがわかります。というのも、h♂火星とh♃木星の発芽は「勝負強さ」を与える組み合わせであり、スポーツ競技に関係することも多いからです。

　第16調波の意味と併せて考えると、試合で負けるというマイナスの出来事を逆手にとって強くなっていく、と考えてもよいでしょう。

　Dさんがそのように柔道の活動へ力を注ぐようになったきっかけには、あるマンガとの出会いがあり、その作品は人生に大きな影響を与えたといいます。

　それはおそらく、h♅天王星とh♆海王星の発芽に関係するでしょう。♆海王星は「イメージ」や「夢」を、♅天王星は「鮮烈さ」や「人生の変革」を表し、「夢のあるイメージから鮮烈な印象を受け取った結果、生き方を変える」という表れ方をすることがあるからです。

　h♅天王星とh♆海王星の発芽からnMCへの△120度のアスペクトは、そのマンガが後の職業にも何らかの影響を与えたことを示しているでしょう。

　しかし、その一方でこの発芽天体は3ハウスのn♃木星に対しては□90度。これは、そのマンガがコミュニケーションのあり方にミスマッチな影響を与えた可能性を意味します。思春期のころ、マンガやアニメに影響されて言葉遣いが変わるような人がいますが、ちょうどそういう感じかもしれません。

　それはやがてもともとの言葉遣いに統合され、その人のコミュニケーションのあり方に新たな個性を付け加えることになりますが、他者から見ると、一時的に何かにかぶれて、キャラクターが変わったようにも見えます。

ネイタルチャート上のアスペクトへ
発芽天体がどう絡んでいくかを検討する

　第5調波から第21調波までの間には、オーブ1度で発芽する調波がもう一つあります。第19調波です(【図5－33】)。

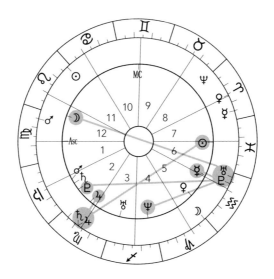

【図5－33】内側はネイタルチャート、外側は第19調波のチャート。

　第19調波は「グループでのコミュニケーション能力」や「チームワーク」に深く関係し、Dさんの場合、そこにh♃木星とh♄土星の発芽があります。また、オーブを4度まで広げるとh♅天王星とh♇冥王星の発芽も現れます。
　まず、h♃木星とh♄土星の発芽は安定した社会的発展を意味しており、教育者としての才能を表すこともあります。アメ(♃)とムチ(♄)をうまく使い分ける感じといえばよいでしょうか。
　Dさんは19歳のころにキャンパスでちょっとした有名人になったそうですが、おそらくそれはこの発芽天体に関係します。7ハウスのn☉太陽に△120度を成すのは、他者の要求にうまく応えて人気を得ることを示しているでしょう。

また、3ハウスのn♃木星に重なっているのは、もともとの穏和なコミュニケーションのあり方に教育者的なニュアンスを加える働きとなります。つまり、この19歳のころにDさんは、「優しく人にものを教えられる人」として一段の成長を見たはずです。
　第19調波ということを考慮すると、19歳時のそれらの変化がチームワークの能力を高めたのだといえます。
　もう一つの発芽天体であるh♅天王星とh♇冥王星は「革命」や「改革」を意味しており、h♃木星とh♄土星の組み合わせとは対照的な働きをします。
　基本的に、h♅天王星とh♇冥王星は個人の自由を尊重するグループ作りを志向しますが、これは「教育的」な働きとなるh♃木星とh♄土星の発芽とは、ある部分で矛盾を生じてきます。しかし、そのような矛盾こそが個々人の個性を生むともいえるでしょう。
　h♅天王星とh♇冥王星の発芽はアスペクトをたくさん持ちますが、まず重要なのは6ハウスn☿水星への♂0度。このn☿水星は緻密な知性を生かした仕事への適性を表し、♒水瓶座ということを考慮すると、それは管理職的な分野で使いやすい能力だといえます。
　そこへ、「改革」を意味するh♅天王星とh♇冥王星が重なるのは、管理職的な立場から「大ナタ」を振るえるということでしょう。チームワークの改善のため、大胆な変革を行えるということです。
　それは、この発芽天体が2ハウスn♇冥王星へ△120度を成していることに連動するかもしれません。つまり、「稼ぎ力」の限界を超えさせる働きとなり、将来、管理職的な立場になったとき発揮されると考えられます。
　一方、n☾月とn♆海王星へのアスペクトについては、この二つのネイタルチャート上の感受点がもともとアスペクトを持つことを考慮しなければなりません。
　12ハウスのn☾月と4ハウスのn♆海王星は△120度のアスペクトを成しており、これは、家族のように親密な仲間に対する同情的で優しい性格を表します。そこへ、h♅天王星とh♇冥王星の発芽がハードアスペクト交じりでかかわると、そのような穏和な姿勢をすべてひっくり返したくなる衝動として働きます。
　しかし、それでもなおn♆海王星とは＊60度という穏和なアスペクトで

あり、穏和な中にもズバリとものを言う厳しさが見られるといった表れ方になるでしょう。

　Dさんによると、19歳のときに「自分の弱みを受け入れてくれる仲間」ができたそうです。具体的にその弱みとは何で、どのような形で受け入れてくれたのかはわかりませんが、その弱みとはDさんの「ひっくり返し衝動」と何らかの形でかかわっていると推測されます。

　いずれにせよ、そのような仲間を得た体験から学んだ何かは、Dさんがチームワークを他者と形成するときに有益に働くことは間違いありません。

　ただ、Dさんによると、19歳時にはサークルのリーダー役を務めたものの、誰も理解してくれない孤独感も味わったそうです。しかし、ともかく自分がいた証を残そうと、今できることをやろうと決意し、メンバーを元気づけることに力を注いだとのこと。

　結果、「相手のことだけを考えて動くと道は開ける」ということに気づき、ビジョンを描き、それをわかりやすく伝えることの重要性を理解し、リーダーとしてのあり方を学んだといいます。

　ここには、第19調波の特徴がよく表れています。たとえば、「相手のことだけを考えて動くと道は開ける」ということや、「ビジョンをわかりやすく伝えること」などは、h♃木星とh♄土星の発芽と直結しています。

男性の場合、h☽月とh♃木星の発芽は
女性からの庇護や援助を意味する

　さて、オーブを2度まで広げると第5調波にも発芽天体が現れます。また、第5調波の系統ではオーブ4度で第10調波と第15調波に、オーブ6度で第30調波にそれぞれ発芽天体が現れます。

　この第5調波の系統について順に見てみましょう。

　第5調波は「個」を守ることに関係しており、主に「自己主張のスタイル」や「自分らしい生き方」などを表します。また、勝負強さやプレゼンテーション能力にも関係します。

　その第5調波にはh☽月とh♃木星の発芽があり、これは「楽天性」や「幸福感」といった安穏としたフィーリングを与えます。また、温かな人間関係

に恵まれやすく、男性の場合、特に女性からの庇護や援助を受けやすい傾向となります(【図5-34】)。

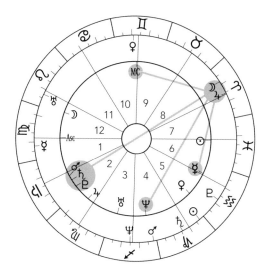

【図5-34】内側はネイタルチャート、外側は第5調波のチャート。

　第5調波におけるこの発芽天体は、敵を作らないソフトな自己主張や、穏やかな人間関係を構築して思い通りの結果を得る、といった形で表れるでしょう。ただ、ネイタルチャート上の感受点に対してはハードアスペクトとイージーアスペクトが入り混じってくるので、実際には複雑な表れ方をします。

　仕事に関係するnMCと6ハウスのn☿水星に対しては＊60度、4ハウスのn♆海王星に対しては△120度のアスペクトなので、これは仕事上の関係や親密な絆で結ばれたグループにおける人間関係を穏やかに進められることを示しています。しかし、2ハウスのn♂火星、n♄土星、n♇冥王星に対しては☍180度であり、時に楽天性が行き過ぎて、お金にかんして無茶な勝負を仕掛ける可能性が示されています。

　h☽月とh♃木星の発芽は第10調波にも登場しますが、このときはバスケットボールを始めたことで目立つようになり、クラスの人気者になったの

だとか。「女の子にモテはじめた」という実感や、自分の居場所や役割を初めて持てたという感覚があったそうです【図5－35】。

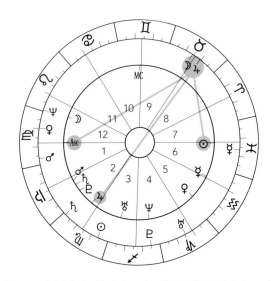

【図5－35】内側はネイタルチャート、外側は第10調波のチャート。

　第10調波は「社会的立場」を表しており、Ｄさんの場合、このときに人から援助を受けて発展していくという社会的スタンスを確立したことになります。
　第10調波をネイタルチャートに重ねると、ｈ☽月とｈ♃木星の発芽はｎASCと7ハウスｎ☉太陽の☍180度を調停する位置にきています。これは、「万事を自分のコントロール下に置きたいという思い」と「他者との縁を大切にする生き方」との間の対立的緊張を和らげる働きとなります。つまり、ｈ☽月とｈ♃木星がもたらす温かな人間関係により、自分の都合に合わせて周囲の縁を引き寄せる働きとなるのです。
　その一方で、この発芽天体は3ハウス♃木星には☍180度。これは、もともとの穏和なコミュニケーションのあり方が行き過ぎて、肝心なことを言えなくなる可能性を示します。第10調波が「社会的立場」を示すことを考えると、社会生活において、そのような人に見られやすいといえるでしょう。

発芽天体が引き起こすネガティブな現象の
背後には必ず何らかの学びがある

　さらに、第5調波を追っていきます。
　第15調波にはオーブ4度でh☽月とh♅天王星の発芽が現れ、オーブ6度ではそこにh♃木星も加わります（【図5－36】）。

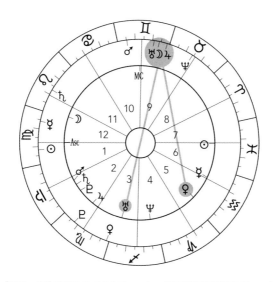

【図5－36】内側はネイタルチャート、外側は第15調波のチャート。

　第15調波は「指導力」や「交渉力」に関係する調波で、ここにある発芽天体は仕事の場などにおける部下の扱い方や営業のスタイルなどを示します。端的にいえば、この調波にある発芽天体の数だけ、指導力や交渉力の手段を持つということです。
　この発芽天体については、h☽月とh♃木星の組み合わせによる「安穏さ」にh♅天王星の「自由さ」や「独立性」が加わると考えればよいでしょう。
　h☽月とh♃木星だけでは、周囲からの援助や安穏さに甘えきってしまう可能性もありますが、そこにh♅天王星が入ることで楽天的な自由人といった性質となります。第15調波ということを考えると、指導力を発揮したり

交渉事にあたったりするときに、そのような姿勢をとるという表れ方になります。

ただし、ネイタルチャートの感受点にハードアスペクトを成す場合は、その楽天性と自由さが行き過ぎて、エキセントリックな行動をとってしまいがちです。

この第15調波をネイタルチャートに重ねると、5ハウスn♀金星には△120度を成しますが、3ハウスn♅天王星には♂180度を成しています。前者は投資事において楽天性と自由さが有利に働くことを、後者は生来の切れ味のよい知性が行き過ぎて、エキセントリックに見える判断をすることを意味するでしょう。

Dさんによると、15歳のころは柔道部に入っていて、強かったそうですが、腕を負傷して苦労したそうです。ケガは6ハウスに関係していて、その支配星はn♅天王星ですから、おそらくそのケガはn♅天王星に対する発芽天体からの♂180度が招いたものでしょう。考えの甘さから生じた、セオリーから外れた行動がケガの原因と思われます。

しかし、調波チャートに現れる発芽天体がネガティブな現象を引き起こしたとしても、その背後には必ず何らかの学びがあります。Dさんによると、「男性性の過剰使用や焦りがあると物事がうまくいかない」ということを学んだそうです。

28歳時は第7調波の理想追及の流れに
いったんの決着をつけることになる

Dさんの調波チャートを丹念に見てきましたが、実際の鑑定、特にプロの方が限られた時間の中で鑑定する場合は、ここまで詳しく見る必要はありません。ただ、発芽天体の現れている調波を押さえておくだけでも、そこから、その人の隠れた可能性を引き出すヒントを得られるはずです。

では、以上を踏まえた上でDさんからの質問を検討してみます。

「現在、33歳ですが、これまでの人生でターニングポイントとなった年齢はいつで、どんなキーワードだったか。そして、これからの人生のターニングポイントとなる年齢はいつで、どんなキーワードになるかを教えてくださ

い」というのがDさんの質問です。

　こういった抽象的な質問は、まさにハーモニクス占星術が得意とするところです。ネイタルチャートとプログレスチャート、トランジットチャートを組み合わせる通常の手法でも鑑定できないことはありませんが、手間がかかる上、その人の人生においてどれくらい重要な出来事なのか判断に悩まされることが多いものです。

　一方、ハーモニクス占星術では、その人の可能性を開花させるような出来事、つまりターニングポイントとなった出来事が起きた年齢を絞り込むことが容易です。また、その出来事にどのような意義があったのかということも判断できます。

　Dさんの場合、オーブ1度以内で発芽する一桁調波は第7調波だけであり、その倍数の系統でも何度も発芽が見られることから、これを中心に見ていけばよいでしょう。第7調波の系統で繰り返し登場するのは、h☉太陽とh♅天王星の発芽ですが、そもそもこの組み合わせ自体が「人生のターニングポイント」を表しています。それまでの生き方に改革をもたらすのです。

　逆にいえば、この発芽天体が効いているからこそ、Dさんは「人生のターニングポイント」を問う質問をしているともいえます。

　さて、第7調波に発芽天体があるということは、7歳時がターニングポイントであったといってもよいのですが、この年齢はまだ人生が始まって間もない段階であり、さすがにターニングポイントというには無理があります。

　第7調波の系統を見ていくと、第28調波まではオーブ1度で発芽しており、また、Dさんにとって直近の第7系統の調波でもありますから、28歳をDさんの聞きたい「これまでの人生でターニングポイントとなった年齢」と考えればよいでしょう。

　7に4をかけた28は、理想（7）を形にする（4）という意味になります。Dさんは7の倍数の年齢のときに、人生をより洗練されたものへ高めようと生き方を変えることを繰り返し、28歳時がその「打ち止め」となります。つまり、そこで自己改革を繰り返す流れにいったん区切りをつけるのです。

　第28調波のチャートをネイタルチャートに重ねると、h☉太陽とh♅天王星の発芽は5ハウスのn♀金星に＊60度のアスペクトを成しています。このn♀金星は2ハウスの支配星であることから投資と関係しますが、同時に

恋愛とも関係しています。5ハウスには「投資」や「恋愛」という意味があるのです（【図5－37】）。

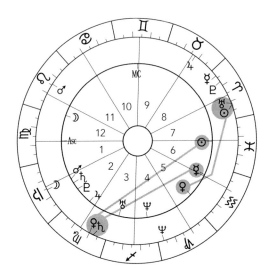

【図5－37】内側はネイタルチャート、外側は第28調波のチャート。

　ここから、28歳のころに投資か恋愛にかんする方針の転換があったことが推測されます。そこにおけるキーワードは「独立独歩の生き方」「個性的な生き方」「個人の自由を優先した生き方」となります。
　Dさんによると、28歳のとき体調を崩して休職し、その間、仕事と生活のバランスを図ることを提唱するセミナーを受講したそうです。そして、そのセミナーにより、Dさんはそれまでの考え方を転換しました。
　具体的には、セールスからマーケティングの分野へ自己投資の方針を転換し、実際にその後（31歳時）、マーケティングの分野へ職種を変えたそうです。
　また、結婚観も変わりました。これまでは結婚相手には専業主婦になってもらおうと考えていたのが、共稼ぎで家事を夫婦で分担するという暮らし方がよいと思うようになったそうです。
　これらの変化は、チャートの状況をよく表すものといえるでしょう。

また、オーブを3度まで広げると、h♀金星とh♄土星の発芽が現れます。これは、7ハウスのn☉太陽に対しては△120度ですが、6ハウスのn☿水星対しては□90度のアスペクトを成します。
　7ハウスのn☉太陽は「他者の求めに応じることを人生のメインテーマにする」、あるいは、「他者の影響で人生のメインテーマが決まる」という意味になります。そして、h♀金星とh♄土星は誠実な対人姿勢によって、それをサポートします。
　つまり、h☉太陽とh♅天王星が自分個人の自由を優先しようとするのに対し、h♀金星とh♄土星は他者の意向に目を向けるという形でバランスをとってくるのです。これは、28歳時に「個人の自由を優先した生き方」と「誠実な対人姿勢」という二つのテーマの間をうまく協調させることが求められていた、と言い換えることもできます。
　Dさんはさきほどのセミナーの受講をきっかけに、社会起業家を志すようになったそうです。これは、h♀金星とh♄土星の発芽が影響したものと考えてよいでしょう。
　ただし、このh♀金星とh♄土星の発芽は6ハウスのn☿水星に対しては□90度を成します。これは、他者に対する気遣いが行き過ぎて、本来のシャープな知性の働きや仕事ぶりに陰が差すことがあるということです。具体的には、慎重すぎて可能性の芽を摘むという表れ方をします。

ハーモニクス占星術は「何が起きうるか」
「そのことの意義は何なのか」を開示する

　それでは、今後の人生でターニングポイントとなる可能性のある、第7調波の系統を少し先まで見てみましょう。
　まず、35歳時に対応する第35調波ですが、オーブ2度でh☉太陽とh♅天王星の発芽が現れます。また、オーブを3度まで広げるとh♀金星とh♄土星の発芽も現れます（【図5−38】）。

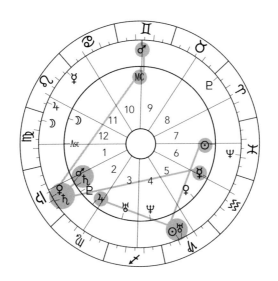

【図5−38】内側はネイタルチャート、外側は第35調波のチャート。

　h☉太陽とh♅天王星の発芽は、7ハウスn☉太陽と3ハウスn♃木星に対してそれぞれ＊60度のアスペクトをとります。これは、周囲の人々の意見をくみ取りつつ（7ハウス☉）、博識さと穏和さが特徴的なコミュニケーションスキル（3ハウス♃）を伴うリーダーシップ（☉♂♅）を発揮する可能性を示します。

　一方、h♀金星とh♄土星の発芽は、6ハウスn☿水星とnMCに対して△120度のアスペクトを成しており、仕事上の立場の向上が示されています。h♀金星とh♄土星の象意を考えると、仕事に誠実に取り組んだことをきちんと評価されて昇進するというイメージでしょうか。

　この発芽天体が2ハウスn♂火星に♂0度で重なっているのは、正しい評価による昇給を意味します。また、nMCにh♂火星がオーブ1度以内で重なっているのも昇進を表すものです。

　ただ、ここで留意すべきは、この昇進はh♀金星とh♄土星が示す「誠実な対人姿勢」や「虚飾を排する姿勢」「ストイックな金銭感覚」と、h☉太陽とh♅天王星が示す「独立独歩の生き方」をうまく協調させた結果だろうということです。つまり、そこへ意識的に取り組まなければ、第35調波に示

されたこの「結果」はうまく導くことができません。

　ハーモニクス占星術はその人に潜在した可能性を示すものであり、「何が起きるか」ではなく「何が起きうるか」「そのことの意義は何なのか」を私たちに開示してくれるのです。

ハーモニクス占星術的には
42歳が「不惑」の歳となる

　その次の第7調波にあたる第42調波も見てみると、ここでもやはり、h☉太陽とh♅天王星、そして、h♀金星とh♄土星の発芽が見られます（【図5－39】）。

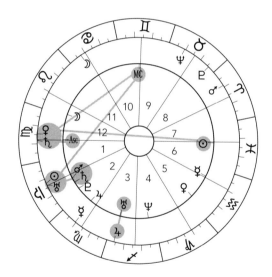

【図5－39】内側はネイタルチャート、外側は第42調波のチャート。

　h☉太陽とh♅天王星の発芽はnMCに対して△120度、2ハウス♂火星に対しては☌0度。第35調波ではh♀金星とh♄土星がこの位置にあり、職業的発展と収入の向上を促していましたが、ここではh☉太陽とh♅天王星がその役目を引き継いでいます。

違いは、35歳時には「誠実な対人関係」が職業的発展に役立ったのに対し、42歳時には「独立独歩の生き方」が役立つということです。会社員であれば、退職して独立起業するといった思い切った行動につながるかもしれません。
　一方、h♀金星とh♄土星の発芽は、nASCに対して☌0度、7ハウスのn☉太陽に対して☍180度、nMCに対して□90度となっています。
　これは、もともとの潔癖性でまじめな姿勢が発芽天体によってさらに強化されることを意味しますが、思い切った行動を抑制する働きにもなり、自分が向かおうとする方向や職業的発展にブレーキをかけることになります。
　おそらく、42歳時には「自立」と「安定」の間で葛藤することになるでしょう。しかしそれは、それ以降の人生の基本的なスタンスを確定するときの生みの苦しみです。
　第6調波は「社会への適応」を、第7調波は「理想の追求」を意味しており、その両方を掛け合わせた第42調波は「社会生活においてどう理想を追求するか」ということの答えを示してくれます。孔子は40歳を「不惑（人生に迷わなくなる）」と言いましたが、ハーモニクス占星術的には42歳が「不惑」の歳といえるでしょう。

TIPS

　最後にここで、ハーモニクス占星術を行う上でのヒントをまとめておきます。

「ハーモニクス占星術」とは？

　ネイタルチャートの感受点の位置（黄道度数）に一定の数を掛けた（乗じた）値で新たに作成したホロスコープを用いた占星術＝ハーモニクス占星術。本書で採用するアディー調波では正の整数を掛けることにより、そのようにして新たに作成されたホロスコープを「調波チャート」と呼びます。

「第○調波」とは？

　たとえば、ネイタルチャートの各感受点の位置に5を掛けて作成したチャートを「第5調波のチャート」といいます。また、「第○調波」というとき、その○に入る数のことを本書では「調波数」と呼びます。
→調波チャートの作成法は第3章を参照

「満年齢調波」とは？

　これは、各調波数と満年齢を関連づける考え方であり、たとえば、20歳のときのことを知りたければ第20調波を、30歳のときのことを知りたければ第30調波のチャートを作成してネイタルチャートとの関係を見ていきます。

「一桁調波」とは？

　満年齢調波の中でも特に重要なのが9歳までの調波チャートであり、特にこれを「一桁調波」と呼んで重視します。この一桁調波は生涯にわたり強い影響力を持ちますが、実際の解読では第5調波以降だけを検討するため、本書でいう一桁調波とはほとんどの場合、第5調波〜第9調波を指しています。

TIPS

各調波の意味

各調波には次の表のように、それぞれ異なる意味があります。

調波数	象意
第1調波	（ネイタルチャート）
第2調波	目的意識
第3調波	創造的想像力、高揚感、喜び
第4調波	制限・困難の乗り越え方、論理的思考
第5調波	自分らしい生き方、自己主張、勝負強さ
第6調波	環境適応能力、空気を読む、社会生活における成長力
第7調波	夢、理想像、芸術的才能
第8調波	物事の円滑な成就、リーダーシップ
第9調波	本質、応用力、人生の最終目標、結婚
第10調波	社会に示す自分像、社会的立場、公私の区別をつける
第11調波	常識に囚われない発想・発言、ツッコミ力、斬新さ
第12調波	TPOに応じたストレスのない社会適応、創作活動
第13調波	常識に囚われない行動力、捨てる・リセットする力、ゼロから再出発する力
第14調波	理想の実現のための地道な努力、継続力
第15調波	カリスマ的指導力、交渉力、社会における自己実現力
第16調波	衝撃的な出来事を契機とした価値観の逆転
第17調波	世界の雰囲気から未来への展望を見いだして伝達する
第18調波	縁に導かれ体で感じて行動する姿勢、実験的な人間関係を通して人の本質を見いだす、陶酔による自己変革
第19調波	社会参画による自己実現、社会の共同創造者としての自覚、異文化コミュニケーション、チームワーク能力
第20調波	集団の代表者として主張・鼓舞する能力、当事者全員が合意できるビジョンをもたらす能力
第21調波	一定したスタンスと自己刷新の両立、厳しい環境を突破する発想の創出

TIPS

テーマ別の検討すべき調波数

分野	調波数
対人関係	5、**6**、8、11、12、15、**18**、**19**
恋愛・結婚	5、6、**7**、**9**、13、15、18
家庭	**6**、9、10、12、**14**、19、20
金銭関係	**8**、14、15
知的能力	**4**、5、**9**、11、17、19
仕事全般	**10**
・被雇用タイプ	**6**、**12**、14、19
・起業タイプ	5、8、10、11、13、14、**15**、20
・フリーランス	**10**、**11**、12、13、14、17、**18**、21

ハーモニクス占星術の解読法

　知りたいことに関係する調波数のチャートか、知りたい年齢の満年齢調波のチャートを、ネイタルチャートに黄道度数を揃えて重ね、相互の感受点間に生じるアスペクトなどを読んでいきます。そのとき、特に重視するのが調波チャートにおいて、☌0度となる感受点であり、特にこれを「発芽天体」と呼びます。次頁の表は発芽天体の象意をまとめたものです。

TIPS

発芽天体の象意

	☽月	☿水星	♀金星	☉太陽	♂火星	♃木星	♄土星	♅天王星	♆海王星
☽月									
☿水星	共感力								
♀金星	人に愛される	美的感覚							
☉太陽	裏表のない生き方	専門知識	社交的						
♂火星	競争心	決断力	熱中	パワフルに生きる					
♃木星	楽天的	学ぶ意欲	華やかさ	社会的成功	野心家				
♄土星	落ち着き	職人技	対人姿勢	誠実な人生観	堅実な人生観	タフさ	社会的発展性		
♅天王星	自由奔放	斬新な発想	冴えた感性	個性的な生き方	多数派へ迎合しない	刷新	理論的で几帳面		
♆海王星	夢見がち	想像力	ロマンチスト	夢想的な人生観	行動的な夢想家	理想主義	柔軟なルール意識	芸術的センス	
♇冥王星	強烈な感情	洞察力	真実の愛への渇望	限界への挑戦	強力な底力	権力	強固な持久力	革命	スピリチュアル志向

参考文献

石川源晃『実習　占星学入門―ホロスコープの作り方と読み方』平河出版社
石川源晃『応用　占星学入門―ホロスコープの実際と応用』平河出版社
石川源晃『調波占星学入門―星の言葉を聞く新しい時代の占星学の実際と応用』平河出版社
松村潔『最新占星術入門（エルブックスシリーズ）』学習研究社
松村潔『完全マスター西洋占星術』説話社
松村潔『倍音の占星術、ハーモニックアストロロジー』ブイツーソリューション
岡本翔子『完全版　心理占星学入門』アスペクト
ルル・ラブア『アスペクト占星術』学習研究社
神谷充彦『詳解　月の正統西洋占星術』学研パブリッシング
神谷充彦『正統ピタゴラス数秘占術』学研パブリッシング
John Michael Addey『Harmonics in Astrology』Eyebright Books

おわりに

　筆者は以前から、「当たらない占星術」ということを妄想しています。それは、占星術が「100パーセント当たる」ような世界は怖いからです。
　人の魂は本来、完全な自由を求めているのではないでしょうか。
　であれば、占星術の法則からも魂は自由でありたいはずです。
　だから、「当たらない占星術」。
　これは「外れる占星術」という意味ではなく、「当てる／外れる」を超えて、「その人がそうありうる可能性」を探る占星術のこと。つまり、本書で紹介したハーモニクス占星術がそれです。
　もちろん、ハーモニクス占星術も、およそ占星術であるからには「占星術の法則」から自由ではありえません。
　しかし、従来の占星術の考え方から少し自由になって、多次元的にホロスコープを検討するという点で、占星術の法則から片足を踏み出していると考えます。
　そういうわけで、ネイタルチャートに不穏な表示があったとしても、この「当たらない占星術」なら大丈夫です。片足を出しているので。
　もちろん、嫌なことが起きなくなるわけではありませんが、少なくとも「不運だな」と悲観して「不運の上塗り」をすることは避けられます。
　それは、その「不運な出来事」が起きてきたのは、「その人がそうありうる可能性」を開くためだった……と了解できるからです。
　そのような形でこのハーモニクス占星術を使ってもらえたら、と思います。

著者紹介

神谷充彦 （かみや・みつひこ）

西洋占星術・数秘占術・神秘哲学研究家。
占術の分野では西洋占星術と数秘占術の鑑定とレクチャー、ならびに雑誌記事の執筆、アプリ・WEBコンテンツの監修などに従事。それらの占術を人間存在の深層へアプローチする手段としてとらえ、神秘哲学の観点から研究を続けている。著書に『あなたの夢を実現する魔法の絵　実践パワーアート・レッスン』、『消された惑星「冥王星」の黙示録2012』、『詳解　月の正統西洋占星術』（以上、学研パブリッシング）、『冥王星コンスピラシー』（Kindle電子書籍）、共著に『正統ピタゴラス数秘占術』（学研パブリッシング）、監修に『超古代文明「謎と神秘」の世界』、『禁断の新発見満載！マンガ「超古代文明」の真実』、『3DビジュアルDX版　超古代文明　禁断の新説』『新説！　超古代文明の謎　最新版』（以上、宝島社）がある。

ハーモニクス占星術
せんせいじゅつ

発行日	2016年9月16日　初版発行
	2023年1月20日　第3刷発行

著　者　　神谷充彦
発行者　　酒井文人
発行所　　株式会社 説話社
　　　　　〒169-8077　東京都新宿区西早稲田1-1-6
　　　　　電話／03-3204-8288（販売）03-3204-5185（編集）
　　　　　振替口座／00160-8-69378
　　　　　URL https://www.setsuwa.co.jp

デザイン　　染谷千秋
編集担当　　高木利幸
印刷・製本　中央精版印刷株式会社

© Mitsuhiko Kamiya Printed in Japan 2016
ISBN 978-4-906828-26-5 C 2011

落丁本・乱丁本は、お取り替えいたします。
購入者以外の第三者による本書のいかなる電子複製も一切認められていません。